朝鮮行政法要論　各論

永野清
田口春二郎 共著

大正四年再版

朝鮮行政法要論 各論

日本立法資料全集 別巻 1206

信山社

法學士永野清
田口春二郎 共著

各論

朝鮮行政法要論

發行所 巖松堂京城店

朝鮮行政法要論（各論）目次

第一編　財務行政……一
第一章　財務行政ノ觀念……一
第二章　朝鮮總督府特別會計……二
第三章　鐵道、森林、醫院、濟生院ノ特別會計……六
第四章　朝鮮ノ歲入……八
第一節　國家收入ノ種別……八
第二節　租稅……八
第一款　租稅ノ性質……八
第二款　租稅ノ種別……一一
第三款　朝鮮ニ於ケル國稅ノ種類……一四
第四款　國稅滯納處分……二五

第三節　手數料……二七
第一款　手數料ノ性質……二七
第二款　司法上ノ手數料……二八
第三款　行政上ノ手數料……二九
第四節　官業……三二
第一款　專賣……三二
第二款　官業……三五
第五節　公債……三五
第五章　朝鮮ノ支出……三七
第一節　支出……三七
第二節　國庫……四〇
第六章　豫算……四一
第七章　官有財產……四三

第八章　地方費會計……四八
第九章　面費會計……五三
第十章　會計監督……五五
第一節　決算……五五
第二節　會計檢査……五六
第十一章　出納官吏……五八
第十二章　幣制……五九
第二編　司法行政……六三
第一章　司法行政ノ觀念……六三
第二章　法院ノ組織……六四
第三章　法院ノ管轄……六六
第四章　裁判官……七一

第五章　検事……七三
第六章　書記及通譯……七五
第七章　執達吏及公證人……七六
第八章　辯護士……七七
第九章　裁判ノ執行……七八
第十章　監獄……八〇
第一節　收監……八〇
第二節　笞刑ノ執行……八〇
第三節　監獄行政……八四
第四節　假出獄及恩赦……八七

第三編　軍事行政……八九

第一章　軍事行政ノ觀念……八九

第二章　兵役義務……九一
第三章　朝鮮軍人……九三
第四章　軍人ノ權利義務……九八
第五章　軍事負擔……九九

第四編　內務行政……一〇五

第一章　內務行政ノ觀念……一〇五
第二章　警察行政……一〇六
第一節　警察ノ概念……一〇六
第二節　警察ノ分類……一一二
第三節　警察ノ組織……一一六
第一款　警察官廳……一一六
第二款　警察官吏……一一七

第三款　朝鮮駐剳憲兵……一一七
第四款　朝鮮駐剳軍隊……一一八
第四節　保安警察……一一九
第一款　普通保安警察……一一九
第一項　出版取締……一一九
第二項　銃砲火藥類取締……一二七
第三項　特種ノ社團及人物ニ對スル取締……一三三
第四項　遺失物……一五一
第五項　營業其ノ他ノ取締……一五二
第二款　救災警察……一五五
第五節　犯罪卽決……一五八
第六節　民事爭訟調停……一六五
第七節　行政執行令……一七六
第一款　行政執行令ノ性質……一七六

第二款　檢束及假領置處分……一八一
第三款　邸宅侵入……一八四
第四款　風俗取締ニ基ク制限……一八七
第五款　所有權ニ對スル制限……一八八
第八節　非常保安警察……一九一
第一款　戒嚴……一九一
第二款　治匪……一九二
第三章　戸口行政……一九四
第一節　民籍……一九四
第二節　居住……二〇〇
第四章　衞生行政……二〇一
第一節　衞生行政ノ觀念……二〇一
第二節　保健行政……二〇二

第一款　飲食物其ノ他物品ノ取締……二〇二
第二款　汚物、下水及墓地火葬場……二一〇
第三款　傳染病豫防……二一五
第一項　傳染病豫防ノ一般的法則……二一五
第二項　種痘……二一七
第三項　其ノ他ノ傳染病豫防……二一八
第三節　醫藥行政……二一九
第一款　醫師、醫生及齒科醫……二一九
第二款　公醫……二二五
第三款　產婆、看護婦、按摩術、鍼術、灸術……二二七
第四款　藥劑師、藥種商、製藥業者、賣藥業者……二三〇
第五款　藥品取扱……二三二
第五章　救恤行政……二三三

第一節　救恤行政ノ觀念……二三三
第二節　窮民及罹災救助……二三四
第三節　行旅病人救護及死亡人取扱……二三九
第四節　慈惠機關……二四一
第六章　宗教行政……二四一
第一節　宗教行政ノ觀念……二四一
第二節　宗教ノ種類……二四三
第三節　布教及社寺廟宇……二四五
第七章　教育行政……二四八
第一節　教育行政ノ觀念……二四八
第二節　官公立學校……二五〇
第一款　內地人教育……二五〇
第二款　朝鮮人ノ教育……二五六

第三節　內地留學生……二六四
第四節　私立學校……二六五
第五節　書堂、私設講習會及學會……二六六
第六節　敎科用圖書……二六八
第八章　經濟行政
第八章　經濟行政……二六九
第一節　經濟行政ノ觀念……二六九
第二節　農業……二七〇
第一款　害蟲驅除……二七〇
第二款　棉、米、蠶、種苗、土地改良……二七一
第三節　牧畜……二七四
第四節　森林……二七五
第五節　漁業……二八〇
第六節　狩獵……二八三

第七節　鑛業……二八六
第八節　商業……二九〇
第一款　質屋業……二九〇
第二款　銀行……二九一
第三款　商業會議所……二九七
第四款　會社……二九七
第九節　工業……二九七
第十節　度量衡……二九八
第九章　拓殖事業……二九九
第十章　土地ニ關スル行政……三〇一
第一節　國有未墾地利用……三〇一
第二節　土地調査……三〇四
第三節　土地測量標……三〇六

第四節　土地收用……三〇七
第五節　官有水面埋立……三一一
第十一章　土木行政……三一二
第一節　市區改正……三一二
第二節　家屋建築……三一五
第三節　道路……三一六
第四節　河川……三一九
第五節　電氣……三二〇
第十二章　遞信行政……三二一
第一節　郵便、電信、電話……三二一
第二節　運輸……三二五
第一款　鐵道……三二五
第二款　船舶……三二六

第五編　渉外的行政……三三二
第一章　渉外行政ノ觀念……三三二
第二章　內國人ノ外國旅行……三三四
第三章　外國人ニ對スル特種行政……三三五
第四章　支那人ニ對スル特種行政……三三八

朝鮮行政法要論（各論）目次　終

朝鮮行政法要論（各論）

法學士 永野清
田口春二郎 共著

第一編　財務行政

第一章　財務行政ノ觀念

一般ニ財務行政ト云フトキハ國家カ其ノ維持發達ノ目的ヲ達スルカ爲メニ必要ナル資財ヲ收入支出シ及國有財産ノ管理ヲ掌ル行政事務ニシテ國家經濟ニ關スル行政即チ國費ニ付テノ國家ノ作用ナリ往時ニ於テハ皇室ト國家トヲ混同シ國家ノ財産ハ同時ニ皇室ノ經費ニ充テタリシモ近時財政ノ思想發達シ皇室ノ經濟

ト國家ノ經濟トハ明確ニ之ヲ區別セラレ國家ノ財政ハ主トシテ租稅及國債ヲ以テ維持スルコト、ナリ之ニ關スル行政ヲ財務行政ト云フニ至レリ然レトモ朝鮮ニ於テ財務行政ヲ說クニ當リテハ國費ノ收支國有財産ノ管理ニ關スル行政ノ外ニ尙ホ地方費及面費ノ收支ニ付テモ之ヲ論セサルヘカラス蓋シ朝鮮ニ於ケル地方費及面費ハ國費ト對立シテ朝鮮ニ於ケル政務及事業ノ少ナラサル部分ニ收支セラル、ヲ以テナリ

第二章　朝鮮總督府特別會計

凡ソ國家ナル無形ノ法人ハ一ノ獨立ナルモノニシテ分割スヘカラサルハ論ヲ俟タサル所ナリ從テ國庫モ亦一ニシテ分割スヘカラサルハ明カナリ之レ學者ノ所謂國家ノ豫算不可割ト唱フル原則ヲ生スル所以ナリ卽チ國家ノ一年間ノ總歲入及總歲出ハ之ヲ單一ナル豫算ニ記載シ特別ノ事項(又ハ特別ノ期間)ニ對スル別個ノ豫算ヲ設クルコトヲ得サルモノトス之レヲ詳言スレハ國家歲入歲出ハ一モ漏スコトナク之ヲ總豫算ニ網羅セラルヘキモノニシテ歲入カ如何ナル事項若ハ財

源ヨリ生スルモ皆之ヲ總豫算ニ編入スヘク又歳出カ如何ナル事業費目ニ使用セラルヽトモ悉ク之ヲ總豫算ニ計上編入セサルヘカラス之ヲ總豫算ノ統一主義又ハ單一主義ト云フ然レトモ此ノ原則ハ絶對的ニ確守セラルヽモノニアラス原則アレハ例外アリトノ格言ハ財務行政ニモ亦免レサルナリ且ツ强テ行ハントセハ歳計ノ總額ヲ一覽ニ便ナラシメントスル主旨ヲ以テ編製セラレタル總豫算ニシテ却テ錯雜紛糾ニ至ラシメ財政ノ狀況ヲ一覽スルニ不便ヲ來スコトアリ此ニ於テ乎特別會計ノ例外アリ

特別會計トハ一般會計ニ對シタル相對的名稱ニシテ國家ノ經濟事業中ニ於テ或一部分ヲシテ獨立ノ經營ヲ爲サシムル爲メ一般會計ト分離シテ特別ノ經理ヲ爲ス會計ヲ云フ換言スレハ特別會計ハ自己ノ歳入ヲ以テ自己ノ支出ヲ整理スルノ途ヲ設クルコトニシテ其ノ會計ヲ獨立スヘキ事業若ハ資金ヨリ生スル所ノ歳入ヲ以テ直ニ其ノ事業若ハ資金ニ要スル歳出ニ充ツルコトヽシ以テ豫算統一ノ主義ニ例外ヲ設クルモ　ニシテ明治二十二年法律第四號會計法第二條及第三十條ノ規定之ナリ而シテ此ノ例外ハ朝鮮ニハ極端ニ行ハレ朝鮮總督府歳入歳出ハ全

然特別會計ニ屬シ外ニ朝鮮鐵道用品資金、朝鮮事業公債、朝鮮總督醫院及同濟生院朝鮮森林特別會計ヲ加ヘ共ニ一般會計ニ獨立シテ經理セラル但シ朝鮮事業公債ノ特別會計ハ總督府事業ノ一部ニ支出スルモノナルカ故ニ豫算編成上ニ於テハ朝鮮總督府特別會計ノ豫算ニ編入セラル詳細ハ後章更ニ說述スル所アルヘシ

上述ノ如ク特別會計ハ一般會計ト分離獨立シテ經理スルモノナリト雖モ國庫トハ全ク絕緣セル費途ニアラスシテ一般會計ト共ニ國家ニ屬シ國庫ノ一分枝タルニ過キス之レ特ニ注意スヘキコトナリトス

明治四十三年法律第四〇六號朝鮮總督特別會計法ニ依レハ總督府ノ歲出ハ總督府ノ歲入及一般會計ノ補助金(此補助金ハ明治四十三年朝鮮併合ノ當時一千萬圓トセラレタルモ大正三年度ニ於テハ八百萬圓ニ減額セリ尚財政ノ政理ニ伴ヒ逐年遞減スルモノトセラル而シテ總督府ハ大正八年度ニ至リテ全ク之ヲ仰カス朝鮮財政獨立ノ實ヲ擧ケ以テ特別會計設置ノ主旨ニ副ハン計畫ナリト云フ)ヲ以テ充當スルカ故ニ朝鮮總督府歲入歲出ハ帝國政府ノ一般歲入及歲出ト區別シテ獨立經理セラル而シテ其ノ歲入歲出豫算計算書ハ內務大臣之ヲ調製シ前年度八月三十一日迄ニ大藏大臣ニ送付スルコトヽナリ居レリ內地ニ於ケル特別會計ノ種類ヲ大別スレハ作業特別會計、資金若ハ基金特別會計、官立學校圖書館特別

會計ノ三種ニシテ其ノ範圍ハ或事業若ハ資金ニ限ラルルト雖モ朝鮮總督府ノ特別會計ハ朝鮮ナル一ノ行政區劃內ノ會計ヲ獨立經理セシムル爲メ其ノ歲入歲出ヲ一般會計ト分離セシメタル所以ノモノハ新領土タル朝鮮ハ內地財政ト其ノ實際ヲ異ニシ漸次資金ヲ增殖スルコトヲ得ルモノアルヲ以テナリ

朝鮮總督府特別會計ニ關シ主務大臣ノ編製シタル大正四年度歲出入豫算ハ歲入ニ付テハ之ヲ經常臨時ノ二部ニ分チ經常部ノ收入ハ朝鮮歲入ノ款ト稱シテ第一項ヲ租稅トシ第二項ヲ印紙收入第三項ヲ驛屯賭收入第四項ヲ官業及官有財產收入第五項ヲ雜收入ニ區別シ臨時部ノ收入ハ第一項ヲ補充金第二項ヲ前年度繰入金ニ區別セリ歲出モ亦之ヲ經常臨時ノ二部ニ分ツコト歲入ニ同シ其ノ經常部ニ於テ支出スヘキ費用ノ重ナルモノハ(一)李王家歲費(二)總督府費(三)裁判及監獄費(四)警務費(五)地方費(六)諸學校費(七)稅關(八)勸業模範場費(九)平壤鑛業所費(一〇)中央試驗所費(一一)遞信費(一二)鐵道作業費(一三)修繕費(一四)支出金(一五)一般會計繰入金(一六)朝鮮醫院及濟生院支出金(一七)豫備金等ノ款ニ分チ臨時部ニ於テ支出スヘキモノハ(一)勸業費(二)憲兵補助員費(三)朝鮮部隊費(四)臨時土地調查費(五)補助費(六)臨時出資

金(七)營繕費(八)土木費(九)鐵道建設及改良費(一〇)平壤鑛業所探鑛費(一一)調査費(一二)臨時外國旅行諸費(一三)災害費等ノ款ニ區分セラレタリ

第三章　鐵道、森林、醫院、濟生院ノ特別會計

朝鮮ニ於ケル特別會計ハ上逃ノ外ニ鐵道用品資金、森林及醫院濟生院ノ特別會計アルコトハ前ニ一言セシ所ナルヲ以テ之ヲ概説スヘシ

一、朝鮮鐵道用品資金特別會計ハ明治四十四年法律第二〇號ニ依ルモノニシテ同法第一條ニ依レハ鐵道用品購入貯藏及製作修理シ朝鮮鐵道ノ運輸營業及建設事業ノ需用ニ應スル爲メ朝鮮鐵道用品資金ヲ置キ特別ノ會計ヲ立テシムトアリ以テ鐵道用品資金ニ付テハ特別會計ト爲シ一般會計ト區別シタリ同法及同年勅令第六七號朝鮮鐵道用品資金會計規則ニ依リ鐵道用品資金特別會計ノ收入及支出ヲ見ルヘシ

二、朝鮮森林特別會計ハ明治四十四年法律第二一號ニ依ルモノニシテ同法第一條ニ依レハ鴨綠江及豆滿江沿岸森林ヲ經營スル爲メ特別會計ヲ設置シ其ノ事業

上ノ收入ヲ以テ其ノ支出ニ充テシムトアリ之レニ依リテ見ルトキハ鴨綠江豆滿兩川以外ノ森林ニ付テハ特別會計ヲ認メラレス詳細ハ同法及同年勅令第六八號朝鮮森林特別會計規則ニ付テ知ルヘシ

三、朝鮮醫院及濟生院特別會計ハ明治四十五年法律第六號ニ依ルモノニシテ同法第一條ニ依レハ朝鮮總督府醫院朝鮮總督府道慈惠醫院及朝鮮總督府濟生院ノ會計ハ之レヲ通シテ一ノ特別會計トシ資金ヲ有シ政府支出金、資金ヨリ生スル收入院收入寄附金其ノ他ノ收入ヲ以テ其ノ歲出ニ充ツト同第二條ニハ第一條ノ政府支出金ハ年額四十五萬圓ヲ限トシ每年度豫算ノ定ムル所ニ從ヒ朝鮮總督府特別會計ヨリ之ヲ繰入ルヘシ又同第三條ニハ資金ハ政府ヨリ之レヲ交付シ又ハ他ヨリ寄附シタル財產及歲入殘餘ヨリ成ルト規定セリ詳細ハ同法及同年勅令第八三號朝鮮醫院及濟生院特別會計規則ニ付テ知ルヘシ

以上ニ依リ朝鮮總督府特別會計ノ內容ヲ知ルヘシト雖モ此ハ行政執行上ノ便宜ニ出テ單ニ收支ノ種目ヲ列擧セルニ過キス又歲出ニ關シテハ行政事項ノ列記ニ止メ敢テ學問上ノ分類ヲ要セサルカ如シト雖モ歲入ニ關シテハ既ニ學者ノ定說

アリ以下之ヲ略述スヘシ

第四章　朝鮮ノ歳入

第一節　國家收入ノ種別

國家ノ收入ハ之ヲ分ツテ私法上ノ收入及公法上ノ收入ノ二ト爲ス私法上ノ收入トハ國家カ私法上ノ名義ニヨリテ取得スル收入ニシテ公法上ノ收入トハ國家カ命令權ノ行使ニ依リテ取得スル所ノ收入ナリ私法上ノ收入ノ主ナルモノハ國有財産例ヘハ森林及國家ノ收益事業例ヘハ製造專賣等ヨリ生スルモノニシテ公法上ノ收入中最モ重要ナルモノハ租稅ト手數料ナリ而シテ今日國家財政ニ於テ財源ノ主要ナルモノハ公法上ノ收入ニシテ私法上ノ收入ハ國家全體ノ收入ヨリ見ルトキハ僅カニ其ノ一小部分ヲ占ムルニ過キス

第二節　租稅

第一款　租稅ノ性質

租稅トハ統治權ノ作用ニ由リ國費ニ充當スル爲メ强制的ニ且ツ無償ニテ個人ノ財產ヲ徵收スル所ノ國家收入ニシテ租稅ハ朝鮮總督府特別會計ノ歲入中ニ於テ尤モ主要ナルモノナリ朝鮮ニ在ル日本臣民ハ國法上ノ義務トシテ納稅ノ義務ヲ有シ又外國人ハ領土主權ノ結果トシテ朝鮮ニ在住スル間ハ均シク納稅ノ義務ヲ負擔セサルヘカラサルハ國際法上ノ原則ナリトス而シテ內地ニ於テ納稅ノ義務ハ憲法上立法事項ニ關スルヲ以テ例ヘ朝鮮ハ憲法施行地域外ナリトスルモ明治四十四年法律第三〇號ノ結果トシテ法律制令又ハ勅令施行ノ法律ノ範圍ニ於テノミ義務ヲ負擔スヘキモノトス租稅ノ意義及徵稅方法ノ詳細ニ付テハ一般行政法學ノ說明ニ讓リ茲ニハ單簡ニ其ノ觀念ヲ述フ

第一　租稅ハ强制シテ賦課徵收スルモノニシテ國家ト人民トノ私法上ノ合意ニ基クモノニアラス其ノ賦課徵收ハ公法上ノ關係ナリ故ニ之レカ滯納者アルトキ國家ノ私法タル民事訴訟ノ手續ニヨリ强制スルコトヲ得ルモノニアラヌ國稅徵收令ニ依リ直ニ强制徵收スルモノトス

第二　租稅ハ國費ニ充當ノ目的ヲ以テ賦課徵收スルモノナリ故ニ土地收用ノ場

合ニ於ケルカ如ク特別ノ土地カ公益上必要ナルカ爲メ强制徵收スルモノト異ル從テ租稅ハ納稅者ニ對シ反對給付ノ賠償ヲ爲スカ如キコトナシ

第三　租稅ハ金錢ヲ以テ收納スルヲ以テ原則トシ夫役現品ノ賦課徵收ヲ認メスト雖モ朝鮮ニ於ケル地方費法第六條ニ於テハ例外トシテ此ノ公課ノ制ヲ設ケアリ、又租稅ハ手數料ト其ノ性質ヲ異ニス卽チ手數料ハ國家ノ官廳カ特定人ニ對シテ爲ス行爲又ハ營造物ノ使用ニ對スル報償トシテ徵收スルモノナレトモ租稅ハ國家カ私人ニ對シテ與フル特別ナル利益ノ報償トシテ徵收スルニアラスシテ全ク報償タルノ性質ナク單純ナル片面的ノモノナリトス

第四　租稅納付ノ義務ノ發生ハ左ノ三要素ノ存在ヲ必要トス

(イ)　法律制令又ハ勅令施行ノ法律ノ規定アルコト

(ロ)　納稅義務者アルコト但シ此ノ義務者ハ一個人ニテモ法人ニテモ可ナリ

(ハ)　納稅ノ目的物ノ存在スルコト卽チ資産ノ占有取得ニ因リ又ハ人ノ行爲ニ因ルコトアリ例ヘハ土地ヲ所有シ又ハ一定ノ收益取得又ハ登錄稅消費稅關稅ノ如キアリ而シテ納稅額ハ稅率(單位)ト課稅物件ノ數量例ヘハ

件數重量價格等ニ依リ規定スルモノトス

第五　朝鮮ニ於ケル租稅ノ徵收方法ニハ二アリ第一ハ面長ヲシテ之ヲ徵收セシメ郡守島司ヲ經テ之ヲ國庫ニ納付セシムルモノ第二ハ制令ヲ以テ指定セル租稅ニシテ直接國庫ニ納付セシムルモノナリ而シテ國家カ直接ニ徵收スル租稅ニ於テハ收稅官吏ハ納稅義務者ニ對シ納入告知書ヲ發シ又面ニ於テ徵收スヘキ國稅ニ於テハ收稅官吏ニ於テ其ノ稅額ヲ調査シテ面ニ通知シ面長ハ此ノ通知ニ依リ納稅告知書ヲ發スヘキモノトス納稅義務者ハ此ノ告知書ニ依リ指定ノ期日場所ニ稅金ヲ納付スルニ依リ納稅義務消滅スルモノトス

納稅義務ノ消滅ハ其ノ義務ノ履行卽チ完納ノ外滯納處分ノ完了時效及免除ニ依リ消滅ス尙ホ後節租稅滯納處分ノ節ニ於テ說ク所アルヘシ

第二款　租稅ノ種別

租稅ハ之ヲ性質上ノ種別ト課稅ノ種別トニ分ツコトヲ得性質上ノ種別ハ之ヲ左ノ如ク區分ス

第一　分配稅　分配稅トハ各年度ニ於テ必要ナル收入ノ總額ヲ地方團體ニ割リ

當テ地方團體ハ更ニ之ヲ住民ニ割リ當テ徴收スル租税ナリ此ノ種ノ租税ハ朝鮮ノ國税中ニハ之レナキモ地方費ハ之レニ類スルモノト見ルヲ得ヘシ

第二　定率税　定率税トハ豫メ法律又ハ制令ヲ以テ課税ノ物件税率等ヲ定メ各年度ノ必要ナル總收入額ノ如何ニ拘ラス法律又ハ制令ノ適用ニ委シ納税ノ主體ヨリ徴收スル租税ナリ例ヘハ地税ノ如シ

以上ハ租税賦課ノ方法ニ依ル區別ナリ

第三　內國税　內國税トハ國境內ニ存在スル物件ヲ目的トシテ賦課スルモノニシテ更ニ之ヲ國税地方費ノ二ニ區別ス國税ハ國費ニ充ツルカ為メ徴收シ地方費ハ一地方ノ費用ヲ支辨スルカ為メ徴收スルモノナリ

第四　關税　關税トハ國境ヲ出入スル物件ヲ目的トシテ賦スルモノナリ而シテ關税ハ常ニ外國ト關係スルモノナリト雖モ我朝鮮ニ於テハ內地臺灣樺太間ニ移出入スル物件モ關税ニ準シ課税スヘキモノトシ其ノ課税物件及税率ヲ定メアリ

以上ノ區別ハ課税物件ノ所在ニ依リテ為シタルモノナリ

第五　直接税　直接税トハ財産收入又ハ人ノ身分ノ如キ不動ナルモノニ對シ豫メ調査ヲスルコトヲ得ル事實ニ基キ臺帳ニ依リテ課税スルコトヲ得ル種類ノ租税ニシテ直接ノ納税者ト終局ノ負擔者トカ同一人ニ歸スル種類ノモノヲ云フ

第六　間接税　間接税トハ永續セサル物件又ハ取得ノ如キ豫算スルコトヲ得サル事實ニ對シ其ノ事實ノ發生スル毎ニ隨時課税スル種類ノ租税ニシテ終局ノ納税ノ負擔カ直接納税者ニアラスシテ需用者等ニ移轉スルモノヲ云フ内地ニ於テハ命令ヲ以テ地租、營業税及所得税ノ三ヲ直接税トシアルヲ以テ其ノ他ヲ間接税トナスヘキモ朝鮮ニ於テハ大正三年八月制令第二四號ヲ以テ朝鮮間接國税犯則者處分令ヲ公布シ更ニ同年總督府令第一二二號同令施行規則ニ依レハ間接國税ト稱スルハ酒税、煙草税、鹽税ノ三種トセリ然レトモ朝鮮ニ於テ是レ以外ハ皆悉ク直接國税ナリト速斷スヘカラス漁業税人蔘税印紙税等ノ如キ又ハ營業ノ種類ニ依リ課セラルヽ幾多ノ間接國税存スルナリ又賣藥織物等ニ關シ内地ニ於ケル間接税ハ其ノ儘朝鮮ニ波及シテ販賣物品ヲ騰貴セシメ購買者

ニ税ヲ負擔セシムル性質ノモノアリ是等ハ學理上ハ何レモ間接税ナリト云フコトヲ得ヘシ

第三款　朝鮮ニ於ケル國税ノ種類

現行朝鮮ノ税則中ニハ韓國政府ノ制定ニ係ルモノ少ナカラス是等ハ條文不備ニシテ取扱上不便ヲ感スルコト多ク且ツ內外國人ニ對シテ均シク之ヲ施行セサルモノアリテ負擔ノ公平ヲ缺ク嫌アリ一般經濟力ノ發展ニ伴ヒ財政ノ基礎ヲ鞏固ナラシメ早晩財政獨立ノ素地ヲ造ル必要アルヲ以テ總督府ニ於テハ各税則ニ渉リ整理ヲ爲シツヽアリテ已ニ大正三年ニ於テハ地税、市街地税、煙草税ヲ改正シ更ニ大正四年度ニ於テハ酒税ヲ大正五年度ニ於テハ家屋税ヲ制定施行ノ計畫ナリト云フ今朝鮮ノ税則ニ付國税ノ種類ヲ區分スレハ左ノ如シ但シ此ノ區別ハ國税ノ區別ニ止マリ地方費面費ニ關シテハ別ニ章ヲ設ケテ述フル所アルヘシ

第一　地税

地税ノ平衡ヲ得ント欲セハ土地調査ノ完全ヲ促シ各人所有權ノ範圍ヲ明確ニセサルヘカラス然ルニ朝鮮ニ於テハ併合前ヨリ已ニ之カ調査事業ニ著手セルモ未タ其ノ完了ヲ見ル能ハス從ツテ地税賦課徵收ノ確實ヲ期シ難

キハ免レサル所ナリ明治四十一年(隆熙二年)韓國政府ハ法律第一〇號ヲ以テ地税ニ關スル規定ヲ發布シ各人所有ノ結數及(一結トハ百負ヲ云ヒ一負トハ十束ヲ云ヒ一束トハ十把ヲ云フ一把トハ片手ニテ握レル程度ノ九株ヲ云フナリ)結價ニ應シテ貨幣ヲ以テ地税ヲ徴收シツヽアリタリ然ルニ大正三年制令第一號ハ更ニ地税令ヲ發布シテ土地ノ地目ヲ定メ田、畓、垈、池、沼、雜種地(國有地ヲ除ク)墳墓ニハ地税ヲ課シ林野地(有料ナルトキヲ除ク)墳墓、公園、道路、河川堤防等ニハ地税ヲ課セストセリ而シテ地税ハ土地ノ結數ニ其ノ結價ヲ乘シタルモノヲ以テ一年ノ税額ト定メ結價ハ十一圓、九圓、八圓、六圓、五圓、四圓及二圓ノ七種トセラレ又土地ニ結數ヲ附シ之ヲ修正シ又ハ其ノ結價ヲ定ムル場合其ノ方法ハ舊慣ニ依ルモノトス尚ホ府郡ニハ土地臺帳、結數連名簿ヲ備ヘ地税ニ關スル事項ヲ登税スルモノト規定セラル而シテ地税ハ土地ノ所有者ニ對シ賦課徴收ス(但シ質權ヲ有スルモノハ質權者二十年以上ノ地上權ヲ有スルトキハ其ノ地上權者ヨリ徴收ス)尚ホ徴收ニ付テノ方法及免除其ノ他ニ關スル詳細ナル規定ハ地税令及同施行規則ニ付テ研究スルヲ要ス

第二　市街地税　叙上ノ地税ハ之ヲ市街地ニ適用セサルモノニシテ大正三年制

令第三號市街地稅令ハ市街地內ニ在ル土地ニハ別ニ市街地稅ヲ賦課スルモノトシ其ノ稅率ハ土地臺帳ニ登錄シタル地價ノ千分ノ七ヲ以テ年稅額トシ地價ハ時價ヲ標準トシテ決定スルモノト規定セラレ大正三年總督府告示第一〇〇號ハ市街地トシテ左ノ十一府十四面ヲ指定セリ

京城府、仁川府、水原、開城、清州、公州、大田、江景、群山、全州、木浦府、羅州、光州、大邱府、金泉、釜山府、馬山府、晉州、海州、平壤府、鎮南浦府、新義州府、義州、元山府、咸興、清津府

其ノ以外ノ面洞里部落民ノ岱卽チ宅地ニ對シテハ地稅ヲ課シ市街地稅ヲ課セス又市街地ニアル田、畓等ニ對シテハ市街地稅ヲ課セス地稅令ヲ適用スヘキモノトリ尙ホ市街地稅ハ今後十年每ニ一般ニ亙リテ改ムル規定ナリ

地稅ニ似テ非ナル者アリ驛屯土收入卽チ是レナリ驛屯土トハ舊時各地方視察ノ官吏カ驛ニ宿泊又ハ通行ノ際各驛ニ於テ之レカ接伴ノ爲メ定メタル土地ヨリノ收入ヲ以テ其ノ費用ニ充テタリ而シテ此ノ土地ハ民有ニアラサルヲ以テ常ニ一般人民ニ貸付ケ貸付料又ハ使用料ヲ徴收シツヽアリシナリ然ルニ大正元年勅令第三九號驛屯土特別處分令ハ此ノ舊慣タル地所ニ對シ國有財產ノ性

質ヲ有セシメ之レカ利用ニ對シテハ毎年一定ノ貸付料又ハ使用料ヲ徴收シ所謂賃貸借ノ關係ニ立タシメ尚ホ驛屯土ニ關シテハ驛屯土特別處分令ニ定ムルモノ、外ハ明治四十四年勅令第二〇〇號朝鮮官有財産管理規則（官有財産ト稱スルハ國有ノ不動産、船舶及其附屬物ヲ謂フ）ニ依ルモノトセラレ且ツ同勅令其ノ他ニ於テモ驛屯土ノ使用料、貸借料ニ關シテハ強制徴收ノ規定ナキヲ以テ民事訴訟ノ手續ニ依ラサルヘカラス又特別ノ事情アル場合ニ於テハ現品納付ノ制ヲモ認メ驛屯土ヲ賃借スル特定人ニ限リ徴收スルモノナルカ故ニ地税トハ全然其ノ目的性質ヲ異ニス而シテ特定人ヨリ徴收スル點ニ於テ手數料ト似タル所アリト雖モ手數料ハ國家ノ行爲又ハ營造物ノ使用ニアレハ又其ノ目的ヲ異ニス要スルニ驛屯土使用料賃貸料ハ特種ノ國有財産ヲ耕作スルニヨリ生スル小作料タルニ外ナラスシテ全ク私法上ノ關係ヲ有スルモノナリ

尚ホ隆熙二年勅令第五八號國有土石採取規則ニ依ル土石採取料及光武十一年法律第四號國有未墾地利用法ニ依ル未墾地ノ貸付料ナルモノアルモ租税ト其ノ趣キヲ異ニスルハ勿論ナリ

第三　登錄稅　登錄稅トハ明治四十五年制令第一六號朝鮮登錄稅令ニ依リ不動産ニ關スル登記又ハ證明ヲ受クルトキ又ハ法人ノ登記商號ノ設定取得其ノ他諸種ノ權利義務ニ關シ官ノ帳簿ニ登記シ又ハ登記シアル事項ノ證明ヲ得ントスル者カ納ムル所ノ國稅ニシテ登記設定行爲ノ種類及其ノ價格又ハ件數ニ依リ一定率ノ納稅ヲ爲スヘキモノトス

第四　酒稅　酒稅トハ酒類ヲ製造スル者ニ課スル國稅ニシテ朝鮮ニ於テハ隆熙三年法律第三號酒稅法ナル舊韓國法規ノ效力ヲ明治四十三年制令第一號及同第八號ニ依リ繼續セシメタル結果準制令トシテ朝鮮人ニ對シテ適用セラルト雖モ隆熙三年度支部司稅局長ノ通牒ニ依レハ居留地及其ノ附近一里以內ニ居住スル外國人ニ適用スルモノトセラレアルノミナラス明治四十二年統監府令第一五號ハ舊韓國政府ノ公布シタル法令ニ定ムル稅金又ハ賦課金ヲ納付セサル者アルトキハ國稅滯納處分ノ例ニ依リ處分シ同時ニ刑罰ノ制裁ヲ付シ酒稅法ノ譯文ヲ示シテ在住日本人ニモ酒稅法ヲ適用スヘキヲ明示セリ故ニ現今ニ在リテ在住內地人ニモ又之ヲ適用セラルヘキモノトス其稅額ハ釀造酒類ノ種

別ニ依リ且ツ其ノ造石數ニ比例シテ定メアリ而シテ酒稅ハ酒類ノ釀造ヲ爲スモノニ適用シ酒類ノ販賣業ヲ爲ス者ニハ課セサルモノトス

酒類製造者ハ同法ニ依リ鑑札ヲ受クルヲ要ス又稅務官吏、警察官吏ハ製造者ノ造量器具帳簿等ヲ檢査スルヲ得ヘク酒稅法違反者ニハ相當科罰ノ規定アリ

第五　鑛稅　鑛稅ハ鑛產稅及鑛區稅ノ兩者ヲ包含スルモノニシテ舊韓國光武十年法律第三號鑛業法ニ依リ鑛業權者ノ納付スヘキ國稅ナリ鑛稅ハ鑛業ノ出願者又ハ申請者ノ納付スル手數料トハ全然其ノ目的ヲ異ニスルコトニ注意ヲ要ス而シテ鑛產稅ハ同法第十九條ニ於テ鑛產物ノ價額ノ百分ノ一トシテ鑛區稅ハ鑛區一千坪每ニ一ケ年五十錢トス從來舊韓國政府ハ朝鮮人ハ勿論在住日本人及其ノ他ノ外國人ニ對シテモ鑛業權ヲ許可シアリタルヲ以テ現今準制令トシテ有效ナル同法ハ均シク內外人ニ對シテ適用セラレ從テ稅金モ同樣ノ課稅ヲ受クルモノトス鑛業權及鑛區ノ意義ハ經濟行政ノ編ニ於テ說明スヘシ

第六　採取稅　採取稅トハ隆熙二年法律第十二號砂鑛採取法第十一條ニ依リ砂金採取權者ノ納ムヘキ國稅ニシテ其ノ出願請求屆出ヲ爲ス場合ニ納付スル手

數料トハ全ク其ノ目的ヲ異ニスルモノニシテ採取許可區一千坪又ハ河床延長一町每ニ一年一圓ヲ納付スヘキモノトス本法ノ適用效力ニ付テモ鑛税ト同シ

第七　煙草税　煙草税ハ大正三年制令第五號煙草税令ニ依リ煙草耕作者、煙草製作者、煙草販賣者及製造場又ハ保税地域ヨリ引取人ニ對シ課スル消費税ノ四種アリ耕作税ハ植付株數及耕作ノ種別ニ依リ區別シ製作税ハ工場一個所每ニ其ノ坪數ニ依リ區別シ販賣税ハ卸賣者及小賣者ニ區分シ小賣者ハ賣上見込年額ヲ以テ二種ニ區別シ消費税ハ其ノ税率ヲ製造煙草ノ小賣定價ノ百分ノ十ニ相當スル率ヲ以テ製造所又ハ保税ノ地域ヨリ引取ル際引取人ニ對シテ賦課徵收スル國税ナリ而シテ朝鮮在來ノ方法ニ依ル葉煙草ハ單ニ荒刻ミヲ施シタル普通朝鮮人ノ喫用スルモノニ限リ之ヲ製作煙草ト看做ササルコトニ定メラレタリ詳細ハ煙草税令ヲ參看セラルヘシ

第八　家屋税　家屋税ハ舊韓國隆熙三年法律第二號家屋税法ニ依ル國税ニシテ同法ニ依レハ市街地ニ在ル家屋(官有及公共團體ノ家屋ヲ除ク)ヲ所有スル者ニハ家屋税ヲ課ス家屋税法ヲ施行スル地域ニハ戸税ヲ課セストアリ大正元年總

府令第二三號ハ家屋税ヲ賦課スヘキ市街地ヲ指定シテ各府郡廳所在地以外更ニ主ナル面洞里等詳細ニ渉リ而シテ家屋税ハ四個ノ等級ニ區分シ築造ノ種一構ノ間數ニ應シテ税額ヲ異ニスルモノトセラル本税ハ朝鮮人ニ對シテノミ適類ニ依リ用セラルヘキモノナリト雖モ明治四十二年統監府告示第一二號ハ之レカ譯文ヲ告示シ更ニ府令第一五號ヲ以テ本税金又ハ賦課金ヲ納付セサルモノハ國税滯納處分ノ例ニ依リ處分シ更ニ罰則等ノ制裁ヲ付シアルヲ以テ當時已ニ在住日本人ニモ適用セラレタルモノト見ルヲ得ヘク從テ現今ニ在リテ在住内地人ニモ之ヲ適用スヘキモノトス

第九　戸税　戸税トハ自己ノ家屋ニ住スルト他人ノ家屋ニ住スルトヲ問ハス一戸ヲ構ヘ獨立ノ生計ヲ爲スモノニ賦課スル國税ニシテ之レカ課税ハ甚タ不確實ナル命令ニ根據ヲ酌ムモノナリト云ハサルヘカラス卽チ光武十一年六月舊韓國ノ度支部訓令第六九四二號ヲ以テ「新調査戸數ニ對シ本年秋戸税條ヨリ課税スルコトニ致度就テハ此際人民ノ重劇ヲ生セサル樣注意シテ左記各項ニ依リ實施スヘシ」（一、戸税ハ總テ一戸一箇年金三十錢トシ、二、前項税金ノ外ハ如何ナル名義ヲ以テスルモ加排ヲ嚴禁シ萬一犯ス者ハ直ニ處分スルコト、以下省略ス）

トノ訓令的命令ニ依ルモノニシテ更ニ隆熙三年二月勅令第二〇號ヲ以テ地税及戸税ノ納期ニ關スル件ヲ發布シ「戸税ハ毎年四月及九月ニ分チ毎期總額ノ十分ノ五ヲ徴收ス」ト規定シ又明治四十四年度支部税發第一一四〇號ノ通牒ハ一家屋内ニ數戸アル場合ニハ各別ニ戸税ヲ課スルモノトセラレタリ斯ル不秩序ナル命令ニ依リ事實上戸税ヲ實施シアル現今ニ於テハ該度支部訓令ハ制令ニ準シテ有效タルヘキモノト解スヘク尚明治四十五年六月官通牒第二〇〇號ハ朝鮮駐剳憲兵隊職員ニハ居留地（現今居留地ナル制ナシ）一里以内ノ地竝雜居地（現今雜居地ナル制ナシ）以外ニ居住スル者ニ對シテハ戸税ヲ課シ滯納者ニ付テハ國税滯納處分ヲ爲スコトヲ得ルモノトセラレアルヨリ見ルトキハ從來ヨリ或ル地域ニ居住スル外國人ニ對シテモ戸税ヲ課シアリテ現今ニ繼續セラレアルモノナリ而シテ大正二年三月官通牒第七六號ニ依レハ戸税ハ一期十五錢ノ割合ヲ以テ各戸ヨリ徴收スヘキモノナルモ面長ハ相當ノ等級ヲ定メ不均一ニ徴收スルモ慣例上不適法ニアラス從テ滯納處分モ不均一額ニ對シ處分決行シ得ヘク定メラレタリ

第一〇　鹽税

鹽税ハ舊韓國光武十一年勅令第六九號ニ依リ發布シタル鹽税規

程ニ依リ製鹽業者ニ課スル國税ニシテ毎三ヶ月ノ製鹽斤量ニ應シ百斤ニ對シ六錢ノ率ヲ以テ事後ニ納付スヘキモノトス而シテ本税ハ從來朝鮮人ニ對シテノミ適用セラレタルモノナルヲ以テ内地人ニシテ朝鮮ニ於テ製鹽業ニ從事スル者ニ對シテハ課税セサルモノナリ

第一一　人蔘税　人蔘税ハ舊韓國隆熙二年法律第一五號ニ依リ人蔘耕作者ニ課スル國税ニシテ蔘圃一坪ニ對シ年金拾錢トス朝鮮人ニノミ適用セラル茲ニ注意スヘキハ人蔘中紅蔘ハ紅蔘專賣法ニ依リ之レカ製造ハ政府ニ專屬ス此ハ後章官業ノ部ニ於テ更ニ述フル所アルヘシ

第一二　漁業税　漁業税ハ明治四十四年制令第一號漁業税令ニ依リ漁業者ニ賦課スル國税ニシテ漁業ノ種類ニ依リ課税標準及税率ヲ異ニス

第一三　船税　船税ハ大正三年制令第一三號朝鮮船税令ニ依リ朝鮮船舶令第一條ノ日本船舶及朝鮮各港間ニ於テ運送ヲ爲ス船舶法第一條ノ日本船舶(官廳ノ船舶其ノ他二三特定ノ船舶ヲ除ク)ニ對シ噸數又ハ石數ニ應シ毎年之ヲ賦課スル國税ナリ

第一四　關稅　關稅トハ開港ニ於テ貨物ノ輸出入ヲ爲ス者ニ對シテ賦課スル國稅ニシテ其ノ稅率ハ種類ニ依リ物品ノ數量代價ニ從ヒ之ヲ定ム故ニ關稅ハ輸入稅及輸出稅ノ二ツニ分ツコトヲ得ヘシ我朝鮮ニ於テ關稅ニ關シテハ明治四十五年制令第一七號朝鮮關稅令同年制令第二〇號朝鮮關稅定率令大正二年制令第二號朝鮮陸接國境關稅令（平安北道義州郡水口鎭ヨリ咸鏡北道豆滿江口ニ至ル陸接國境ニ於ケル貨物ノ輸出入ニ關シ規定セリ）及明治四十五年制令第一九號朝鮮保稅倉庫令ニ依ルヘキモノトス

關稅令ハ其ノ內容トシテ內地ノ關稅法（第一條第三條第七十三條第九十八條ノ規定ヲ除ク）ヲ採用シ之レカ取扱上內地ト統一主義ニ則リアリ又關稅令ハ(一)內地、臺灣、及樺太ヨリ貨物ヲ朝鮮ニ移入スル場合ニ付テハ輸入ニ關スル規定、朝鮮ヨリ貨物ヲ內地、臺灣及樺太ニ移出スル場合ニ付テハ輸出ニ關スル規定ヲ準用シ(二)內地、臺灣及樺太ヨリ發送シタル貨物ニ付テハ外國貨物ニ關スル規定、朝鮮ト內地臺灣及樺太トノ間ニ於ケル出入船舶ニ付テハ外國貿易船ニ關スル規定ヲ準用スルモノト規定セラル但シ稅率ニ付テハ內地ニ對シ不統一主義ヲ採用セリ而シテ此ノ輸移出入ニ對スル關稅及船舶ニ對スル噸稅ハ併合ノ際外務大臣ノ列國ニ對スル宣言ニ

依リ併合後十年間ハ併合前ト同率ノ税ニ依ルモノトセラレアリ

內地ニ於テハ明治四十三年緊急勅令第三三一號ニ依リ朝鮮ヨリ內地、臺灣及樺太ニ貨物ヲ移入スルトキハ輸入税ト同率ノ移入税ヲ課シ朝鮮ヨリ入港スル船舶ニハ噸税ヲ課スルモノトス而シテ大正二年法律第一七號ハ朝鮮ヨリ產出スル米及籾ヲ內地ニ移出スルモ移入税ヲ課セストノ除外例ヲ設ケタリ

第一五　噸税　噸税トハ外國貿易ノ爲メ外國ニ往來スル船舶ニシテ朝鮮ノ開港ニ入港シタル時其ノ船舶ノ登錄噸數又ハ積石量ニ比例シテ徵收スル所ノ國税ナリ噸税ニ付テハ明治四十五年制令第一八號朝鮮噸税令ノ內容トシテ內地ニ於ケル噸税法(第一條第二項ヲ除ク)ニ依ルヘシトセラレ尚ホ同令ハ貿易ノ爲メ朝鮮ト內地、臺灣及樺太トノ間ニ往來スル船舶ニ對シテモ噸税ヲ課スルモノトス

第四款　國税滯納處分

國税徵税ノ方法ハ(一)收税ノ權アル官吏卽チ道長官府尹郡守島司面長又關税噸税ニ在リテハ關税長カ直接徵收スル場合ト(二)印紙ヲ以テ徵收スル場合ノ二アリ收税官吏ノ徵收スル場合ニ於ケル納税義務ハ納期ニ於テ發生シ通常納入告知書ヲ

發布シ之ヲ以テ納税義務敢行ノ時期ヲ定ム若シ納税義務者ニシテ此ノ時期ヲ經過スルモ完納セサルトキハ其ノ納税ヲ强制スル爲メ滯納處分ヲ行フ但シ印紙貼用ニ依ル納税ヲ怠リタルトキハ通例刑罰ニ處セラルルモノトス明治四十四年制令第一四號國税徵收令ハ國税徵收法ヲ其ノ内容トシテ採用シ明治四十五年一月一日ヨリ之ヲ施行セリ同令及明治四十四年總督府令第一五七號國税徵收令施行規則ニ依ル國税滯納處分ノ手續左ノ如シ

(一) 差押　國税ノ納期ヲ過キ(督促ノ形式ニ依ルモノハ其ノ指定納期ヲ經過シ)完納セサルモノアルトキハ國税徵收法第十條ノ規定ニ依リ收税官吏ハ其ノ財產ノ差押ヲ爲スモノトス然レトモ同法第十六條及第十七條列記ノ物件ハ之ヲ差押フルコトヲ得ス又財產ノ價格カ滯納金額ニ充ツルニ足ラスト認ムルトキハ差押ヲ爲ササルコトヲ得殊ニ財產ノ價格カ滯納處分費ヲ償ヒテ殘餘ヲ得ル見込ナキトキハ同法第十二條ニ依リ絕對的ニ差押ヲ許サス又財產ヲ差押ヘ未タ賣却セサル以前ニ滯納者若ハ第三者ニ於テ代リテ滯納金額ヲ完納シタルトキハ差押ヲ解除スルモノトス

(二) 公賣　差押ヘタル財產(動產、不動產ヲ含ム)ハ差押解除ノ原因ナキ以上ハ之ヲ公賣ニ附シ賣却代金ヲ以テ國稅ヲ徵收シ此ノ場合滯納處分ノ費用(差押、保管、運搬、公賣費用、通信費)ハ滯納者ノ負擔トシテ同時ニ併セテ徵收ス又國稅ノ徵收ハ同法第二條ニ依リ總テノ他ノ公課及債權ニ對シ優先權ヲ有ス又公賣ニ當リ買受人ナキトキハ政府之ヲ買上ケ其ノ代金中ヨリ滯納金額ヲ徵收スルコトヲ得ルモノニシテ滯納者ノ納付義務ハ以上ノ處分結了ヲ以テ終ルモノトス而シテ差押ニ關シ故意ニ自己ノ財產ヲ隱匿シタル者ハ外ニ刑事法上ノ制裁アリ詳細ハ國稅徵收令及同施行規則、國稅徵收法大正元年制令第四號租稅ニ關シ事犯アリタルトキノ處罰ニ關スル件及同年總督府令第八號處罰スヘキ間接國稅ノ種目等アリ就キテ見ルヘシ

第三節　手數料

第一款　手數料ノ性質

手數料トハ私人ノ利益ノ爲メニ官廳ノ爲シタル行爲又ハ營造物ヲ使用セシムルコトニ對シ報酬トシテ徵收スル所ノ財產ニシテ其ノ租稅ト異ナル所ハ

一、租税ハ無償ナルモ手數料ハ有償的ナリ
二、租税ハ負擔力ノ資力如何ヲ標準トスルモ手數料ハ資力ニ關セス總テノ義務者ニ平等ニ課ス
三、租税ハ原則トシテ一般人ニ課スルモ手數料ハ特定ノ者卽チ官廳ノ行爲ヲ要求シ又ハ營造物ヲ使用スル者ニノミ負擔セシム
四、租税ノ新設及税率ノ變更ハ立法事項ニ屬スルカ故ニ制令ヲ以テ之ヲ規定セサルヘカラサルモ手數料中行政上ノモノハ單純ナル行政命令ヲ以テ之ヲ定ムルコトヲ得

手數料ハ通常司法上ノモノト行政上ノモノニ(私法上ノ手數料及公法上ノ手數料ニ區別ス)分レ報償ニ屬スル行政上ノ手數料及其ノ他ノ收納金ニ關シテハ立法事項ニアラサルヲ以テ制令府令以下ノ命令ヲ以テ規定シ得ルモ司法上ノ手數料ハ立法事項ニ屬シ從テ制令ヲ以テ規定スルコトヲ要スルモノナリ

第二款　司法上ノ手數料

司法上ノ手數料トハ民事刑事ノ訴訟行爲及執行々爲ニ於テ支拂フ手數料ニシテ

前項ニ述ヘタル如ク立法事項ニ屬シ制令ノ規定ヲ要スルヲ以テ明治四十五年制令第八號朝鮮民事訴訟印紙令ハ卽チ民事訴訟ニ關スル手數料ヲ定ム又大正二年總督府令第二一號朝鮮公證手數料規則ニ依ル法律行爲ニ付テノ證書(公正證書)作成手數料及ヒ執達吏手數料、拒絕證書作成手數料及民事刑事ニ關スル判決正本謄本抄本下付手數料等アルモ本款ノ範圍ニ屬セス

第三款　行政上ノ手數料

行政上ノ手數料トハ司法上ノ手數料以外ノ總テノ手數料ヲ云フモノニシテ朝鮮ニ於ケル行政上ノ手數料ノ種類左ノ如シ

第一　官廳ノ徵收スル手數料

(一)郵便切手ヲ以テスルモノ

(イ)訴訟書類ノ郵便送達料

(ロ)郵便及小包料

(ハ)爲替料

(ニ)電報及電話料

(二)收入印紙ヲ以テスルモノ

(イ)礦業及砂礦手數料

(ロ)漁業手數料

(ハ)醫師、醫生、限地開業醫、齒科醫、入齒業、免許證下附及書換再下附手數料

(ニ)看護婦、產婆、按摩、鍼灸術免許手數料

(ホ)教科書檢定手數料

(ヘ)外國旅行劵下付手數料

(ト)土地臺帳、結數連名簿、民籍及居住ノ謄本抄本請求及閲覽手數料

(チ)諸證明手數料

(リ)海藻檢查手數料

(ヌ)物貨分析及試驗手數料

(ル)狩獵免狀手數料

(ヲ)朝鮮人改名願手數料

(カ)船舶原籍ノ謄本抄本其他船舶ニ關スル證書交付及閲覽手數料

(ヨ)船舶引渡及證明手數料

(タ)船舶職員體格檢查手數料

(レ)船舶積量測度手數料

(ソ)船舶國籍證書、假船舶國籍證書ノ交付、再交付及書換手數料

(ツ)船舶職員試驗手數料

(ネ)文官普通、朝鮮人判任文官、醫師、產婆、看護婦試驗手數料

(ナ)朝鮮人辯護士試驗手數料

(ラ)辯護士名簿登錄及取消手數料

(ム)民事爭訟調停申請及調書ノ正膽本下付申請手數料

(ウ)公證事務手數料

(ヰ)稅關諸手數料

(ノ)印鑑證明下付申請手數料

(オ)煙草ニ關スル手數料

(ク)酒準牌料

(ヤ)船準牌料

(三)現金ヲ以テスル手數料

現金ヲ以テ徵收スル手數料ハ多ク營造物使用ニ對スル手數料ニ於テ之ヲ見ル例ヘハ鐵道運賃、水道使用料各種學校ノ授業料ノ如キ是レナリ

第二　公共團體ノ徵收スルモノ

朝鮮ニ於ケル自治團體ハ府制ニ依ル府及學校組合令ニ依ル學校組合アルノミニテ是等ハ府條例又ハ學校組合規約ノ定ムル所ニ從ヒテ手數料ヲ徵收スルコトヲ得ル規定アリ

第四節　官業

第一款　專賣

或ル特定ノ營業ハ之ヲ國家ノ專業ト爲シ一般人民ノ營ムコトヲ禁スルコトアリ之ヲ專賣ト稱ス專賣ハ獨占官業ノ一種ニシテ獨占官業ハ專賣ハ勿論其ノ他一般ニ國家ノ獨占事業ヲ包含ス近世ノ國家ハ營業ハ一般ニ個人ノ自由ニ屬シ國家又

ハ他ノ團體ニ於テ之ヲ獨占スルコトナキヲ原則トスルモ或ハ公益上ノ理由ヨリ或ハ財政上ノ目的ヨリ國家又ハ團體ニ於テ營業ノ獨占權ヲ有スルコトアリ公益上ノ理由ヨリ出ツルモノハ例ヘハ阿片專業度量衡器ノ製作販賣貨幣鑄造兌換券發行ノ如シ財政上ノ目的ヨリスルモノハ人蔘專賣ノ如ク專ラ國家ノ收入ヲ增加スルヲ目的トスルモノナリ茲ニ述フル專賣ハ即チ此ノ財政上ノ目的ヨリ出ツルモノナリ

財政上ノ目的ヨリ出ツル專賣ハ其ノ法律上ノ意義ニ於テハ私人ノ營業ト同一ノ性質ヲ有スルモノナリ即チ專賣ハ私法上ノ行爲ナルヲ以テ私法上ノ收入タルコト疑ナシト雖モ或學者ハ之ヲ租税徵收ノ一變態ナリト説クモノアリ即チ他人ヲシテ同一ノ業務ヲ營ムコトヲ禁シ競爭ナカラシメ價格ハ政府ノ任意ヲ以テ財政上ノ目的ヲ達スルハ恰カモ消費者カ消費税ヲ負擔スルカ如シトセリ然レトモ專賣ハ決シテ租税ニアラス即チ租税ハ强制力ニ依ル徵收ノ形式ヲ以テスルモ專賣ノ收納ハ敢テ强制スルモノニアラス且ツ租税ハ無償ナルモ專賣ノ收納ハ有償ナリ故ニ專賣ハ寧ロ公用徵收ノ一變態ナリト見ルヲ至當ト信ス專賣ハ貨物ノ生產

ヨリ販賣ニ至ル全部ヲ國家カ經營スルコトアリ或ハ生産製造販賣中ノ何レカヲ國家ニ於テ營ムコトアリ而シテ現今朝鮮ニ於ケル專賣事業ハ紅蔘專賣ノ一アルノミ左ニ隆煕二年法律第一四號紅蔘專賣法ニ依リ之ヲ略述セン

(イ)專賣權　紅蔘ハ之レカ製造ハ政府ニ專屬ス從テ專賣權ハ政府之ヲ有ス但シ政府ノ命ヲ受ケタル者ハ販賣又ハ輸出スルコトヲ得ヘキモ出願ニ依リ販賣輸出ノ業ヲ爲サシメス故ニ紅蔘ノ製造ハ國家之ヲ獨占スルモ耕作及販賣ニ至リテハ獨占ニアラサルナリ

(ロ)收納　紅蔘製造ノ原料タルヘキ水蔘ハ政府ノ免許ヲ受ケタル者ニアラサレハ之レヲ耕作スルコトヲ得ス而シテ耕作シタル水蔘ハ收納處分ノ方法ニ依リ政府之ヲ收納ス之ニ由リ見ルトキハ收納行爲ハ强制的ノモノニシテ公法上ノモノナリ故ニ政府ノ收納スヘキモノヲ他ニ讓渡シ若ハ消費シ或ハ陰蔽シタルトキハ制裁ヲ受クヘキ規定アリテ收納行爲ハ一種ノ公用徵收ナリト云フヘシ

(ハ)補償　政府ハ其ノ收納シタル水蔘ニ對シ賠償金ヲ交付ス之レニ依リ專賣ハ租税ニアラス私法上ノ行爲ナルコト明カナリ從テ無償ニテ收納スヘキモノニア

ラサルカ故ニ政府ハ豫メ賠償價格ヲ決定公示シテ補償ヲ爲ス

(二)犯則者處分　紅蔘ニ關シ犯則者ハ同法ニ依リ處罰セラル、規定アリ

尙ホ紅蔘ニ關シテハ紅蔘專賣法施行細則、蔘政取締規程、人蔘耕作奬勵規則等アリ

第二款　官業

茲ニ所謂官業トハ政府ノ獨占事業ニアラス一般人ノ施設經營ヲ禁止セサルモノヲ政府ニ於テモ公益、試驗又ハ收益ヲ目的トシ官業トシタル事業ヲ云フ朝鮮ニ於テハ鐵道、郵便、電信、電話、鹽業、水道、印刷、鑛業、造材、造林等ハ其ノ主ナルモノナリ

第五節　公債

公債ハ租税其ノ他ノ收入ニ依リ國費ヲ支辨スルコト能ハサル場合ニ於テ國庫ノ負フ所ノ債務ニシテ國家ノ私法上ノ收入中最モ重要ナルモノナリ故ニ內地ニ於テ公債ヲ起スコトハ憲法上帝國議會ノ協贊ヲ要スルモノトス而シテ朝鮮總督ハ制令ヲ發シテ立法事項ヲ規定スルコトヲ得ルモ公債ヲ募集スルハ立法事項ニアラサルカ故ニ特別ノ授權ナキトキハ議會ノ協贊ヲ求メサルヘカラサルハ當然ナ

リ然ルニ明治四十四年法律第一八號朝鮮事業公債法ハ朝鮮ニ於ケル事業費支辨ノ爲メ政府ハ五十五年以内ノ期限ヲ以テ公債ヲ發行シ又ハ三年以内ノ期限ヲ以テ借入金（銀行又ハ個人ヨリ借入ルヽモノトス）ヲ爲スコトヲ得ヘシトアリ其ノ公債及借入金額ハ通シテ五千六百萬圓以内ト限定シタルモ之レヲ用ユル事業ノ種類ヲ限定セス即チ法律カ朝鮮ニ於ケル事業ト金額ヲ豫定シ豫メ議會ノ協贊ヲ得タルモノトシ其ノ時々之レヲ求ムルコトヲ要セスト爲シタルモノナリ故ニ此ノ以外ニ朝鮮事業ニ關シテハ更ニ法律ノ發布ナキ以上公債ヲ募集スルコトヲ禁セラレタルモノナリ又同公債法ハ朝鮮ニ於ケル事業費支辨ノ爲メ從來負擔シタル債務及本法ニ依ル借入金ノ整理又ハ償還ノ爲メ必要ナルトキハ均シク公債ヲ發行シ及借入金ヲ爲スコトヲ得ヘキ旨ヲ規定シタルモ其ノ額ヲ限定セサルカ如シ

以上事業公債ニ依ル特別會計ハ朝鮮總督府ノ事業支辨ノ爲メ募集シ收入スルモノナルカ故ニ其ノ豫算ハ朝鮮總督府特別會計ノ豫算ニ編入セラルヘキモノナルコトハ明治四十四年法律第一九號朝鮮事業公債特別會計法ニ明示シアリ

次ニ朝鮮ニ於テ特種ナル公債アリ即チ明治四十三年八月舊韓國併合ニ當リ朝鮮

ノ勸業奬勵併合ニ關スル功勞者儒生兩班ノ耆老者孝子節婦等ニ對シ恩賜金トシテ發行セシ國債ニシテ同年緊急勅令第三二七號（憲法第七十條ニ依リ財政上必要處分トシテ發セラレタルモノ）ニ依レハ朝鮮ニ於ケル臨時恩賜ニ充ツル爲メ政府ハ三千萬圓ニ限リ五分利附國債ヲ發行スルコトヲ得ト又同年緊急勅令第三二九號ニ依レハ臨時恩賜金ハ國債證券ヲ以テ下付シ該劵ハ記名又ハ無記名トシ記名ノ證劵ハ政府ノ認可ヲ受クルニアラサレハ之ヲ讓渡又ハ質入スルコトヲ得サルモノトナシ同年大藏大臣ハ更ニ恩賜公債規程ヲ發布シ本公債ノ元金ハ發行ノ年ヨリ五箇年間据置キ其ノ翌年ヨリ五十個年以內ニ償還スルモノトナシ尙ホ利子仕拂證劵及登錄ニ關スル手續ヲ規定セリ

第五章　朝鮮ノ支出

第一節　支出

支出トハ豫算ノ定額ヲ支出スル爲メ之レニ對シテ仕拂命令ヲ發スル行爲ニシテ其ノ仕拂命令ヲ發スル職權及責任ヲ有スル者ハ國務大臣ナルモ朝鮮ニ於テハ總

督ニ委託セラレアルヲ以テ總督之ヲ發シ總督ハ更ニ他ノ官吏ニ委託シテ發セシムルモノトス又支出ニ付テハ支拂命令ヲ發スル者ト實際ニ金錢ノ支拂ヲ爲スモノト其ノ機關ヲ異ニスルモノニシテ之ヲ金庫ト云フ明治二十二年勅令第一二六號金庫規則ニ依レハ金庫ハ國庫ニ屬スル金錢ノ收扱即チ保管出納ヲ爲スモノニシテ大藏大臣ノ管理ニ屬シ中央金庫、本金庫、支金庫ノ三種アリ中央金庫ハ東京ニ置キ、本金庫ハ各府縣ニ一ヲ置キ支金庫ハ必要ナル場合ニ適宜ノ所ニ置クモノトス朝鮮ニ於テハ大正二年大藏省告示第一八五號朝鮮總督府管內ニ金庫設置ノ件ニ依リ京城ニ本金庫、又道廳所在地及仁川、群山、木浦、鎭海、釜山、鎭南浦、新義州、元山、城津、淸津、羅南等ニ支金庫ヲ置カレアリテ京城ニ於テハ朝鮮銀行其ノ他ニ在リテハ農工銀行又ハ其ノ支店等ニテ金庫事務ヲ取扱ハシム故ニ朝鮮銀行總裁ハ朝鮮ニ於ケル金庫出納役タルモノトス又同年大藏省告示第九五號ヲ以テ朝鮮ニ於ケル金庫ノ開庫時間ヲ規定セラレアリ總テ國家ノ收入ハ一度ハ金庫ニ納付スヘキモノニシテ金庫ニ納付セスシテ直ニ使用スルコトハ之ヲ許サス、各大臣及朝鮮總督等支出ノ必要アレハ金庫ニ對シ支拂命令ヲ發シ金庫カ支拂命令ヲ受ケタルトキハ更ニ其ノ支拂命令カ適法ノ形式ニ於テ發セラレタルモノナルヤヲ審査スルノ義務アリ而シテ法令ニ違反シタル仕拂命令ニ對シテハ支拂ヲ拒絕スルコトヲ得ルモノトス

明治四十三年勅令第四〇七號朝鮮總督府特別會計規則第二條及明治四十三年勅令第四一三號ヲ以テ會計法ヲ朝鮮ニ施行セラレタルニ依リ會計法ニ基ク明治二十二年勅令第六〇號會計規則同年勅令第八四號物品會計規則等ハ當然朝鮮ニ施行セラルルヲ以テ支出方法ハ內地ト同一ナルモノナリ

尙ホ政府ニ對シ正當ナル債主若クハ其ノ代理人ノ爲メニスルニアラサレハ仕拂命令ヲ發スルコトヲ得サルヲ原則トスルモ例外トシテ現金前渡ノ制アリ卽チ國債ノ元利拂、軍際軍艦及官船ニ屬スル經費其ノ他數種ノモノニ限リ主任官吏又ハ政府ノ命シタル銀行ニ委托シテ現金支拂ヲ爲サシムル爲メ現金前渡ノ仕拂命令ヲ發ス此場合ニ於テ主任官吏又ハ銀行ハ其ノ金額ノ範圍內ニ於テ自カラ其ノ責任アルモノトス

第二節　國庫

國家ハ財産權ノ主體トシテ之ヲ云フトキハ國庫ト稱ス國庫ハ元ヨリ國家ノ或ル一方面ヲ示ス語ニシテ國家以外ニ之レト相對シテ存在スヘキモノニアラス國家先ツ組織セラレ其ノ專ラ財産的方面ニ活動スルモノヲ稱シテ國庫トハ云フナリ只現行諸法令中時々他ノ意味ニ於テ國庫ナル文字ヲ用ユルコトアリ例ヘハ各基金ヲ指シテ又ハ收入支出ヲ掌ル機關ヲ指シテ國庫ト云フコトアリ然レトモ之レ一時ノ便宜的用語ニシテ本來ノ意義ニハアラサルナリ

之ニ由リテ見ルニ一國家內ニ二以上ノ國庫ノ存在スヘキ理由ナシ會計法ノ規定中ニ國務大臣ハ其ノ所管ニ屬スル收入ヲ國庫ニ納ムヘク各官廳ハ法律命令ニ規定スルモノヽ外特別ノ資金ヲ有スルヲ得ストアリ而シテ此ノ特別資金ヲ設クル場合ト雖モ之レ素ヨリ會計ノ一區分ニシテ二以上ノ國庫ノ存在スルモノトナスヲ得サルナリ

第六章　豫算

國家ノ收入及支出ハ毎會計年度前ニ於テ議會ノ協賛ヲ經テ定メラルル歳入歳出豫算ニ從テ行ハル豫算ハ議會ト政府トノ關係ニ過キスシテ同シク議會ノ協賛ヲ要スル法律トハ其ノ性質ヲ異ニス議會カ議決ナスハ其ノ適當ナルコトヲ證明スルモノニシテ政府カ之ニ依リテ支出スルニ付豫メ政府ノ責任ヲ解除スルモノナリ豫算ハ法規ニアラサルカ故ニ豫算ニ違反セル行爲アルモ議會ノ事後承諾ニヨリテ政府ハ其ノ責任ヲ免ルルコトヲ得ルモノナリ若シ法律ナリトスレハ其ノ違反行爲ハ假令事後承諾アリト雖モ變シテ適法ナル行爲トナルノ理由ナシ憲法ニ於テモ法律ト豫算トハ明カニ區別セリ法律ニハ裁可ヲ要スルモ豫算ニハ其ノ規定ナシ豫算ハ裁可ヲ俟タスシテ成立スルモノナリ但シ實際ノ例ニ於テ豫算ハ毎年裁可ヲ經テ公布スルモ之レ其ノ要件ニアラス議會ノ議決ハ直接ニ官廳ニ對シテ遵由ノ效力ヲ有スルモノニアラサルカ故ニ豫算ノ裁可ハ之レニヨリテ官廳ニ收入支出ノ標準ヲ與フル方法ナリトス

豫算ハ毎年度之ヲ編成シ一年度間ノ一切ノ收入支出ヲ記載ス會計年度ハ四月一日ニ始マリ翌年三月三十一日ニ至ル一ケ年ナリ豫算ハ不可分ヲ以テ原則トスルコトハ前章會テ一言セシ所ナリ而シテ此ノ原則ニ對シテハ二ツノ例外アリ一ハ追加豫算ニシテ一ハ特別會計ナリ特別會計ニ付テハ已ニ之ヲ詳述セリ追加豫算トハ總豫算編成後ニ於テ經費ノ不足ヲ生スル場合ニ之ニ對シテ編成スルモノナリ豫算ハ之ヲ收入ト支出ニ分チ收入支出共經常臨時ノ二部ニ大別シ更ラニ款項ニ區別ス豫算ニハ豫備費ヲ設クルヲ要ス豫備費ハ第一第二ニ分チ豫算金額ノ不足ヲ補フモノナリ豫算ノ調製ハ大藏大臣ノ職務ニ屬ス大藏大臣ハ毎會計年度ノ前年帝國議會ノ開會前ニ於テ各省大臣ヨリ提出スルモノニ基キテ之ヲ調製シ議會ノ始メニ於テ之ヲ提出スヘキモノナリ

豫算ノ法律上ノ效力ハ收入豫算ト支出豫算トニ依リ全ク異ナリ豫算カ法律上ノ拘束ヲ有スルハ專ラ支出豫算ニシテ收入豫算ハ一年度間ニ於ケル收入金額ノ見積リニ止マルモノナリ收入カ豫算ニ比較シテ過不足アルモ政府ハ何等ノ拘束ヲ受クルモノニアラス唯政府ハ規定ニ依テ租稅手數料等ヲ徴收スヘキノミ支出豫

算ハ之ニ反シテ拘束力ヲ有ス豫算ニ記載セサル目的ノ爲メニ支出ヲ爲シ又ハ定額ニ超過シタル支出ヲ爲スコト能ハサルナリ故ニ一ノ款項ニ剩餘アリ他ノ款項ニ不足アル場合ト雖モ彼是相流用スルコトヲ許サス豫算記載以外ノ目的ノ爲メニ又ハ所定金額ニ不足ヲ生シタル場合之レカ支出ニ關シテハ豫備費ノ設ケアリ第一豫備金ハ大藏大臣ノ承認ヲ經第二豫備金ハ勅裁ヲ經テ支出スヘキモノトス

第七章　官有財産

官有財産ハ其ノ性質ニ依リ之ヲ種々ニ分ツコトヲ得茲ニハ公用財産(非收益財産)收益財産トニ分テ論セン

公用財産トハ直接ニ公用ノ目的ニ供用セラルルモノニシテ公用物及公有物ノ二トナス二者異ナル所ハ一ハ直接公共ノ用ニ供セラル其他ハ直接國家ノ用ニ供シ私人ノ之ヲ供用スルコトヲ禁スルニ依リ間接ニ公共ノ用ニ供セラルルニアリ勿論公用財産ト雖モ時ニ收益ヲ生スルコトナキニアラスト雖モ其ノ主タル目的カ公用ニアリテ收益財産ノ主トシテ國家ノ財源タル目的ヲ有スルモノトハ異ナル

ナリ收益財産トハ收入ヲ目的トスルモノニシテ卽チ現ニ收益ヲ爲シツヽアル財産又ハ收益ヲ爲シ得ル所ノ財産ヲ謂フモノニシテ此ノ種ノ財產ハ國有ニ屬スト雖モ全然私法ノ適用ヲ受ケ之ニ依リ自由ニ處分スルコトヲ得ルモノトス從ツテ左ノ結果ヲ生ス

(一)收益財產ハ何時ニテモ私法ニ依リ處分スルコトヲ得ルモ公用財產ハ公用ヲ廢スルニアラスンハ例へ國家ト雖モ之レカ處分ヲ爲スコトヲ得ス

(二)收益財產ハ土地森林等特別ノ規定アルモノヲ除クノ外財政ヲ司ル官廳ニ於テ管理スルモ公用財產ハ其ノ公用ニ關係アル當該行政官廳之ヲ管理ス

(三)公用財產ハ公用ニ供スヘキモノナル故必要ニ應シテハ公用徵收ノ方法ニ依リ取得シ得ルモ收益財產ハ然ルヲ得ス

然ラハ所謂官有財產トハ如何ナルモノナリヤト云フニ明治四十四年勅令第二〇〇號朝鮮官有財產管理規則ハ之レカ定義ヲ與ヘテ曰ク官有財產ト稱スルハ國有ノ不動產、船舶及其ノ附屬物ヲ謂フ(此ノ定義ハ專ラ不動產ニ付規定シタルモノナリ動產ニ付テハ物品會計規則ニ遵據スヘキモノトス)朝鮮ニ於ケル官有財產ノ管理及處分ハ朝鮮總督ノ職責ニ屬シ又公用中ノ官有財産ハ賣拂、貸付、讓與又ハ交換ヲ爲スコトヲ得スト規定セリ是レ此ノ種ノ財産ハ前述ノ如ク直接公共ノ用ニ供シ又ハ一般人ノ使用ヲ禁シテ國家ノ用ノミニ供スルニ依リ間接ニ公共ノ用ニ供スルモノナレハ國家ト雖モ其ノ公用ヲ廢スルニアラサレハ之ヲ處分スルコトヲ得サルモノナレハナリ從テ公用財産ハ其ノ公用ヲ廢スルト同時ニ收益財産トナルモノトス而シテ公用財産ナリト雖モ苟モ公用ヲ害セサル以上ハ私人ニ其ノ使用ヲ許可スルモ妨ケナキヲ以テ官有財産ニ對シテハ左ノ原則ヲ認メラレアリ但シ其ノ管理又ハ處分ニ關係アル職員ニ對シ官有財産ノ賣拂、貸付、讓與、交換ヲ禁シタルハ管理及處分ノ公平ヲ維持センカ爲メナリ

一、公用財産ハ之ヲ賣拂、貸付、讓與、交換スルコトヲ得スト雖モ其ノ公用ヲ妨ケサル限リ有償又ハ無償ニテ私人ニ其ノ使用ヲ許可スルコトヲ得

二、收益財産ハ賣拂、貸付等ノ爲メニ之ヲ處分スルコトヲ得ルモノニシテ此ノ處分ハ國庫ト私人トノ間ニ於ケル純然タル私法上ノ法律行爲ニシテ又國家ハ收益ノ爲メニスルモノナレハ有償ナルヲ原則トスルモ左ノ場合ニ限リ無償ニテ

之ヲ處分スルコトヲ得ルモノトセリ
(甲)官有財産ハ無料ニテ貸付シ又ハ使用ヲ許可スルヲ得サルモ公用ノ爲メ又ハ營利ヲ目的トセサル公共ノ利益ト爲ルヘキ事業ノ爲メニスル場合ハ此限リニアラス
(乙)官有財産ノ讓與スルコトヲ得ルハ左ノ場合ニ限ル
(イ)公用ニ供シ又ハ營利ヲ目的トセサル公共ノ利益ト爲ルヘキ事業ニ供スル爲メ必要ナルトキ
(ロ)公園、公共道路、河川、堤防、溝渠、溜池等ヲ開設シタル爲メ不用ニ歸シタル舊同種ノ土地ヲ其ノ開設者ニ下附スルトキ
(ハ)公用ヲ廢シタル土地ヲ其ノ公用中維持保存費ノ負擔義務ヲ有シタル者ニ下付スルトキ
(丙)官有財産ハ交換スルコトヲ得サルモ其ノ土地建物ヲ公用ニ供シ若クハ公共ノ利益ト爲ルヘキ事業ニ供スル爲メ必要ナルトキ又ハ官有地整理ノ爲メ必要ナルトキニ限リ其ノ評定價格同一以上ノ土地建物ト交換スルトキハ此ノ

限リニアラス

(丁)官有財產ノ處分ハ總テ公賣ノ方法ニ依ルヲ原則トス之レ公平ト國家ノ利益ヲ保護スル必要ニ基キタルモノナリ然レトモ規則所定ノ場合ニ限リ其ノ賣拂又ハ貸付ハ隨意契約ニ依ルコトヲ得

(戊)官有財產ノ賣却ハ其ノ代金完納後ニアラサレハ目的物ノ引渡ヲ爲サス又其ノ貸付料、使用料ハ相當ノ保證ヲ立テ又ハ擔保ヲ供シタル場合ノ外每年前納セシムルモノトス

(庚)官有財產ノ賣拂、讓與、交換ノ取消又ハ貸付ノ解除ハ規則所定ノ場合ニ於テ之ヲ爲スコトヲ得此レ國家カ處分ヲ爲シタル目的ヲ達スルコト能ハスト認ムルニ因ルナリ

三、官有財產ノ管理及處分ニ付テハ明治四十四年官通牒第二二八號ノ委託ニ依リ或ル事項ニ限リ總督ノ所屬官署ノ權限トシテ分掌セシメアリ卽チ左ノ如シ

イ　驛屯土ハ度支部

ロ　森林、山野、未墾地、堤堰ハ農商工部

ハ　道路河川、港灣、砂防用地及上水、下水ハ總督官房土木局

ニ　鐵道ニ關スル官有財產ハ鐵道局

ホ　遞信ニ關スル官有財產ハ遞信局

ヘ　他ノ部局ノ分掌ニ屬セサル官有財產ハ總督官房土木局

四、官有財產ノ保管及取締ニ付テハ鐵道局、遞信局、警務總監部、覆審法院、地方法院監獄、營林廠、平壤鑛業所、勸業模範場、稅關等ニ屬スル分ハ各其ノ官廳ノ長ヲシテ之ヲ掌ラシメアリ

以上ハ官有財產ノ管理及處分、取締ニ關スル手續法則ノ大要ナリ而シテ其ノ處分ニ依ル收入ハ朝鮮總督府特別會計ノ收入ニ入ルモノトス

尙ホ官有財產ノ處分ニ付テハ大正元年勅令第三九號驛屯土特別處分令及同年勅令第六號朝鮮國有森林未墾地及森林產物特別處分令アリ就テ看ラルヘシ

第八章　地方費會計

朝鮮ニ於テハ特別會計ノ外地方費ヲ以テ地方ニ屬スル事務ヲ經理ス即チ特別會

計ハ國庫ニ屬シ地方費ハ地方(行政區域タル各道)費區ニ屬ス朝鮮ニ於テハ此ノ兩種ノ費用ヲ以テ國家及地方ノ事務ヲ處理スルナリ地方費ハ隆熙三年法律第一二號地方費トシテ發布セラレ既ニ併合前ヨリ之ヲ賦課シ地方費ノ負擔ヲ認メアルモノヲ明治四十三年制令第一號及第八號ニ依リ引續キ制令ニ準シ有效ナルモノトセラレアリ此ノ費用ヲ以テ地方ノ事業ヲ其ノ必要ニ應シテ之ヲ與サシメ以テ地方自治ノ基ヲ涵養シ且ツ又地方ノ發達ヲ圖ルコトトセリ同法第一條ニ

各道ニ於テ公共事業ノ爲メ地方費ヲ設ク

地方費ハ地方費ニ屬スル財產竝ニ其ノ收入、地方費支辨ノ事業ニ屬スル收入及賦課金ヲ以テ之ニ充ツ

之ニ由リ地方費ナルモノ、性質ヲ考フルニ此ノ費用カ全然國庫ヲ離レテ經理セラレ地方ノ負擔ニ屬スヘキ政務ニ使用セラルルコトハ明カナリ而シテ地方費ノ負擔ハ朝鮮總督府所轄內ヲ單位トシ之ヲ十三道ノ行政區劃ニ分チタルヨリ見レハ地方費賦課ノ主體ハ各地方費區タル道ナリト謂ハサルヘカラス然ラハ道ハ自治體ナリヤ卽チ公ノ法人ナリヤ否ヤニ付テハ疑問ナキ能ハス惟フニ地方費區タ

ル道ヲ法人トシテ自治體トスルニアラサレハ之ヲ賦課ノ主體ト云フコト能ハサルヘシ同法ノ地方費區タル道ハ地方費ヲ徵收スル目的ノ爲ニ表ハサレタル區域ニシテ此ノ區域內ノ住民ハ地方費ニ對シテ納付スルノ義務ヲ强制セラレ道ハ此ノ費用ヲ以テ管轄區內ノ地方事務ニ使用スル故ニ道ハ所謂領土團體ナリ且ツ地方費ノ支辨ニ屬スル事業ノ爲メ夫役及現品ヲ賦課シ又不納者ニ對シ滯納處分ヲ爲スコトヲ得ル規定アルコトヲ見ルトキハ地方費ニ關シ道ヲ公共團體ト見做シ法人論ヲ確ムルヲ得ルカ如シト雖モ之レカ賦課金及其ノ徵收方法ニ關スル規定ハ人民ハ其ノ制定ニ參與セス道ナル費區ハ只地方事務ヲ處理スル爲メ地方費ヲ徵收スルコトヲ得ル一ノ特別行政區域タルニ過キスシテ區域內ノ住民ハ自主權ノ根本トナルヘキ規約ヲ制定スルノ權利モナク又地方費ノ賦課徵收ノ主體ハ費區ニアラスシテ道長官ニ在ルカ故ニ其ノ性質甚タ分明ナラス殊ニ費區內ノ人民ハ地方費ヲ納付スルノ義務アレトモ費區ノ事務ニ付キ權利ヲ有スル規定モ之レナクシテ之ヲ法人ト斷言スルハ不可能ナル點アリ故ニ地方費區タル道ハ地方費ヲ徵收スルカ爲メ特別ニ設ケタル行政區域ナリト謂ハサルヘカラス

地方費區域ノ性質上述ノ如シトセハ地方費ハ自治體ニ屬スル租稅ニアラス而カモ亦國庫ニ屬スル租稅ニモアラスシテ朝鮮ノ地方事務ヲ處理スルカ爲メ强制的ニ且ツ無償ニテ徵收セラルル一種特別ノ租稅ナリトス尙ホ地方費ヲ以テ支辨スルコトヲ得ル費目及其ノ收入種目徵收方法左ノ如シ

甲、地方費ヲ以テ支辨スルコトヲ得ル費目(地方費法第二條)

一、廳舍ノ建築修繕ニ關スル經費

二、土木ニ關スル經費

三、衞生、病院救恤及慈善ニ關スル經費

四、勸業ニ關スル經費

五、敎育及學藝ニ關スル經費

六、前項ノ外法令ニ依リ地方費ノ支辨ニ屬スヘキ經費及地方公共上必要ナル事業ニ關スル補助費

乙、地方費收入種目トシテ同法第三條ハ地方費ニ充ツヘキ賦課金ノ種類ハ從來地方ニ於テ徵收シタル諸稅中ニ付キ之ヲ定ムト又同第四條ニ於テ賦課金ノ課

目、課率、納期其ノ他賦課ニ關スル規定ハ朝鮮總督ノ認可ヲ得テ道令ヲ以テ之ヲ定ムトアリ故ニ各道長官ハ夫々時日ヲ異ニシ道令ヲ發シテ地方費賦課金賦課規則ヲ規定セリ何レモ大同小異ノ課目及課率ニシテ大要左ノ如シ

一、地税附加税　本税百分ノ五（咸南北及平南北ノ四道ノミ百分ノ十トス）

二、市街地税附加税　本税百分ノ五（右同）

三、屠場税　屠牛一頭ニ付一圓五十錢（隆熙三年法律第二四號屠獸規則ニ依ルモノニシテ各道多少ノ差異アリ）

屠豚屠羊ニ對シテモ賦課スル道アリ

四、屠畜税（屠獸規則ニ依ルモノニシテ道ニ依テハ屠場税ノミヲ課シ特ニ屠畜税ヲ課セサルアリ屠畜税モ屠牛豚羊等ニ依リテ税率ヲ異ニスル所アリ）

五、市場税　放賣價格百分ノ一（大正三年總督府令第一三六號市場規則ニ依ルモノニシテ各道同率ナリ）

酒及煙草ノ販賣者ニ對シテハ市場税ヲ課セストノ通達アリ

丙、地方費ノ徴收方法ニ付テハ各道令ニ於テ規定シタル地方費賦課金賦課規則ニ於テハ地税附加税及市街地税附加税ハ各本税ト同時ニ賦課徴收ストアリ又屠場税ハ屠場業者ニ賦課シ徴收期日ハ各道ニ依リ異ニセリ又明治四十四年總督府令第三五號地方費賦課金徴收規則ハ地税附加税、市街地税附加税及府面ノ

經營スル市場ニ於ケル市場稅ハ府面ニ於テ之ヲ徵收シ又府面ノ經營ニ屬セサル市場ニ於ケル市場稅ハ市場經營者ニ賦課スルモノトセラレ其ノ他徵收ノ手續ヲ規定シ尙ホ國稅徵收令及國稅徵收令施行規則ニ依ルモノトセラル而シテ地稅附加稅、市街地稅附加稅又ハ市場稅ニ付テハ府面又ハ市場管理者ニ其ノ徵收金額ノ百分ノ二ヲ交付スルモノトセラレアリ

以上ノ外地方費外收入トシテ地方費ノ中ニ編入セラルルモノハ經常部トシテ諸手數料、營造物使用料、物品賣却代金又臨時部トシテハ國庫補助金、過年度收入繰入金及不動產賣却代等ヲ計上シアリ地方費ノ會計卽チ豫算決算收支其ノ他ノ取扱ニ付テハ明治四十四年總督府訓令第二八號地方費會計規則アリ

第九章　面費會計

朝鮮ニ於ケル面ナル行政區劃ハ現下ノ制度上自治行政ノ區劃ニアラヌシテ官治行政ノ區劃トセラレアルハ官制ノ示ス所ナリ而シテ面ノ事務ヲ處理スルニ要スル經費ハ地方費ト同シク全然國庫ヲ離レテ經理セラレ面ノ負擔ニ屬スヘキ政務

ノ爲メ支辨スルヨリ見ルトキ面ハ會計上ニ於テハ自治ノ臭味ヲ有スル公法人ナリト稱スルコトヲ得ヘシト雖モ是レ唯會計上ノ見地ヨリ斯クナルヘシト謂ヘルニ過キサルナリ面ノ經費ヲ負擔スヘキ方法ハ從來各府郡島ニ於テ規定シ賦課金ノ種目及課率等區々ニ渉リ平衡ヲ失スルモノアリシニ依リ大正二年總督府令第一六號ヲ以テ面經費負擔方法ヲ規定シ面賦課金ノ種目及課率ニ一定ノ制限ヲ設ケ府尹郡守島司ニ於テ制限外ノ賦課ヲ許可セントスルトキハ道長官及總督ノ承認ヲ受クルコトニ改メタリ以テ賦課ノ統一ト負擔ノ平衡輕減トヲ圖レリ同府令ニ依ルトキハ面費ヲ以テ支辨シ得ル費目及收入費目徵收方法左ノ如シ

(甲)支辨費目、面經費ハ面ノ財産ヨリ生スル收入、面交付金其ノ他面ニ屬スル收入ヲ以テ之ニ充テ尚ホ不足アルトキハ面賦課金ヲ賦課徵收スルコトヲ得

(乙)收入種目　面賦課金トシテ賦課スヘキ種目及制限左ノ如シ

一、戸別割　平均一戸ニ付三十錢以內

二、地税附加金　本税一圓ニ付(平安南北道咸鏡南北道ニ在リテハ八十錢以內其ノ他ノ道ニ在リテハ五十錢以內)

地税ノ賦課ナキ地方又ハ特別ノ事情アル地方ニ於テハ道長官ノ許可ヲ得テ他

ノ種目ヲ設ケ地税附加金ニ代フルコトヲ得

(丙)徴收方法　其ノ他戸別割ハ面内ニ居住シ獨立ノ生計ヲ營ム者（他家ニ寄寓スルモ獨立ノ生計ヲ營ムトキハ之ヲ課ス）ニ對シ之ヲ賦課シ賦課徴收ノ期日ハ國税戸税ノ例ニ依ルモノトス又戸別割ハ所得又ハ資産ヲ標準トシ等級ヲ設ケテ賦課シ及必要ニ應シ府尹郡守ノ許可ヲ得テ賦課金ノ外現品ヲ賦課スルコトヲ得ル規定アリ面經費負擔方法及大正年二年總督府訓令第一〇號面財務取扱心得ニ付テ研究スヘシ

尚ホ開國五百四年度支部令第三號社還條例ナルモノアリテ各面ニ還穀ヲ分置シ公穀ト爲シ窮節貧民ニ賑貸スルモノトセラレアリ後ニ編ヲ設ケテ説明スヘシ

第十章　會計監督

第一節　決算

會計法ニ依レハ決算書ハ所管大臣之ヲ調製シ翌年度十一月三十日マテニ大藏大臣ニ送附スルモノナルヲ以テ朝鮮總督ハ金庫閉鎖ノ時ヨリ四ケ月内ニ決算ヲ整理シ其ノ決算報告ヲ内務大臣ニ爲スヘキモノトス而シテ大藏大臣ハ各省ヨリ受

領シタル決算書ニ基キ一般竝特別會計ノ總決算書ヲ作製シ閣議ニ提出シテ其ノ議決ヲ經テ會計檢査院ニ送致シ同院ノ檢査確定シタル後政府ハ其ノ檢査報告ト共ニ決算書ヲ議會ニ提出シテ其ノ承認ヲ求ムルモノナリ而シテ會計檢査院及議會カ會計上ニ於ケル權限ヲ述フレハ會計檢査院ハ天皇ニ隷屬シテ財政ノ監督ヲ爲ス爲メニ設ケラレタル機關ニシテ院長ハ毎年度決算ノ成績ヲ直接ニ上奏シ會計ニ關スル規定ノ變更又ハ解釋ニ付意見アルトキハ上奏スルコトヲ得ルモノニシテ檢査院カ會計ヲ檢査スルハ啻ニ計算上ノ檢査ノミナラス其ノ豫算ニ適合スルヤ否ヤ又收入支出カ法令ニ適合スルヤ否ヤヲモ檢査スルナリ然レトモ議會ハ會計檢査院ノ如ク汎ク會計ニ關シテ檢査スルコトヲ得ルモノニアラス豫算款項超過又ハ豫算外支出ニシテ議會ノ承諾ヲ受ケサルモノアリヤ及支出カ豫算ノ定ムル所ニ違反セサルヤ否ヤヲ檢査スルニ止マルモノニシテ之レニ對シ意見アルトキハ上奏スルコトヲ得ルモノトス

第二節　會計檢査

朝鮮ニ於ケル會計檢査ニハ朝鮮總督府監査員ノ檢査及會計檢査院ノ檢査ノ二アリ

一、朝鮮總督府監査員ノ檢査　大正二年總督府訓令第四四號朝鮮總督府會計監査規程第三條ニ依レハ「會計監査ハ各廳廨ヨリ提出スル計算書及證憑書類ニ就キ當時之ヲ行ヒ尚ホ隨時監査員ヲ命シ實地監査ヲ爲サシム」トアリ又同第二條ハ監査スヘキ事項ヲ列擧シテ

一、國費地方費其ノ他官廳所管特別經濟ノ會計ニ屬スル收入及其ノ決算、物品ノ出納竝財産ノ管理

二、政府ヨリ補助金又ハ特別保證ヲ與フル團體ノ收支及其ノ決算

三、法律命令ニ依リ特ニ朝鮮總督ノ監査ニ屬セシメタル事項

又提出書類ノ監査ニ付テハ總督官房總務局長ハ當該主務者ニ對シ推問書ヲ發シ又ハ背規事故ノ更正ヲ命スルコトヲ得ルモノトシ實地監査ニ在リテハ監査員ハ監査員證ヲ携帶シ監査ヲ受クヘキ當該主務者ノ要求アリタルトキハ之ヲ示サヽルヘカラス當該主務者ハ何等ノ理由アルニ拘ラス監査員ノ査閲ヲ拒ム

ヲ得ス又監査員ハ休日又ハ出務時間外ト雖モ豫メ當該廳廨ニ通知シテ檢査ヲ行フコトヲ得、監査ノ方法ニ付テハ同規程第七條乃至第十二條ニ之ヲ規定セリ而シテ監査終了シタルトキハ監査員ハ遲滯ナク監査ノ成績ニ關スル復命書ヲ提出スヘク監査中官金費消其ノ他不正ノ行爲ヲ發見シタルトキハ監査ノ終了ヲ俟タス卽時ニ總督ニ報告セサルヘカラス

以上ノ外同一系統ニ屬スル各官廳間ニ於テ上級官廳ハ監督權ノ作用トシテ下級官廳ノ會計上ノ監査ヲ爲スコトヲ得ルハ當然ナリ

二、會計檢査院ノ檢査　此ノ檢査ハ會計法上ノ檢査ナリ檢査院ハ財政監督ノ最高機關ナリ詳細ハ之ヲ略ス

第十一章　出納官吏

出納官吏トハ政府所屬ノ金錢若ハ物品ノ收支ヲ司ルモノニシテ大藏大臣ノ監督ノ下ニアリ出納官吏ハ勅令ノ定ムル所ニ從ヒ身元保證金ヲ納ムヘキモノトス其ノ金額ハ各省大臣ノ定ムル所ニ依リ現金ヲ以テ納ムヘキヲ原則トスルモ公債證

書又ハ土地ヲ以テ代用スルカ又ハ資産アル保證人ヲ以テ之ニ代フルヲ許ス保證金ノ性質ハ其ノ職務上政府ニ損害ヲ與ヘ又ハ保管物件ノ紛失ヲ爲セル場合ニ其ノ辨償ニ備フル爲メナリ

第十二章　幣制

朝鮮ノ幣制ハ幾多ノ變遷ヲ經テ現今ニ於テハ殆ント內地ノ幣制ニ統一セラレ金貨本位ニ依リ紙幣ヲ認メラレス其ノ補助貨トシテハ內地補助貨舊韓國補助貨ノ各種通用セラル又本位貨幣ヲ以テ兌換スヘキ日本銀行兌換券ハ常ニ內地ヨリ移入スルモノハ多ク朝鮮銀行券發行準備ニ供セラレ市場ニ流行スルモノ極メテ稀ナリ而シテ朝鮮幣制ニ付特記スヘキ韓國補助貨タルニハ三種アリ(一)ハ光武五年勅令第四號貨幣條例ニ依ル硬貨幣ニシテ政府ハ漸次此ノ舊幣ヲ回收シテ一旦回收セシモノハ再ヒ之レカ拂出ヲ爲サス悉ク之ヲ大阪造幣局ニ送致シ一面內地補助貨五十萬圓ヲ國庫ノ內ヨリ朝鮮銀行ニ預入レ同銀行ヲシテ地方ノ狀況ト金融ノ緩急ニ鑑ミ各地農工銀行及地方金融組合ノ手ニ依リ常時轉換運用シテ之レカ

散布ニ資シツツアリ此ノ種韓國貨幣ハ半圜貳拾錢拾錢ノ銀貨五錢白銅貨及一錢半錢ノ靑銅貨ナリトス(二)ハ隆熙二年勅令第四一號ニ依リ韓國時代ヨリ認メラレアル葉錢(放穴錢)ニシテ一個ヲ二厘トシ一圓迄ヲ限リ法貨トシテ其ノ適用ヲ認メラレアリ(三)ハ隆熙三年法律第二二號韓國銀行條例ニ據リ發行セル一圓、五圓、十圓ノ三種ノ銀行券ニシテ本位貨幣ヲ準備シテ發行スルコトヲ許サレ法貨ヲ代表スル金券ナリ政府ハ漸次之カ回收ヲ爲シツツアリ次ニ朝鮮ニ於テ現今無碍通用スルハ内地貨幣及日本銀行兌換券ノ外明治四十四年法律第四八號朝鮮銀行法ニ依リ發行スル朝鮮銀行券ニシテ本券モ亦貨幣ニアラスシテ單ニ法貨ヲ代表スル金券ナリトス朝鮮銀行法竝明治四十四年總督府令第一四六號朝鮮銀行券ノ發行製造ニ關スル規定ニ依レハ左ノ原則ニ準據シテ本券ヲ發行スヘキモノトセラレアリ

一、銀行券ハ朝鮮銀行ノ本店及支店ニ於テ營業時間中何時ニテモ金貨又ハ日本銀行兌換券ト引換フルモノトス此ノ原則ニ對スル例外ハ支店ニ在リテハ本店ヨリ準備金ノ到達スル迄其ノ引換ヲ延期スルコトヲ得ルニアリ

二、朝鮮銀行ハ銀行券發行高ニ對シ同額ノ金貨、地金金（銀地金ハ仕拂準備總額ノ四分ノ一ヲ超ユルコトヲ得ス）又ハ日本銀行兌換券ヲ置キ其ノ仕拂準備ニ充テセサルヘカラス但シ左ノ二例外アリ

（イ）前項ノ仕拂準備ニ依ルノ外朝鮮銀行ハ特ニ三千萬圓ヲ限リ國債證券其ノ他確實ナル證券又ハ商業手形ヲ保證トシテ銀行券ヲ發行スルコトヲ得

（ロ）市場ノ狀況ニ依リ銀行券ノ發行ヲ必要トスルトキハ朝鮮總督ノ認可ヲ受ケ國債證券其ノ他確實ナル證券又ハ商業手形ヲ保證トシテ其ノ發行ヲ爲スコトヲ得但シ此ノ場合ハ發行高ニ對シ一年百分ノ五ヲ下ラサル割合ヲ以テ發行税ヲ納メサルヘカラス

三、朝鮮銀行ノ發行スル銀行券ハ朝鮮總督ノ管轄地域內ニ於テハ無制限ニ通用スルコトヲ得卽チ租税其ノ他政府ノ收納ニ充ツルコトヲ得ルハ勿論一般ノ取引ニ於テモ通用力ヲ有スル者ニシテ强制通用力ヲ有スルコト貨幣ト同一ナリ

四、朝鮮銀行券ハ一圓、五圓、十圓、百圓ノ四種類トシ番號ハ一記號毎ニ九十萬トセラル

五、朝鮮銀行券ハ汚損等ニ依リ通用シ難キモノハ本店及支店ニ於テ無手數料ニテ之ヲ引換フ其ノ標準左ノ如シ

(一)表裏面ヲ具備シタル銀行券ニシテ其ノ三分ノ二以上ヲ存スルモノハ券面金額ノ全額、五分ノ二以上ヲ存スルモノハ券面全額ノ半額

(二)分裂シタル細片ナリト雖モ之ヲ接續シテ同一銀行ノ紙片ナルコトヲ認メ得ヘキモノハ前號ニ準ス

六、朝鮮銀行券ノ紙質色彩ノ變化又ハ其ノ他ノ原因ニ依リ眞僞鑑別シ難キモノハ前項ニ該當スルモノト雖モ其ノ引換ヲ行ハス

七、朝鮮銀行ニ於テ發行シタルモノト看做シタル韓國銀行券（明治四十四年總督府告示第二十六號韓國銀行發行スヘキ一圓、五圓、十圓券ヲ引續キ朝鮮銀行券トシテ發行スルコトヲ認可スル件等參看）ニ付テモ第五項及第六項ヲ準用ス

第二編　司法行政

第一章　司法行政ノ観念

朝鮮ニ於ケル司法権ニ関シテハ已ニ総論ニ於テ一言シタル所アルヲ以テ爰ニハ其ノ以外ノ事項ニ關シ現行制度上ノ重要ナル原則ノミヲ擧クヘシ

一、司法権ハ憲法カ完全ニ朝鮮ニ效力ヲ及ホスト否ヤヲ問ハス統治者卽チ　天皇ナリ

二、司法権ハ法院之ヲ行フヲ原則トスルモ左ノ例外アリ

(イ)戒嚴令ヲ施行セラレタルトキハ司法権ハ軍事裁判所ニ移ルモノトス詳細ハ第四編內務行政中ノ非常保安警察ニ於テ述フヘシ

(ロ)明治四十三年制令第一〇號犯罪卽決例ニ依リ或ル特定ノ種類ノ科刑権ハ警察署長又ハ其ノ職務ヲ取扱フ憲兵分隊長及同分遣所長ノ職権ニ屬ス

(ハ)明治四十三年制令第一一號民事爭訟調停ニ關スル件ニ依リ法院ノ設置ナキ地ニ於ケル或ル特定ノ種類ノ民事紛爭事件ハ之レカ調停ニ付警察署長又ハ

其ノ職務ヲ取扱フ憲兵分隊長同分遣所長ノ職權ニ屬ス

(二)司法裁判ノ手續ハ明治四十四年法律第三〇號ニ基キ制令ヲ以テ發布セラレタル朝鮮民事令及朝鮮刑事令ニ依ルヘク之レカ取扱ハ内地ト異ナル點アリト雖モ司法行政ノ範圍ニ屬セサルヲ以テ之ヲ略ス

凡ソ立法行政ニ對シ司法ト云フトキハ法ノ適用ノ意義ニシテ專ラ民事刑事ノ訴訟ヲ云フモノニシテ司法行政ト稱スルトキハ司法其ノモノニアラスシテ司法權ノ行使ヲ補助スル行政事務ナリ例ヘハ裁判所ノ設備管轄區域ノ設定、裁判ノ執行等是レナリ左ニ之ヲ説述ス

第二章　法院ノ組織

朝鮮ニ於ケル裁判所ハ明治四十二年十一月勅令第二三六號統監府裁判所令（舊韓國時代ニ於テ其ノ司法權ヲ日本帝國政府ニ委託シタルトキ發布シタルモノニシテ本令ヲ勅令ヲ以テ發布シタルヲ批議スルモノアリ）ニ依リ設置セラレタルモノナリシニ明治四十三年日韓併合ノ當時發布セラレタル制令第一號第八號ノ結果該裁判所令ハ之ヲ繼承シテ朝鮮總督府裁判所トナリ多少ノ修正ヲ加ヘタ

リ即チ現今朝鮮ノ裁判所ハ制令ヲ以テ定メラレ總督ニ直隷スルモノニシテ分テ地方法院、覆審法院、高等法院ノ三種トシテ三級審ノ制ヲ採用シ更ニ地方法院支廳ヲ必要ノ地ニ設置シテ地方法院事務ノ全部又ハ一部ヲ取扱ハシムルモノトセラレタリ

地方法院ニ在リテハ判事單獨ニテ裁判ヲ爲スヲ原則トスルモ事件ノ性質、輕重ニ依リ三人ノ判事ヲ以テ組織シタル部ニ於テ合議シテ裁判ヲ爲スモノニシテ又支廳中ニテモ地方法院事務ノ全部ヲ取扱フモノニ在リテハ合議裁判ヲ爲ス

覆審法院ニ在リテハ三人ノ判事ヲ以テ組織シタル部ニ於テ合議シテ裁判ヲ爲ス

高等法院ニ在リテハ五人ノ判事ヲ以テ組織シタル部ニ於テ合議シテ裁判ヲ爲ス

以上裁判所構成ノ大體ナリ而シテ地方法院、覆審法院、高等法院ニハ各院長ヲ置ク院長ハ其ノ院ノ行政事務ヲ掌理スルモノトス即チ各院長ハ其ノ院內ノ司法行政事務ノ長官トシテ之ヲ指揮監督ス茲ニ注意スヘキハ院長ハ司法事務即チ司法權ニ屬スル臣民ノ訴訟ヲ裁斷シ裁判權ノ活動ヲ指揮監督スルモノニアラスシテ法院ノ司法行政事務ヲ管掌スルニ過キサルナリ司法權ノ活動即チ裁判行爲ニ付テ

ハ別ニ判事タル資格ヲ以テ之ニ參與スルモノトス尙ホ覆審法院長ハ其ノ院ノ行政事務ヲ掌理スルノミナラス管轄内ノ地方法院ノ行政事務ヲ指揮監督スヘキ權限ヲ有ス地方法院支廳ノ上席判事ハ地方法院長ノ命ヲ受ケ其ノ支廳ノ行政事務ヲ掌ル規定アリ

又合議裁判ヲ爲スタメ地方法院、覆審法院、高等法院ニハ一若クハ二以上ノ民事部及刑事部ヲ設ケ各部ニハ部長ヲ置キ部長ハ各其ノ長官ノ命ヲ受ケ裁判事務以外ニ部ノ行政事務ヲモ掌ルモノトス

第三章　法院ノ管轄

第一　法院ノ土地管轄

朝鮮總督府裁判令ニ依レハ裁判所ノ設置廢止及管轄區域ハ朝鮮總督之ヲ定ムトアリ此ノ委任ニ基キ朝鮮總督ハ總督府令ヲ以テ各法院ノ名稱及土地ノ管轄區域ヲ規定シ更ニ該裁判所令ニ於テ朝鮮總督ハ地方法院ノ事務ノ一部ヲ取扱ハシムル爲地方法院ノ支廳ヲ設置スルコトヲ得トノ委任アルヲ以テ總督府令

ヲ以テ必要ノ地ニ支廳ヲ設置シ其ノ名稱及土地ノ管轄區域ト事物ノ管轄區域ヲ規定シテ地方法院及他ノ支廳間ニ權限爭議ノコトナカラシメタリ(大正三年總督府令第二四號及第二五號參照)

第二、法院ノ事物ノ管轄

一、地方法院ノ事物ノ管轄

(イ)民事刑事ノ第一審裁判ヲ爲スコト　地方法院ハ最先ノ裁判所即チ第一審裁判所トシテ民刑事ノ裁判ニ付全般ノ管轄ヲ有スルコト恰カモ內地ニ於ケル地方裁判所ト區裁判所ノ第一審ノ事物ノ管轄權ヲ併有シタルカ如シ而シテ地方法院ニ於テ三人ノ判事ヲ以テ組織シタル部ニ於テ合議シテ裁判ヲ爲ス事件ハ(一)訴訟物ノ價格千圓ヲ超過スル民事事件(二)人事訴訟事件(三)破產事件(四)刑法第七十四條及第七十六條ノ犯罪事件(五)死刑、無期又ハ短期一年以上ノ懲役若クハ禁錮ニ該ル犯罪事件(六)前二號ノ共犯事件ニシテ前二號ト同時ニ審判スルトキノ六個ノ場合ニシテ其ノ以外ノ事件ニ在リテハ總テ單獨判事裁判ヲ爲スモノトス

（ロ）刑事々件ノ豫審ヲ爲スコト
（ハ）登記公證其ノ他一般非訟事件ノ事務ノ取扱ヲ爲スコト　登記公證事務ニ付テハ裁判所書記之ヲ取扱フ又大正三年制令第二〇號ニ依レハ總督ハ必要ニ應シ地方法院管内ニ出張所ヲ設ケ書記ヲシテ登記及公證ノ事務ヲ取扱ハシムル制アリ而シテ朝鮮ニ於ケル不動產ノ登記ハ絕對主義卽チ設權的登記主義ニ依ル能ハス明治四十五年制令第九號朝鮮不動產登記令ハ多ク內地ノ不動產登記法ヲ其ノ內容ニ採用シ之レカ施行地域及期日ハ朝鮮總督之ヲ定ムルモノト留保ヲ置キ未タ全土ニ亙ル登記ノ制ヲ實施シアラス從テ注意スヘキハ現今不動產上物權ノ變動ハ登記ヲ以テ要件トセス明治四十五年制令第十五號朝鮮不動產證明令ヲ以テ權利ノ設定變動ニ關シ他ニ對抗要件ト爲セリ然レトモ不動產ノ證明ハ府尹又ハ郡守島司證明官廳ニシテ司法行政ノ範圍ニ屬セス

二、地方法院支廳ノ事物ノ管轄

地方法院支廳ハ大正三年總督府令第二五號ニ依リ裁判權上左ノ三種ノ區別ヲ

以テ事物管轄ノ範圍ヲ異ニスルモノアリ

(イ)地方法院ニ屬スル裁判事務ノ全部ヲ取扱ヒ權限上地方法院ト同一ナルモノ

茲ニ一言スヘキハ裁判所令ニ於テハ地方法院支廳ニハ地方法院ノ事務ノ一部ヲ取扱ハシムルトアルニ拘ラス總督府令第二五號ハ地方法院ニ屬スル事務ノ全部ヲ取扱ハシムル支廳ヲ設置シタルハ府令ハ制令ノ委任ノ範圍ヲ超脱セルモノニアラスヤ

(ロ)地方法院ノ裁判事務中裁判所令第四條第一項各號ニ該ル事項（地方法院ニ於テ合議裁判チ爲ス事件）ノ管轄權ナク其ノ以外ノ民事及刑事ノ事件ノミヲ審理ス要ハ合議裁判ヲ爲スコトナク單獨判事ノ裁判ニ限ラルルモ刑事ニ付テハ其ノ豫審ヲ爲スコトヲ得ルモノ

(ハ)地方法院ニ屬スル事務中裁判所令第四條第一項各號ニ該當スル事件ノ裁判ヲ除キタルモノ卽チ(ロ)ノ權限ト同シキモ刑事々件ニ付テ其ノ豫審ヲ除キタルモノ

以上ノ如ク支廳ニ依リ其ノ事物ノ管轄ヲ異ニストモ第一審裁判所タルコト

ハ地方法院ト何等ノ差ナシ而シテ支廳ノ判事ハ地方法院長ノ命ヲ受ケ其ノ支廳ノ行政事務ヲ掌ルベキモノニシテ若シ判事二人以上アルトキハ上席判事行政事務ヲ處理ス

三、覆審法院ノ事物ノ管轄

地方法院及同支廳ノ爲シタル總テノ裁判ニ對スル控訴及抗告ノ裁判ヲ爲ス即チ第二審合議裁判所ナリ

四、高等法院ノ事物ノ管轄

高等法院ハ第三審裁判所ニシテ終審裁判所ナリ高等法院ハ朝鮮ニ於ケル最高裁判所トシテ土地ノ管轄ハ朝鮮全領域ニ及フモノトス其ノ事物管轄左ノ如シ

(イ)覆審法院ノ裁判ニ對スル上告及抗告ニ付裁判ヲ爲ス

(ロ)裁判所構成法ニ定メタル大審院ノ特別權限ニ屬スル職務ヲ行フ(即チ皇室朝鮮王族及國事ニ關スル罪竝朝鮮王族ノ犯シタル罪ニシテ禁錮以上ニ該ルヘキ罪ノ豫審及裁判ナリ)

(ハ)最終裁判所トシテ非常上告事件ヲ管轄スルコト

第四章　裁判官

一、判事タルノ資格　朝鮮ニ於テ内地人タル判事ハ明治四十三年制令第六號朝鮮總督府判事及檢事ノ任用ニ關スル件施行後ニ在テハ本制令ニ依リ裁判所構成法ニ於テ判事タル資格ヲ有スル者又ハ朝鮮總督府司法官試補トシテ一年半以上實務ノ修習ヲ爲シ試驗ニ合格シタル者ノ中ヨリ任用ス任官後缺位ナキトキハ豫備判事タルモノトス又朝鮮總督府司法官試補ハ裁判所構成法ニ依リ司法官試補タル資格ヲ有スル者ノ中ヨリ之ヲ命シ且ツ朝鮮總督府檢事ハ朝鮮總督府判事ニ特ニ任用スルコトヲ得ルモノトセラル而シテ日韓併合前即チ統監府裁判所ニハ内地ニ於テ裁判官又ハ司法官試補タル資格ナキ内地人及朝鮮人ヲ特別任用シタルコトアルヲ以テ是等特別任用ノ判事ハ併合ノ際ニ限リ特ニ引續キ判事タルコトヲ認メラレアリ

又朝鮮人タル身分ヲ有スル判事ハ明治四十三年制令第七號ニ依リ帝國大學、官立專門學校又ハ朝鮮總督ノ指定シタル公私學校ニ於テ三年以上法律學科ヲ修

メ卒業シタル者ハ試驗ヲ要セス單ニ文官高等試驗委員ノ詮衡ニ依リ任用スルコトヲ得ルモノトス

二、判事ノ義務　朝鮮總督府判事ハ一般官吏ト同一ノ義務ヲ有スル外在職中公然政事ニ關係シ政黨政社ニ加入シ俸給若クハ金錢ノ利益ヲ目的トスル公務ニ就キ又ハ商業ヲ營ムコトヲ得サル義務ヲ有ス

三、義務違反ノ責任　官吏法上ノ義務違反ノ制裁トシテ明治四十四年制令第五號朝鮮總督府判事懲戒令ニ依ル外一般人ト同シク刑事及私法上ノ責任ヲ負フ

四、判事ノ權利　一般官吏ト同シク俸給加俸（內地人タル判事ノミ）恩給ヲ受クルノ外刑ノ宣言又ハ懲戒處分ニ依ルノ外其ノ意ニ反シ其ノ職ヲ免セラレサルノ權利ヲ有ス但シ左ノ場合ハ此ノ限リニアラス

（一）裁判所令第二十六條ノ五ニ依リ身體又ハ精神ノ衰弱ニ因リ職務ヲ執ルコト能ハサルトキハ總督ハ高等法院ノ總會ノ決議ヲ經テ之ニ退職ヲ命ス

（二）同令第二十六條ノ六ニ依リ總督ハ必要ト認ムルトキ判事ニ休職ヲ命スルコトヲ得（此場合ハ俸給四分ノ一ヲ給ス）

第五章　檢事

朝鮮總督府裁判所令ニ依レハ各法院ニ檢事局ヲ地方法院支廳ニハ檢事分局ヲ設置シ之ニ檢事ヲ置クトセリ檢事ハ一ノ獨立官廳ニシテ法院ニ對立ス檢事トナルノ資格要件、地位保障其ノ他多クノ點ニ於テ判事ニ同シト雖モ其ノ性質ハ大ニ異ナルモノトス卽チ判事ハ司法官ナルモ檢事ハ行政官ノ一ナリ其ノ結果トシテ上官ニ服從スル點ニ於テ兩者間大ナル差異アリ判事カ裁判行爲ヲ爲スニ付テハ上官ノ命ヲ奉スル義務ナク全ク自己ノ正當ナリト信スル所ニ依ルモノナレトモ檢事カ其ノ職務ヲ行フニ付テハ上官ノ命令ニ服從スヘキ義務アルモノトス卽チ地方法院ニハ檢事正、覆審法院高等法院ニハ各檢事長ナル職員アリテ檢事タル官ヲ有シ下級檢事局及檢事ノ指揮監督ヲ爲スコト一般行政官廳ト同一ナリ尙ホ裁判所令ニ依レハ地方法院支廳ノ檢事ノ職務ハ朝鮮總督府警視、警部又ハ裁判所書記ヲシテ行ハシムルコトヲ得ルモノトス左ニ檢事ニ付注意スルコトヲ擧クレハ

一、檢事局ノ管轄區域ハ法院ニ同シ

二、検事ハ如何ナル方法ヲ以テスルヲ問ハス判事ノ裁判事務ニ干渉シ又ハ裁判事務ヲ取扱フコトヲ得ス

三、裁判所令ニ依リ判事ノ如ク地位ノ保障ニ付特別ノ規定ナキヲ以テ一般官吏法ノ適用ヲ受クルモノトス

四、義務違背ノ責任ニ付判事ノ如ク特別ノ規定ナキヲ以テ一般官吏法上ノ制裁刑法上ノ制裁及私法上ノ責任ヲ負フモノトス

五、検事ノ職務權限左ノ如シ

(イ)犯罪ノ捜査

(ロ)公訴ノ提起

(ハ)公訴權ノ實行

(ニ)民事々件中公益ニ關スルモノ、通知ヲ求メ其審判ニ立會ヒ意見ヲ述ルコト

(ホ)裁判ノ執行ヲ指揮スルコト

(ヘ)司法警察官ヲ指揮監督スルコト

(ト)下級検事ヲ指揮監督スルコト

(チ)法律上ノ共助ヲ與フルコト

六、朝鮮總督ハ朝鮮總督府司法官試補ヲシテ臨時檢事ノ職務ヲ代理セシムルコトヲ得又檢事ニ任セラレタル者缺位ナキトキハ豫備檢事タルモノトス

第六章　書記及通譯

一、書記　書記ハ法院ノ構成機關ニシテ資格要件其ノ他大體ニ於テ內地ト同一ナリ書記ノ職務ノ重ナルモノ左ノ如シ

(イ)民刑事訴訟ノ審判ニ立會ヒ調書ヲ作成シ其ノ他一般書類ノ調製證明送達等ヲ掌ルコト

(ロ)執達吏ヲ置カサル裁判所又ハ執達吏ノ職務ヲ行フ者ナキ地ニ在リテハ書記ハ執達吏ノ職務ヲ行フ

(ハ)公證人ヲ置カサル裁判所ニ在リテ公證判事ハ書記ヲシテ之ヲ行ハシム

(ニ)登記事務ハ裁判所出張所ニ於テ書記之ヲ行フ

(ホ)書記ノ權利義務竝ニ義務ノ違反ニ關スル責任等ハ一般官吏ト同一ナリ

二、通譯官及通譯生、通譯官及通譯生ハ法廷ニ立會ヒ民刑事ノ審判ニ付通譯ニ從事シ又ハ上官ノ命ヲ受ケ飜譯ニ從事スルモノトス

第七章　執達吏及公證人

一、執達吏　執達吏カ官吏ナルヤ否ヤハ一ノ疑問ニ屬スル所ナリ蓋シ執達吏ハ他ノ一般ノ官吏ノ如ク判任官奏任官ノ地位ヲ有セス又之レト同等ノ待遇ヲ受クルモノニアラス形式上官吏タルニ缺クル所アルニ拘ラス他ノ一方ニ於テ任命ノ手續及國務ノ處理ヲ以テ其ノ職務トスル關係上一般官吏ト異ナル所ナケレハナリ明治四十五年制令第七號朝鮮民事令ハ裁判所書記、憲兵、警察官吏其ノ他ノ者ヲシテ執達吏ノ職務ヲ取扱ハシムルコトヲ得トアリテ專任執達吏ヲ配屬シタル裁判所ハ京城、釜山、馬山、晋州等少數ノ個所ニ過キス而シテ執達吏タルノ資格要件等ヲ規定シタルモノナシト雖モ執達吏ハ官吏ノ如ク一定ノ俸給ヲ受クルコトナク其ノ得タル手數料ヲ以テ生活ノ資ニ充テ手數料カ一定ノ額ニ達セサルトキハ官ノ補助金ヲ受クルハ内地ト同シ又國庫ヨリ俸給又ハ給料ヲ

受クヘキ者執達吏ノ手數料旅費ハ國庫ノ收入トスヘキ規定アリ

二、公證人　公證人ハ直接ニ國家ノ事務ヲ取扱フモノニアラスシテ公衆ノ委託ヲ受ケ或ル事實ノ證明ヲ爲スコトヲ其ノ職務トスルニ止マルモノナレハ官吏ニアラスシテ公吏ト稱スヘキモノナリ公證人ニ付テハ大正二年制令第三號朝鮮公證令ニ於テ內地ノ公證人法ヲ其ノ內容トスルヲ以テ公證人タルノ資格ハ內地ト同シク滿二十五年以上ニシテ嘗テ判事檢事若クハ辯護士タリシ者又ハ法科大學ノ卒業生タル者ノ外ハ試驗ヲ受ケテ合格シタル者ナラサルヘカラス又公證人ハ管轄裁判所ニ身元保證金ヲ納付セサル間ハ其ノ職務ヲ執ルコトヲ得ス而シテ現今朝鮮ニ於テ公證人ノ設ケアルハ京城ノミニシテ公證人ナキ地ニ於テハ民事令ノ規定ニ依リ判事、書記、公證人ノ職務ヲ取扱フモノトス

第八章　辯護士

辯護士ハ當事者ノ委任ヲ受ケ又ハ裁判所ノ命ニ依リ通常裁判所ニ於テ法律ニ定メタル職務ヲ行フモノニシテ其ノ執ル職務ハ一ノ自由職業タルノミナラス其ノ

地位ヲ得ルハ任命ノ手續ニ依ルニアラサルカ故ニ官吏ニモアラス亦公吏ニモアラスト雖モ法治下ニ於ケル司法制度ニ缺クヘカラサル機關ナリ明治四十三年制令第一二號辯護士規則ニ依リ朝鮮ニ特別ナル點ヲ述フレハ

一、辯護士ノ資格左ノ如シ

(イ)辯護士法ニ依リ辯護士タル資格ヲ有スル者

(ロ)朝鮮人辯護士試驗ニ合格シタル者(本資格ハ朝鮮人ニ限ラレ且ツ制令ノ効力範圍ニ限ラル)

(ハ)舊韓國裁判所舊統監府裁判所若クハ朝鮮總督府裁判所ノ判事檢事又ハ舊韓國ノ辯護士タル者(此ノ特例ハ制令ノ效力範圍ニ限定セラレ朝鮮ニ於テノミ辯護士タルコトヲ得ルモノトス)

二、辯護士ハ朝鮮總督ノ認可ヲ得テ辯護士名簿ニ登錄セラルヽコトヲ要ス

三、辯護士ハ辯護士會ニ加入シタル後ニアラサレハ其ノ職務ヲ行フコトヲ得ス

四、辯護士ハ其ノ登錄シタル地方法院檢事正ノ監督ヲ受ク

五、辯護士ノ懲戒ハ辯護士規則ニ依リ朝鮮總督之ヲ行フ

第九章　裁判ノ執行

裁判ハ訴訟主義ニ依ルモノト糺問主義ニ依ルモノノ二ツニ分ツコトヲ得近世文明國ニ於ケル裁判特ニ司法裁判ハ訴訟主義ヲ採用スルヲ原則トス朝鮮民事令刑事令モ亦此ノ主義ニ則リ制定セラレタルモノニシテ糺問主義ニ依ル裁判ハ僅ニ犯罪即決例ニ於テ行政官(司法警察官ヲ兼ヌ)タル警察署長(警察ノ職務ヲ行フ憲兵分隊長及分遣所長ヲ含ム)カ自ラ訴ヘ自ラ裁判スルノ一例外アルノミナリ故ニ廣ク裁判ト云フトキハ法院ノ裁判警察署長ノ即決ヲ包含スヘシト雖モ警察署長ノ爲ス即決處分ハ行政處分ニ屬シ司法裁判ノ實質ヲ備フモ形式上裁判ト云フコトヲ得サルナリ

民事訴訟ニ於ケル司法事務ハ訴訟行爲(審判行爲)及裁判執行(强制執行)ニ分チ共ニ法院ヲシテ之ヲ取扱ハシムルモ刑事訴訟ニ在リテハ捜査及公訴權實行ノ爲メニハ檢事局ヲ置キ審判ノ爲メニハ法院ヲ置キ裁判ノ執行ノ爲メニハ監獄ヲ設ケ國家刑罰權ノ正當ナル實行ヲ爲サント期セリ故ニ本章ニ於テ裁判ノ執行ト云フハ刑事判決中體刑自由刑ノ執行ヲ云フモノニシテ刑事判決ノ執行ハ檢事ノ指揮監督ニ依リ監獄ニ於テ典獄之ヲ行フモノトス即チ典獄ハ刑ノ執行官ニシテ一種ノ行政官ナリトス

第十章　監獄

第一節　收監

監獄ハ刑ノ執行機關ナルモ便宜上行政處分ニ依ル所ノ刑罰ヲ執行シ其他刑事被告人ヲモ收監スヘキモノトス

第一　判決ニ因ル刑ノ執行

(イ)法院判決ニ依ル死刑、自由刑、笞刑囚

(ロ)警察署長ノ爲シタル即決處分ニ因ル懲役囚

第二　刑事被告人

以上ノ外拘留ノ執行ヲ監獄ニテ爲スコトアリ

第二節　笞刑ノ執行

監獄ハ裁判ノ執行卽チ死刑笞刑及自由刑ノ執行スヘキ場所ナリ朝鮮ニ於ケル監獄ノ行政ハ明治四十五年制令第一四號朝鮮監獄令ニ依リ內地ノ監獄法ヲ其ノ內

容トシタルヲ以テ死刑自由刑ニ付テハ內地ニ異ナルコトナキヲ以テ之ヲ略ス唯笞刑ハ朝鮮ニ於ケル特有ナル刑罰ニシテ明治四十五年制令第一三號朝鮮笞刑令ニ依ルモノナリ之レニ付少シク述フヘシ

(甲)笞刑ヲ科スル條件

(一)犯人ハ朝鮮人ニシテ且ツ年齡滿十六年以上六十年未滿ノ男子タルコトヲ要ス故ニ內地人、外國人及朝鮮人ト雖モ女子ニハ如何ナル事情アルモ之レヲ科スルコトヲ得ス又十六年未滿六十年以上者ハ發育充分又ハ强壯ナルモ笞刑ヲ科スルコトヲ得ス

(二)笞刑ニ處スルコトヲ得ヘキハ刑目ハ

(イ)三ケ月以下ノ懲役又ハ拘留ニ處スヘキ者

(ロ)百圓以下ノ罰金又ハ科料ニ處スヘキ者ニシテ(一)朝鮮內ニ一定ノ住所ヲ有セサル者(二)無資產ナリト認メタル者(三)言渡確定後五日間內ニ之レヲ完納セサル者

笞刑ハ本刑ヲ基礎トシテ之レヲ換刑處分スルモノニシテ刑罰法規中初メヨリ

笞刑ヲ科スヘキ明文アルコトナシ而シテ叙上ノ判決確定シタルトキ檢事又ハ即決官署ノ長ハ其ノ性狀ヲ考覈シテ笞刑ニ換科ス即チ笞刑ハ人ノ身體ヲ毆打スルモノニシテ犯人ノ苦痛トスル所ナリ故ニ刑ノ效果顯著ナルヘキモ其ノ科刑ニ對シテハ檢事又ハ即決官署長ヲシテ裁量ノ餘地ヲ與ヘ實際ニ適切ナル方法ニ依ラシムル必要アルヲ以テ笞刑令ハ笞刑ヲ選擇刑トシ其ノ各條ニ於テ性狀ニ依リ笞刑ニ處スルコトヲ得ト規定シ各個ノ犯罪ニ應シテ其ノ適否ヲ判斷シテ裁定ニ一任セリ

(乙)笞刑ノ執行

笞刑ハ受刑者ノ臀部ヲ笞ヲ以テ打擊シテ執行ス其ノ執行ハ監獄又ハ即決官署ニ於テ秘密ニ之レヲ行フ其執行方法ニ付テハ一定ノ制限アリ即チ左ノ如シ

(一)笞數ニ付笞三十以下ハ一回ニ之レヲ執行シ三十迄ヲ增ス毎ニ一回ヲ超ユルコトヲ得ス而シテ一日ニ一回以上執行スルコトヲ得スト規定ス

(二)受刑者ノ心神身體ノ障礙ニ依リ笞刑ノ執行ヲ適當ナラスト認ムルトキハ三ケ月以內猶豫スルコトヲ許シ猶豫三ケ月ヲ超ヘ猶笞刑ヲ執行スルニ適當ナ

ラスト認ムルトキハ其ノ執行ヲ免ス

笞刑ニ付野蠻刑ナリト論難スルモノアリ卽チ文明國ニ於テハ體刑ハ死刑ノ外絕對ニ之レヲ認メス死刑ト雖モ廢止ノ傾向ヲ呈シタル今日笞刑ノ如キ肉體ヲ打擊シテ科刑スルカ如キハ非文明ノ甚シキモノトセリ然リト雖モ余ヲ以テ之レヲ見ルトキハ國家ノ刑罰ハ絕對ノモノニシテ生命刑タル死刑ヲ認ムル以上ハ之レヨリ輕微ナル笞刑ヲ認ムルハ何等支障ナキ所ニシテ徒ラニ法制ノ虛飾ヲ以テ立法スルカ如キハ國家根本ノ基礎ヲ破壞スルモノナリト云フヘシ何レノ殖民地ニ於テモ然リ生活程度ノ低キ土著人ニハ刑罰ナル觀念頗ル薄ク監獄又ハ警察署ノ留置場ハ寧ロ彼等カ日常生活難ヲ救助スル好個ノ樂園ナリト爲シ投獄ヲ希望スル者サヘ稀レナリトセス斯ノ如キ者ニ對シ自由刑ハ何等ノ苦痛ヲ與フモノナランヤ又改過ノ目的ヲ達シ得ルモノニアラス笞刑ハ此ノ點ニ於テ朝鮮ノ統治上最モ必要ナルモノト謂ハサルヘカラス況ンヤ同令ニ依ルモ笞刑ハ換刑處分ニシテ執法官ノ選擇ニ依リ情狀ヲ斟酌シテ之レニ處スヘキヤ否ヤヲ裁量セシメ且ツ執行ノ猶豫及免除其ノ他ノ制限アルヨリ見ルモ立法論トシテモ政策論トシテモ批議

スヘキ點ナシト謂ハサルヘカラス

第三節　監獄行政

監獄行政ニ付テハ朝鮮監獄令及朝鮮監獄令施行規則ニ規定ス大體ニ於テ內地ト同一ナリ而シテ監獄ニハ典獄看守長ノ外ニ技手、通譯、監獄醫、教誨師、敎師藥劑師、看守、女監取締等ノ職員アリ今同令ニ依リ監獄行政ノ主ナルモノ二三ヲ左ニ述ヘン

一、收監　新ニ入監スル者アルトキハ令狀宣告書執行指揮書其ノ他適法ナル文書ヲ査閱シタル後ニアラサレハ入監セシムルコトヲ得ス

二、監房　監房ハ囚人刑事被告及男女、年齡、罪質ニ依リ之レヲ區別シ更ニ獨房、監房雜居監房、病監、女監、拘留場等ニ區別ス

三、作業　定役囚ノ作業ハ刑名罪質、年齡技能、將來ノ生計等ヲ斟酌シ各自ノ體力ニ應シテ之レヲ課ス無定役囚ト雖モ監獄內ニ於テ自ラ作業ヲ爲サントヲ請フ者アルトキハ之レヲ許ス作業ノ種類ハ典獄之ヲ指定ス刑事被告人モ亦然リ
大祭祝日ニハ服役ヲ免スルモノトス父母ノ喪ニ遇ヒタルトキハ三日間免役ス

四、教育及教誨　囚人ニ對シテハ必ス教誨ヲ爲スモノナリ十六歳未滿ノ囚人ニハ毎日小學程度ノ學科ヲ授ケ又書籍ノ閲覽ヲ請フ者アルトキハ差支ナキ限リ之レヲ許ス

五、情願　在監者ニシテ監獄ノ處置ニ不服アルトキハ總督又ハ巡閲官吏ニ對シテ情願スルコトヲ得總督ニ對スル情願ハ其ノ旨趣ヲ記載シタル書面ヲ以テ典獄ニ差出スヘク而シテ情願書ハ本人自ラ封緘スヘク監獄官吏ハ之レヲ披閲スルコトヲ得ス典獄ハ情願書ヲ速ニ總督ニ進達セサルヘカラス總督ハ情願ニ對シ裁決ヲ與フルモノトス巡閲官吏ニ爲ス情願ハ書面又ハ口頭ヲ以テ之レヲ爲スコトヲ得ルモノニシテ情願ヲ爲サント豫告スル者アルトキハ典獄ハ豫メ其ノ氏名ヲ情願簿ニ記載シ置クヘキモノトス此ノ規定タルヤ囚人ヲシテ其ノ情ヲ上達セシメント期シ大ニ人權ヲ重シタルモノニシテ最モ注意スヘキ點ナリ

六、釋放　刑期終了シタルトキハ速ニ之ヲ釋放スヘク釋放ニ當リテハ典獄自ラ釋放後ノ心得ヲ諭告シ且ツ釋放後ノ保護ニ關スル事項ヲ調査シ必要アリト認ムルトキハ其ノ性格行狀及保護ニ關スル意見ヲ本人居住地ノ警察署又ハ本人

ノ保護者ニ通告シ疾病者又ハ著衣ヲ有セサルモノハ相當手續ヲ爲スモノトス

七、死亡　在監者死亡シタルトキハ典獄ハ之レヲ檢屍シ病死ナルトキハ監獄醫ヲシテ死亡帳ニ病名病歷、死因及死亡ノ年月日ヲ記入シ署名セシム若シ變死ナルトキハ其ノ旨警察官署ニ通報シテ檢視ヲ受ケ檢視者及立會者ノ官氏名竝檢視ノ結果ヲ死亡帳ニ記載スヘシ

又死亡者ノ病名死因及死亡ノ年月日ハ速ニ死者ノ家族又ハ親族ニ通知シ刑事被告人ナルトキハ檢事ニ通報スヘク死者ノ死體ハ二十四時間ヲ經テ交付ヲ請フ者ナキ場合ニ限リ解剖ノ爲メ官公立ノ病院學校又ハ其ノ他ノ公務所ニ交付スルコトヲ得又死體及遺骨ハ監獄ノ墓地ニ假葬又ハ合葬シ墓標ヲ立ツ

八、獄内警察　獄内ノ秩序ヲ保チ且ツ囚人刑事被告人ノ逃亡暴行自殺其他ノ危害ヲ防止スルハ典獄ノ權限ニ屬ス主ナル事項左ノ如シ

イ、水火災風震等非常ノ變災ニ際シ獄園内ニ於テ避難ノ手段ナシト認ムルトキハ典獄ハ狀況ニ依リ在監者ヲ他所ニ押送ス若シ押送ノ遑ナキトキハ一時之レヲ解放スルコトヲ得ルナリ

ロ、因人ノ發スル信書ノ檢閲及發信受信ノ許否ヲ爲スコト
ハ、因人又ハ刑事被告人ニ接見ヲ求ムル者ニ對シ許否ヲ爲シ又ハ其ノ接見ヲ監視スヘキモノトス
ニ、因人ニ對スル差入物ノ許否ヲ爲シ且ツ之レヲ檢閲スヘキモノトス
九、參觀衞生及醫療、賞罰等ノ規定アルモ之レヲ略ス

第四節　假出獄及恩赦

第一　假出獄

假出獄ハ刑ノ執行ノ條件付免除ニシテ總督ノ爲ス行政上ノ處分ナリ卽チ總督ハ典獄ノ具申ニ依リ假出獄ヲ許スニ足ルモノト認ムルトキハ假出獄ノ命令ヲ發スヘキモノニシテ其ノ許否ヲ決定スルハ總督ノ特權ニ屬ス而シテ典獄カ假出獄ヲ具申スルニハ左ノ諸件ヲ具備セサルヘカラス

(一)刑法第二十八條ニ該當シ典獄ニ於テ假出獄ヲ許スニ足ルト認メタル者ナル事
(二)判決書執行指揮書ノ謄本及行狀錄並身上調査書類ヲ添付スルコト

以上ニ依リ總督ハ許否ノ決定ヲ與ヘ若シ假出獄ヲ許可シタルトキハ典獄ハ一定ノ式ニ依リ釋放ノ申渡ヲナシ且ツ假出獄ヲ許サレタル證票ヲ交付スヘキモノトス假出獄ハ一定ノ場合ニ取消サルヽモノニシテ其ノ取消アリタルトキハ初メヨリ假出獄處分ナキモノトシテ刑ノ執行ヲ受ケサルヘカラス是レ故ニ假出獄ハ條件付執行免除ノ行政處分ナリト云フコトヲ得ヘシ又假出獄ハ總督ノ爲ス行政處分ニシテ彼ノ獄内ニテ典獄ノ爲ス賞遇ト異ナリ賞遇ハ獄内行政ノ一種ナリ

第二　恩赦

恩赦ハ天皇ノ大權作用ニシテ大正元年勅令第二三號恩赦令ニ依レハ大赦特赦減刑復權等ノ種類アリテ其ノ關係ハ内地ト全ク同一ナリ又假出獄ハ一定ノ刑期終了シタル者ニ對シ殘刑期ノ執行ヲ條件付免除スルモノナルモ恩赦ハ司法權ノ例外トシテ法律ノ適用ヲ全部又ハ一部免除スルモノニシテ其ノ免除ハ絕對的ニシテ假出獄ノ如ク條件付免除ニアラス要スルニ恩赦ト假出獄トハ全然其ノ性質ヲ異ニスルモノナリ

恩赦ノ取扱ニ付テハ大正元年總督府令第二〇號恩赦令施行規則アリ

第三編　軍事行政

第一章　軍事行政ノ觀念

軍事ニ關スル國家ノ作用ハ軍令權ノ作用ト軍政權ノ作用トノ二ツニ區別スルコトヲ得ヘシ軍令權トハ軍隊ノ行動ヲ指揮スル權ニシテ軍政權トハ陸海軍ヲ維持センカ爲メニ行ハル、行政作用ヲ云フ共ニ國家ノ作用ナレトモ軍隊ノ行動ノ如キハ其ノ性質上自由ナルコトヲ要シ國務大臣ノ責任ニ屬スヘキモノニアラサルカ故ニ軍令權ノ作用ハ一般行政作用ノ外ニアルヘキモノトシ全ク至尊御自由ノ大權ニ屬シ國務大臣ハ之レニ對シ輔弼ノ責ニ任スルコトナシ軍事ニ關スル作用中軍隊ニ屬スヘキ人員ヲ徴集シ軍隊ノ行動ニ必要ナル經費ヲ徴收シ財產ヲ準備スルカ如キハ軍隊ノ行動ヲ指揮スル權トハ異ナリ純然タル行政作用ナリ故ニ他ノ行政ト同シク國務大臣ノ輔弼ニ依リ之レヲ行フ軍事行政トハ卽チ是レナリ

軍令權ト軍政權ノ性質上ノ差異以上ノ如クナルカ故ニ從テ其ノ機關ヲ異ニス軍令權ハ大元帥トシテノ至尊ノ大權ニ屬シ其ノ下ニ元帥府、軍事參議院、參謀本部、海

軍々令部等アリ軍政權ノ機關トシテハ陸海軍大臣アリテ天皇ヲ輔弼シ兼テ陸海軍行政ヲ指揮監督ス此兩機關ハ相關聯セサルヲ以テ原則トナスモ實際ニ於テハ密接ナル關係アリ卽チ軍事上ノ計畫ヲ爲スハ軍令權ノ作用ナリト雖モ之ヲ遂行スルニ要スル機關又ハ經費ニ付テ軍政權ノ作用ヲ要シ從テ國務大臣ノ責任ニ屬スルコト、ナル然レトモ軍事ハ元ト秘密ナルヲ要スルコト多ク他ノ行政事務ノ如ク其ノ主要ナルモノハ一々閣議ニ付スルハ當ヲ得サルモノアルヲ以テ內閣官制ニ於テ軍機ニ關スル行政事務ニ付テハ勅旨ニ依リ特ニ閣議ニ付セラレタルモノヲ除キ陸海軍大臣ヨリ直接天皇ニ上奏シ其ノ裁可ヲ受クヘキモノトセリ而シテ我朝鮮ニ於ケル軍事ニ關シテハ朝鮮總督府官制ニ依リ總督ハ委任ノ範圍ニ於テ陸海軍ヲ統率シ朝鮮防備ノコトヲ掌ルトアリ又諸般ノ行政ヲ統轄スルトモアリテ軍令權作用ノ一部モ委任セラレ軍政權ノ權限ヲモ有スルカ如シト雖モ是等官制上ノ概括的ノ權限ハ單ニ其ノ規定アルノミニテ之レヲ實行スヘキ具體的成文ナシ唯僅カニ駐剳憲兵カ朝鮮治安ノ維持ニ關スル職務執行ニ付之レカ指揮監督及配置軍事警察ノ管區憲兵補助員ニ關シテノミ總督ノ權限アルニ過キス詳細ハ總論ニ於テ已ニ之レヲ述ヘタリ尙ホ明治三十九年勅令第二〇五號朝鮮駐剳軍司令部條例明治四十三年勅令第三四三號朝鮮駐剳憲兵條剳等ヲ見ラルヘシ

第二章　兵役義務

兵役ノ義務トハ陸海軍々隊ノ組織ニ加ハリ軍事上ノ義務ニ服スヘキ義務ナリ此ノ義務ハ國民一般ノ義務ニシテ公法上ノ强制的義務ニシテ本人ノ承諾ヲ要セサルモノトス而シテ兵役ノ義務ハ服務中ノ義務ト休役中ノ義務ニ區別ス服務中ノ義務トハ現實ニ軍事上ノ義務ニ服スルヲ云ヒ休役中ノ義務トハ現實ニ服セサルモ何時ニテモ命令ニ應シテ軍隊組織ニ加ハリ軍務ニ服スヘキ義務ヲ云フ

憲法ニ依レハ日本臣民ハ法律ノ定ムル所ニ從ヒ兵役ノ義務ヲ有スト而シテ其ノ所謂法律トハ明治二十二年法律第一號徵兵令ニシテ同令ニ依レハ日本帝國臣民ハ滿十七歲ヨリ滿四十歲迄ノ男子ハ總テ兵役ノ義務アリ然ルニ徵兵令ハ當然ニハ朝鮮ニ其ノ效力ヲ及ホサヽルヲ以テ現行法上日本帝國臣民タル朝鮮人ノ兵役義務ニ付テハ何等ノ規定ナキナリ從テ兵役ノ義務ナシ將來ニ於テ兵役義務ニ付

制令ヲ發シタルトキ若クハ勅令ヲ以テ徴兵令ヲ朝鮮ニ施行シタルトキハ兵役ノ義務ヲ負フヘキモノトス徴兵令ハ日本帝國臣民ト謂ヒ苟モ日本ノ國籍ヲ有スルニ於テハ其ノ從來ノ臣民タルト新附ノ臣民タルトヲ問ハス均シク兵役ノ義務ヲ有スルモノト解セサルヘカラス然レトモ同令カ朝鮮ニ施行セラレサル以上ハ憲法ニ所謂法律ナルモノナキヲ以テ抽象的ノ義務ハ遂ニ成立スルコト能ハサルヘシ約言スレハ朝鮮人ハ徴兵令上ノ兵役ノ義務ヲ有セス

然リト雖モ在鮮内地人即チ内地ニ本籍ヲ有スル者ハ朝鮮ニ居住スルト將亦外國ニ居住スルトヲ問ハス兵役ノ義務ヲ有ス即チ明治二十二年法律第一號徴兵令同三十七年勅令第八四號陸軍一年志願兵條例同四十一年陸軍六週間現役兵條例同三十二年勅令第七一號海軍志願兵條例同四十四年勅令第二八五號陸軍服役令大正二年勅令第二九九號陸軍召集令明治三十七年勅令第二三三號國民兵役中召集セラレタル者及國民軍編入志願ニ關スル件明治三十八年勅令第一五三號國民兵役者服務及召集ニ關スル件及其ノ附屬ノ陸海軍省令等ハ内地人タル身分ニ隨從シテ當然之レカ適用ヲ受クヘキ者ニシテ兵役ニ關スル屆出徴兵事務兵役ノ種類

志願兵役等ニ關シ述フヘキコト多シト雖モ此ハ一般著書ニ讓ル又明治三十九年勅令第三一八號朝鮮ニ在ル者ノ徵兵身體檢査ニ關スル件ニ依リ朝鮮在住ノ內地人ノ徵兵檢査ハ朝鮮駐剳ノ部隊ニ於テ身體檢査ヲ受クルコトヲ得ヘク其他明治四十四年勅令第二八六號朝鮮等ニ在ル陸軍々人ノ服役事務ニ關スル件等ノ特別規定アルモ之レヲ省略ス尙ホ注意スヘキハ明治四十四年陸軍省令第一六號陸軍々人服役令施行規則ノ附則ニ依リ歸休兵ヲ除クノ外朝鮮（樺太關東州又ハ滿洲モ仝シ）ニ在留スル者ニ對シテハ當分ノ內勤務演習及簡閱點呼ヲ行ハストノ規定アルコト是ナリ

第三章　朝鮮軍人

日韓併合以前舊韓國ノ軍隊ハ明治四十年ニ於テ大部分之カ解散ヲ爲シタルモ尙ホ步騎兵ノ一小部隊殘存シタリ然ルニ明治四十三年騎兵ノ全部ヲ解散シテ之ヲ憲兵補助員ニ採用シタルヲ以テ現今朝鮮軍人ハ步兵ノ僅少ト騎砲工兵其ノ他相當官ニ屬スル少數ノ將校ノ外王族貴族ニシテ此ノ階級ニ列セラレタルモノアリ而シテ現存スル步兵隊兵卒及憲兵ノ組織ニ加ハル補助員ハ舊ニ則リ募兵ノ制ヲ

採リ志願ニ依リ軍役ニ服スルモノニシテ兵役ノ義務トシテ服スルモノニアラス

第一　朝鮮歩兵隊兵卒

一、志願　朝鮮人ハ現行制度上兵役ヲ強要セラルヽコトナク募集ノ告示ヨリ任意志願シ得ヘシ其ノ資格ハ

(イ)年齢十八年以上二十五年以下

(ロ)禁錮以上ノ刑ヲ受ケサル者

(ハ)身體強健ナル者

(ニ)國語、鮮文及漢文ヲ稍解スル者

二、服役　以上ノ資格アリテ之レヲ採用スルニ入營後一年半以上服役ヲ誓約シ得ル者ナラサルヘカラス

三、解役　解役ハ左ノ四ノ場合トス

(イ)疾病ニ罹リ服役ニ堪ヘサル者

(ロ)懲戒處分ヲ受ケ改悛ノ狀ナキ者

(ハ)禁錮以上ノ處刑セラレタル者

(ニ)誓約期間滿了ノトキ

四、待遇　入營後ハ朝鮮軍人ト稱シ直ニ二等卒ニシテ兵營內ニ起居セシメ月額五圓四十錢ヲ給セラレ漸次陞等ノ途アリ且ツ被服食餌ヲ官給シ一週二回ノ外泊ヲ許可セラル、モノトス

第二　憲兵補助員

憲兵補助員ハ朝鮮駐劄憲兵條例第十七條ニ依リ憲兵隊ニ附屬スル者ニシテ之レカ服務其ノ他ノ規程ハ明治四十四年總督府令第一〇七號憲兵補助員規程ニ依ルヘク其ノ大要左ノ如シ

一、採用　憲兵補助員ハ朝鮮人ニシテ現ニ巡査巡査補タル者ノ外朝鮮人ニシテ左記ノ資格ヲ有スル者ヨリ志願ニ依リ採用ス

(イ)年齡二十年以上四十年以下ノ者

(ロ)禁錮以上ノ刑ニ處セラレタルコトナキ者

(ハ)素行善良志操確實ナル者

(ニ)身長五尺以上ニシテ身體强壯ナル者

（ホ）初歩ノ算術簡易ナル國語若クハ漢文ヲ解スル者

二、身分　憲兵補助員ノ取扱ハ其ノ職務ニ應シ憲兵上等兵（監督憲兵補助員）又ハ陸軍一二等卒（監督以外ノ補助員）ニ準スルモノニシテ採用ノ際軍屬讀法式ヲ受ケシムル規定ナル故軍屬ナリトス

三、服役　憲兵補助員ノ服役ハ採用ノ日ヨリ其ノ年ノ翌々年三月三十一日迄トセラレ尚ホ志願ニ依リ五十歳ニ至ル迄繼續服務スルコトヲ得トセリ服務年限内ト雖モ傷痍疾病非行其ノ他官ノ都合ニ依リ解免スルコトヲ得ルモノトセリ

四、職務　憲兵補助員ハ憲兵ノ指揮監督ヲ承ケ警察勤務ヲ幇助スルモノトセラレ單ニ治安警察ニ關シ服務スルモノニシテ軍事警察ニ關シテハ何等ノ職務ヲ與ヘラレサルモノトス

五、待遇　憲兵補助員ニハ七圓以上十七圓迄ノ月給ヲ支給セラレ其ノ外特別手當及制服恤金埋葬料等ヲ給セラル、規定アリ詳細ハ憲兵補助員規程ニ付テ之レヲ見ルヘシ

以上ハ朝鮮軍人タル兵卒及軍屬タル憲兵補助員ニ關スル大要ナリト雖モ尚ホ重

要ナル一事アリ卽チ明治四十四年勅令第三六號朝鮮軍人ニ關スル件ナリ此ハ朝鮮軍人ヲ設クル根據ニシテ之レニ依レハ朝鮮軍人ノ階級制服席次所屬部隊等ヲ規定シアリ卽チ左ノ如シ

一、階級　朝鮮軍人ノ階級ハ各兵科ニ在リテハ副將(中將)、參將(中將)、正領(大佐)、副領(中佐)、參領(少佐)、正尉(大尉)、副尉(中尉)、參尉(少尉)、特務正校(特務曹長)、正校(曹長)、副校(軍曹)、參校(伍長)、上等兵(上等兵)、一二等卒(一二等卒)トシ相當官ニ在リテハ司計(主計正)、軍司(主計)、軍醫長(軍醫正)、軍醫(軍醫)、獸醫(獸醫)トアリテ各一、二、三等ニ區別スルコト陸軍軍人ニ同シ外ニ計手(二等計手)、調護長(二等看護長)、調護手(上等看護卒)、蹄鐵長(二等蹄鐵工長)等アリ

二、制服　朝鮮軍人ハ相當陸軍軍人ノ制服ヲ着用シ左右襟部ニ特別ノ徽章ヲ附ス

三、席次　朝鮮軍人ハ相當陸軍々人ノ次席トス

四、所屬　朝鮮歩兵隊ニ屬セサル者ハ朝鮮駐劄軍司令部附又ハ朝鮮駐劄憲兵隊司令部附トス

又朝鮮軍人軍屬ノ犯罪審判ニ關シテハ明治四十二年勅令第二九二號ニ依リ朝鮮

駐剳軍司令部ノ法官部ニ於テ之レヲ執行スルモノトス

朝鮮軍人ノ性質ニ付一言センニ朝鮮軍人ハ志願ニ基クモノニシテ其ノ關係ハ官吏ノ服務ト略ホ同一ナリ即チ任命ノ形式ニ依ラサルモノト雖モ尚ホ公約ノ一種ニ屬シ志願者ノ意思ヲ條件トシ採用官ノ行政處分ニ依リ初メテ公ノ服務關係ニ立ツモノトス故ニ朝鮮軍人ハ私法上ノ雇傭ニアラサルハ勿論一年志願兵現役志願兵ノ如ク兵役ノ義務アル者カ志願ニ依リ兵役ニ就クモノトハ其ノ性質ヲ異ニスルモノニシテ一年志願兵現役志願兵ハ法律上兵役義務履行ノ一種ナリ又朝鮮軍人免役ハ均シク行政處分ニシテ軍人ノ反意ニ依ルト願出ニ依ルトヲ問ハス國家ノ一方的意思即チ命令又ハ認可ト云フ處分ニ依リ服務ヲ免除セラレ服務關係ヨリ離脱スルモノナリトス憲兵補助員ノ關係ニ於テモ亦同シ

第四章　軍人ノ權利義務

兵役ノ義務ヲ負擔セス單ニ募集ニ應シ志願シタル朝鮮軍人ノ權利義務ニ關シテハ何等規定スル所ナキヲ以テ一般官吏ト略同一ナルヘシ然ルニ帝國軍人ハ大ニ

之レト異ナルモノアリ即チ帝國軍人ハ忠實ノ義務アルコト所屬軍隊ノ所在地ニ居住セサルヘカラサル義務アルコト及俸給ヲ給セラルヽ權利ハ一般官吏ト異ナルコトナシト雖モ他ニ一ノ重大ナル義務ヲ負擔スルモノナリ絕對服從ノ義務ヲ有スルコト是レニシテ上官ノ命令ニ對シテハ其ノ當否ヲ問ハス絕對ニ之レヲ遵奉セサルヘカラス此ノ服從關係ノ外軍人ハ憲法第三十二條規定ノ結果トシテ一般臣民ノ享有シ得ル權利ヲ享有スルコトヲ得サルヲ原則トス憲法第三十二條ハ軍令規律ニ牴觸セサルモノニ限リ憲法第二章ノ臣民ニ關スル權利ヲ軍人ニ準行ストアルニ由リ軍人カ憲法ニ保障セラレタル臣民ノ權利ヲ享有スルハ寧ロ其ノ例外ニ屬スルモノニシテ從テ公民權、選擧被選擧權、政社加入及政治ニ關スル事項ヲ上書建白シ又ハ講演論議スルコトヲ得サルモノトス

第五章　軍事負擔

軍事負擔トハ兵役義務以外ニ軍事上ノ目的ノ爲メニ國權ニ依リ課スル公法上ノ義務ニシテ其ノ主ナルモノハ徵發及所有權ノ制限ナリ

第一　徵發

明治十五年布告第四三號徵發令ハ其ノ性質上當然朝鮮ニ效力ヲ及ホスモノニシテ徵發トハ軍事ノ用ニ供スル目的ヲ以テ國權ニ依リ物件又ハ勞力ヲ供給スルノ義務ヲ負ハシメ若クハ特定物ニ關スル所有權其ノ他ノ物權ヲ徵收スル行政處分ナリ徵發ハ租稅ト同シク國權ニヨリ强制シテ財產上ノ負擔ヲ命スルモノナレトモ租稅ノ如ク國家ノ收入ヲ增加スルヲ目的トナスモノニアラス專ラ軍事ノ目的ノ爲メニスルモノナリ徵發ハ又租稅ノ如ク財產上ノ價格ヲ徵收スルコトヲ目的トスルモノニアラスシテ物件又ハ勞力其ノモノヲ必要トスルモノナリ從テ徵發ニ對シテハ相當ノ賠償ヲ給與スルヲ原則トス徵發ハ其ノ法律上ノ形態ニ依リ二種ニ別ツ卽チ左ノ如シ

(イ)特定物ノ上ニ於ケル所有權其ノ他ノ物權ヲ移轉スルノ效果ヲ生スル處分

例ヘハ馬匹車輛工作場ノ發徵ハ之レニ屬シ此ノ場合ニ於テハ公用徵收ト其ノ法律上ノ形態ヲ同シクス

(ロ)不特定物又ハ勞力ノ供給ヲ命スル處分　例ヘハ馬糧人夫食料品ノ徵發ハ之レ

ニ屬ス此ノ場合ハ前ノ場合ト異ナリ特定物ノ上ニ於ケル物權ノ移轉ノ效果ヲ生スルモノニアラスシテ唯々給付ノ義務ヲ負フニ止ル即チ公用徵收ト異ナリ給付令ノ性質ヲ有スルモノナリ之レヲ民法ノ用語ヲ以テ言ヘハ前ノ場合ハ物權的效果ヲ生シ後ノ場合ハ債權的效果ヲ生スルナリ

平時行軍演習ヲ爲スニ當リ行フ徵發ヲ平時徵發ト云ヒ戰時若クハ事變ニ際シ陸海軍ヲ動カスニ當リ行フモノヲ戰時徵發ト云フ何レモ軍用ノ物品若クハ勞力ヲ人民ヨリ强制的ニ徵收スルコトヲ目的トナスモ徵收シ得ヘキ目的物ハ平時ト戰時トニ依リ其ノ範圍ヲ異ニス即チ戰時ハ之レヲ擴大セラレアリ而シテ勞力ノ徵發ヲ爲ス場合ニ在リテハ兵役義務又ハ官吏關係ニ於ケルカ如ク特別忠實義務ノ伴フ服務義務ヲ課スルモノニアラスシテ唯々經濟上ノ價値アル勞力ノ給付ヲ令スルニ過キスシテ公法上ノ服務義務ト異ナリ夫役ノ賦課ト其ノ性質ヲ同シクス從テ夫役ノ如ク代理ヲ出スコトヲ得ルナリ

徵發ハ其ノ目的物ノ種類ニ從テ府郡面(府縣郡市町村)ヲ以テ其ノ徵發區域ト爲シ軍隊又ハ艦隊ノ司令官カ徵發書ヲ發シテ之レヲ行フ此ノ場合ニ於テ徵發ニ應ス

ヘキ義務ヲ有スル者ハ其ノ區域内ニ於ケル住民ニシテ府尹郡守又ハ警察官吏等ハ國家機關トシテ其ノ區域内ニ於ケル徵發事務ヲ執行スル任務ヲ有スルモノトス

第二　所有權ノ制限

軍事上ノ目的ノ爲メニ所有權ノ行使ニ對シ重大ナル制限ヲ加フルコトアリ卽チ國防用防禦營造物ヲシテ其ノ效力ヲ全タカラシメンカ爲メ或營造物ヲ去ル一定ノ距離内ノ土地物件ノ所有權ニ種々ノ制限ヲ加フル必要アリ其ノ最モ著シキモノハ要塞地帶内ノ制限ナリ是レ軍事行政上ニ於ケル所有權ノ制限ニシテ公用徵收ニ付テハ賠償ヲ求ムルコトヲ得ルモ此ノ制限ニ對シテハ賠償ヲ求ムルコトヲ得サルモノトス

要塞地帶トハ國防上ノ設備ノ周圍ニ屬スル地域ヲ謂フモノニシテ要塞地帶ハ要塞ヨリ距離ノ遠近ニ依リ之ヲ三區ニ分チ區ノ異ナルニ從ヒ其ノ制限モ亦異ナレリ是等ノ制限ハ要塞地帶内ニ存在スルコトノ事實ニ依リ當然受クル所ノ制限ニシテ特別ナル行政處分ニ依リテ發スルモノニアラス要塞地帶ノ外軍港要港ニ付

テモ亦同様ノ制限アリ明治四十三年勅令第四五三號及同第四五四號鎭海軍港及永興要港境域ニ關スル件竝ニ明治四十三年勅令第四五五號ヲ以テ朝鮮ニ施行セラレタル軍港要港ニ關スル件（明治二十三年法律第二號）軍港要港規則違犯者處分ノ件（明治二十三年法律第八三號）ヲ參照セラルヘシ

軍事行政トシテ論スヘキモノハ以上述ヘタル所ヲ以テ終了シ他ハ悉ク軍令ノ範圍ニ屬スルヲ以テ本書ニ之レヲ省ク

第四編　內務行政

第一章　內務行政ノ觀念

內務行政ハ國家ノ安寧秩序ヲ保持シ國民ノ形體上、精神上、經濟上ノ利益ヲ保護增進スルヲ以テ其ノ直接ノ目的ト爲ス所ノ行政事務ヲ謂フ凡ソ國家爲政ノ目的ハ其ノ終局ニ於テハ悉ク國民ノ利益幸福ヲ保護增進セシムルニ歸納セサルモノアラサルナリ彼ノ軍事外交財務行政ノ如キモ等シク國民ノ利益ヲ進捗スル所以ナリト雖モ其ノ直接ノ目的ハ先ツ國家戰鬪力ノ充實ヲ期シ以テ內外ノ緩急ニ備ヘ外列國ト親善ヲ結ヒテ機會ノ均等ヲ失ハスシテ國權ヲ維持シ又ハ資財ヲ整頓シテ諸般ノ施設ニ應スルニ在リサレハ國民ノ利益ヲ保護增進スルコトハ其ノ間接ノ目的ナリト謂フコトヲ得ヘシ此ノ點ニ於テ內務行政ハ他ノ各部行政ト異ナルハ勿論其ノ內務行政ノ一種ト看做シテ差支ナキ財務、司法等ノ行政トモ其ノ性質ヲ異ニスル政務ナリ而シテ內務行政ハ目的及手段ヨリ見テ更ニ之レヲ分別シ其ノ公共ノ安寧秩序ヲ維持シ危害ヲ豫防排除シテ以テ國民ノ幸福ヲ保全スル爲メ人ノ自由ヲ束縛スル行政所謂警察行政ト及單ニ國家又ハ國民ノ形體竝ニ精神上、經濟上ノ利益幸福ヲ保護增進シ之レニ强制力ヲ加味セサル行政卽チ助長行政(又ハ福利行政又ハ公益行政トモ稱ス)ノ二種ト爲スコトヲ得以下章ヲ別テ之レヲ說明スヘシ

第二章　警察行政

第一節　警察ノ概念

昔時警察萬能ノ時代ニ在リテハ國權ノ作用全部ヲ稱シテ警察ト謂ヒ其ノ範圍頗ル廣汎ナリシカ國家文物ノ發達ニ伴ヒ法制ノ漸ク完備セル近世ニ於テハ外交、軍務、財務、司法ニ關スル行政作用ハ警察ヨリ除外シ警察ナルモノハ內務行政中公共ノ安寧秩序ヲ維持シ及臣民ノ幸福ヲ保全スル爲メ人ノ自由ヲ强制的ニ制限スル作用卽チ公安的行政ノミヲ指稱スルニ至レリ今日一般文明國ニ是認セラルヽ警察ノ定義ハ左ノ三要素ヲ有スルモノトスルカ如シ

(一)、警察ノ目的　警察ハ公共ノ安寧秩序ヲ維持シ及臣民ノ幸福ヲ保持スル爲メ

危害防排ヲ目的トスルモノナリ

(二)、警察ノ手段　警察ハ其ノ目的ヲ達スル爲メ人ノ自由ヲ强制的ニ制限スル權力行爲ナリ

(三)、警察ノ所屬　内務行政中ニ在リテ助長行政ト相對立スル行政作用ナリ

以上ノ要素ヲ更ニ詳説スルハ警察ノ觀念上必要ナルコトニ屬スト雖モ玆ニハ單簡ニ之レヲ述ヘ詳細ハ一般行政法ノ著書ニ讓ル

一、警察行政ト他部行政トノ關係　警察ノ觀念ハ固ヨリ外交軍政財政法政ノ觀念ト相對スルモノニシテ是等ノ作用ハ總テ警察ニ屬セス警察ハ專ラ内政ノ範圍ニ限ラルヽト雖モ例ヘハ外交上又ハ軍事上ノ機密ヲ保護スル爲メニ新聞紙ノ記載事項ヲ制限シ其ノ制限ニ違反シタル者ニ對シ其ノ發行又ハ發賣ヲ禁止スルカ如キハ一般ニ警察作用ト看做サレ其ノ目的カ善良ノ風俗ヲ維持スルト又ハ外交軍事上ノ利益ヲ保護スルトニ依リテ之レヲ區別スルコトナク新聞ノ取締ハ常ニ警察作用ナリ又移民ノ取締ノ如キハ主トシテ外交上ノ關係ニ在ル場合ト雖モ同シク警察作用ナリ之ニ由リテ觀ルトキハ外政作用トハ直接ニ外

國ニ對スル交渉ヲ爲スノ作用ノミヲ意味シ直接ニ外國ト交渉スルニアラスシテ國內ニ居住スル人民ニ對シテ其ノ自由ヲ制限スルトキハ例ヘ外交上ノ利益ヲ保護スル目的ニ在リトスルモ此ハ警察ノ範圍ニ屬スルモノナリ、又軍政作用トハ直接ニ軍隊其ノモノヲ維持經理スルノ作用ノミヲ含ミ直接ニ軍隊ノ爲メニスルニアラスシテ軍事上ノ利益ノ爲メニ人ノ自由ヲ制限スル作用ノ如キハ軍政ニ屬セス故ニ例ヘハ軍機ノ秘密ヲ保ツカ爲メニ言論出版ノ自由ヲ制限シ要塞ノ附近ニ於テ出入撮影ヲ禁止スルカ如キハ皆警察ノ作用ニ屬ス、又直接ニ國家ノ收支ヲ掌理シ其ノ財產ヲ維持スル爲メニスル財政作用及人民ノ權利關係ノ秩序ヲ定メ之レヲ變更シ之レヲ確認スル司法作用ノ如キハ警察ノ觀念ニ屬セス唯タ是等ノ利益ヲ保護スル爲メニ人ノ自由ヲ强制的ニ制限スル行政作用ノミハ之レヲ警察ト稱スルモノナリ

二、警察ノ權力的行爲　警察ノ目的ノ爲メニ發動スル國家權力ノ作用ハ之レヲ警察權ト謂フ而シテ國家ノ權力作用中人ノ權利ヲ剝奪シ又ハ權利ヲ附與シ變更スルカ如キ法律行爲ニ關スルコトハ警察ニアラス警察的權力ハ專ラ人ノ自

由ヲ強制的ニ制限シ又ハ一旦加ヘタル制限ヲ解除スルカ如キ行爲ニシテ例ヘハ行政上ノ必要ニヨリ人ヲ引致拘禁シ物件ヲ毀壞押收スル等事實上ノ權力作用ナラサルヘカラス

三、警察ノ自由制限　警察ノ觀念ニハ人ノ自由ヲ制限スルコトヲ必要トス所謂自由ハ身體ノ自由ナルト財産上ノ自由タルヲ問ハサルナリ普通ニ財産權ノ警察的制限ト云フハ所有權ナル法律上ノ權利其ノモノヽ制限ヲ云フニアラスシテ所有物ヲ任意ニ處分スル自由ノ制限ナリ例ヘハ有害ナル飮食物ノ販賣ヲ禁止シ又ハ公安ニ危險ヲ及ホス物件ノ製造使用ヲ制限スルカ如キハ何レモ所有權ナル法律行爲ヲ爲シ得ル權利ノ制限ニアラスシテ天賦的ニ有スル所有物處分ノ自由ヲ制限スルモノナリ又火災消防ノ爲メ人家ヲ破壞スルカ如キハ所有權ヲ侵害スルハ勿論ナルモ所有權ノ剝奪ヲ目的トスル法律行爲ニアラスシテ所有權享有ノ天賦的ノ自由ニ對スル制限ナリ又出版物ノ納本ヲ爲サシムルハ所有權ナル權利ノ移轉ヲ目的トスルモノニアラスシテ物ノ事實上ノ占有ヲ移ス行爲ナルヲ以テ何レモ警察ノ範圍ニ屬ス之ニ反シ公用徵收ノ如キハ所有權ナル權利ノ取得ヲ目的トスル法律行爲ナルヲ以テ警察タルヲ得ス又人ノ自由ヲ制限セスシテ危害ヲ防排シ得ル行爲モ警察ノ範圍ニ屬セス例ヘハ人民共同シテ水害豫防ノ爲メ堤防ヲ築クカ如シ要スルニ警察ハ人ノ自由ヲ制限シテ行爲不行爲ヲ爲サシムルモノナラサルヘカラス

四、警察ノ内務行政ニ於ケル地位　警察ハ内政中ニ在リテ公安公秩保持ノ行政行爲ナリ等シク内政ニ屬スルモ彼ノ文化經濟ヲ發達セシメテ公益ノ增進ヲ圖ル行政行爲ト區別セラル、モノナリ抑モ福利行政ナルモノハ人民ノ生活狀態ヲ妨害スヘキ何等ノ事物勢力ナク生命身體財產ニ安固ノ保障アルニ於テ初メテ施設スルコトヲ得ルモノニシテ危害ノ存在スル時代ニ在テハ到底完全ナル施設ヲ爲シ能ハサルハ勿論ナリ故ニ福利行政ノ前提トシテハ必ス先ツ危害ナル勢力ヲ防排シ國家ノ安寧秩序ヲ保維スルヲ最大急務ナリトス蓋シ警察ナル語ハ危害ヲ未然ニ考察シ其ノ未タ事實トナリテ發現セサル以前ニ於テ之レヲ警戒スルニ因ミ起リタルモノニシテ畢竟危害ノ萠芽ヲ斷チ以テ公共ノ安寧秩序ヲ維持スル意味ニ於テ用ヒラレタルモノナリ卽チ消極的ニ國民ノ幸福ヲ庇護スルハ警察ノ目的ナリト謂フヘシ然リト雖モ危害ヲ防排シ安寧秩序ヲ維持スル國權ノ發動ハ總テ必スシモ警察ナリト速斷セサルヲ要ス例ヘハ徴兵義務又ハ教育義務ヲ强制シ租税ヲ徴收スルカ如キハ間接ニハ公共ノ安寧秩序ヲ保持スルカ爲メ人ノ自由ヲ制限スル作用ナリト雖モ其ノ直接ノ目的トスル所ハ國家ノ軍備ヲ充實シテ一朝有事ノ變ニ應シ又ハ無教育ヨリ起ル危害ヲ防キ或ハ國家ノ收入ヲ得テ諸般ノ施設ニ供スルヲ主眼トスルモノナルヲ以テ警察作用ト稱スルヲ得サルモノナリ

以上警察ナル定義ノ大略ヲ説キタリ而シテ未開國又ハ新領土ノ如ク概シテ法制ノ完備セサル土地ニ在リテハ其ノ實際ニ於テ人ノ自由ヲ制限セサル事項又ハ文明的警察作用ノ觀念ト相容レサル行政ト雖モ之レヲ警察ノ行爲ニ屬セシメタルモノ敢テ稀レナリトセス從テ警察ノ範圍ハ頗ル廣汎ニシテ前述ノ定義ヲ以テ之レカ唯一ノ觀念トスルトキハ大ナル徑庭ヲ生スルコトアルヘシ卽チ朝鮮ニ於テモ幾多ノ變例事務ヲ警察ニ分屬シ積極的方面ノ事務モ事實行爲トシテ或ハ補助行爲トシテ掌理セシメアルハ殖民地トシテ止ムヲ得サルモノナルヘシ

第二節　警察ノ分類

一、行政警察ト保安警察　公共ノ幸福ヲ増進保持スル爲メ行政各部ノ利益ヲ保護スルヲ目的トスル警察作用ヲ行政警察ト謂フ故ニ行政警察ハ助長行政ノ各部ト相關聯シテ離ルヘカラサルモノニシテ畢竟助長行政ノ效果ヲ確實ニセントスルモノナリ例ヘハ衞生、森林、鑛業、漁業交通警察等ノ如シ又保安警察トハ一般ノ安寧秩序ヲ維持スル爲メ國家及人民ニ對スル危害ヲ排除シ又ハ之ヲ豫防スル作用ヲ謂フモノニシテ例ヘハ言論、集會、結社武器ニ對スル警察上ノ取締ノ如シ

二、行政警察ト司法警察　司法警察ニ對シ行政警察ト云フトキハ行政警察ノ意義ヲ廣義ニ用ユタルモノニシテ此ノ場合ニ於テハ前項ニ述ヘタル行政警察及保安警察ヲ包含スルモノトス而シテ茲ニ所謂行政警察ハ妨害トナルヘキ現在ノ危害ヲ排除シ又ハ之ヲ豫防スル總テノ警察ヲ云フモ司法警察ハ危害而カモ必ス人爲ニ依ル害惡ノ既ニ發シタルコト卽チ犯罪後ニ於テ犯罪ノ捜査、犯罪人

ノ逮捕證據蒐集ヲ目的トス畢竟司法權ノ行動ヲ補助スル警察作用ニシテ法院檢事ノ管轄ニ屬シ朝鮮刑事令ノ規定ニ基キ支配セラレ明治四十五年朝鮮總督府訓令第四五號司法警察官執務規程其ノ他總督府內訓司法警察官外國人ニ對スル執務心得等二三ノ內規的規定ニ依ル而シテ司法警察ハ其ノ本質上警察ニアラスト論スル者アリト雖モ人爲的危害ヲ除壓スル爲メニ犯人ノ捜査逮捕ヲナシテ公安ノ保持ニ努ムルハ正ニ警察ノ觀念ニ適合スルモノニシテ作用自體ヨリ見ルモ司法行爲ノ如ク訴ヲ聽キ刑ヲ適用スルモノニアラサルヲ以テ司法行爲ニアラス行政行爲ノ一部ニ屬ス唯發動ノ根據カ刑事法タルニ過キサルナリ是等詳細ノ論ニ至リテハ本論ノ範圍外ナリ尙ホ茲ニ注意スヘキハ行政警察ト司法警察トハ執行機關タル下級官吏ハ同一人ヲ以テスルコトナリ卽チ警視警部（憲兵將校及准士官下士ヲ含ム）ハ司法警察官タルト同時ニ行政警察官ニシテ巡査及巡査補（憲兵上等兵及憲兵補助員ヲ含ム）モ一面行政警察官吏ニシテ他面ニ於テ司法警察官ノ補助者タルカ如シ又刑事令ニ依レハ警務總長ハ司法警察官トシテ地方法院檢事ト同一ノ職權ヲ有スルモノトセラレアルヲ以テ部下警察官吏ニ對シ司法上檢事ト同

一ノ指揮監督ヲ爲シ得ヘキモ道警務部長ハ司法警察官タル地位ニ於テハ警視警部ト同等ナル職權ヲ有スルニ過キス更ニ明治四十五年制令第二六號ハ巡査(憲兵上等兵モ同シ)ニ對シ急速ノ場合又ハ司法警察官ノ不在ナルトキハ司法警察官ト同一ノ職權ヲ行使スル權能ヲ附與シ司法上ノ令狀ハ巡査補(憲兵補助員モ同シ)ヲシテ之ヲ執行セシムルコトヲ得ルモノトセリ

三、非常保安警察ト普通保安警察　保安警察中警察權發動ノ形式ノ異ナルニヨリテ非常警察及普通警察ニ分類スルコトアリ非常警察ニ屬スヘキモノハ戒嚴治匪ノ二者ナリ而シテ普通警察ニ於テハ警察權發動ノ形式ニ關スル原則ハ例外ナク適用セラル、モ非常警察ニ於テハ此ノ原則ニ對シ幾多ノ變例ヲ生スルモノナレハ別ニ節ヲ設ケテ説明スヘシ

四、高等保安警察及普通保安警察　此ハ保安警察ニ付テノ分類ニシテ主トシテ其ノ防止セントスル危險ノ關スル所ヲ以テ標準トスルヲ通常トス卽チ高等警察トハ國家若クハ社會ニ對スル直接ノ危害ヲ防止スル作用ヲ云ヒ例ヘハ集會結社ノ如キ團結ヨリ生スル危險又ハ新聞其ノ他ノ出版物ヨリ生スル危險ノ如

キハ其ノ及フヘキ範圍大ナルヲ以テ之レニ屬シ普通警察トハ危害ノ及フ直接ノ方向カ私人ニ對スルトキ其ノ危害ヲ防止スル作用ナリトス

而シテ多數人ノ結合ニヨリ生スル危害ニシテ單ニ個人ニノミ及ヒ又個人ヨリ生スル危害ニシテ國家社會ニ及フコトアリテ多數人結合ヨリ生スル危害カ必ス國家社會ニ又個人ヨリ生スル危害カ個人ニ及フト謂ヒ難キモノアリ之レ予輩カ危害ノ原因ヲ標準トシテ高等警察ト普通警察トヲ區別セス專ラ其ノ危害ノ直接ニ及フ方面ヲ標準トシテ區別シタル所以ナリトス

五、國家警察及地方警察　國家警察トハ通常其ノ利害關係ノ及フ範圍カ一國全部ニ及フモノヲ謂ヒ地方警察トハ其ノ利害ノ及フ所一地方ニノミ限ラル、場合ニ稱スルモノニシテ其ノ區別ノ實益ハ前者ニ對シテハ訴願ヲ許サス後者ニ對シテハ之ヲ許ス又地方警察ニ付テハ其ノ地方ノ自治團體ノ代表者ニ之ヲ委任スルコトヲ得ル國アリ然レトモ我朝鮮ニ於テハ訴願法行ハレサルノミナラス警察權ノ發動ニ對シ訴願ヲ許シタル特別ノ法規アルヲ見ス又自治團體ニ對シテハ全然斯ル權限ヲ許シアラス

第三節　警察ノ組織

第一款　警察官廳

朝鮮總督府ハ朝鮮ニ於ケル最高警察官府(卽チ官署)ニシテ總督府ノ主宰者タル朝鮮總督ハ朝鮮ニ於ケル最高警察官廳トシテ警察權ヲ綜纜スルモノトス然レトモ總督ハ之レカ爲メ自ラ全部ノ警察權ヲ行使スルコト能ハス別ニ官府ヲ設ケテ直接之カ處理ノ任ニ當ラシム卽チ警務總監部、警務部警察署等ヲ設ケ之ニ警務總長警務部長警察署長ヲ置キテ各職務ヲ分擔セシム而シテ警務總長警務部長警察署長ハ單純ナル他ノ行政トハ全ク系統ヲ異ニシ官制上一ノ官廳トシテ或ハ決定又ハ處分權ヲ有スル獨立的ノモノニシテ總督ニ對スル一般ノ補助機關ト異ナルコトハ總論巳ニ詳述セル所アリ卽チ是等ノ警察官廳ハ更ニ警視警部巡査巡査補其ノ他技術官ノ補助機關ヲ有シ助長行政ニ伴フ諸般ノ行政警察ハ勿論保安警察事務ヲ自己ノ名ニ於テ處理スルコトヲ得ルモノナリ

現時朝鮮ニハ一警務總監部十三警務部百個警察署ノ警察官署アリ

第二款　警察官吏

通常警察官吏ト稱スルトキハ警察上ノ命令權ヲ有スル者ヲ廣ク包含スルモノニアラスシテ單ニ其ノ執行機關トシテ處分權ヲ有シ直接人民ニ對シ行爲不行爲ヲ命令スル所ノ權能ヲ有スルモノノミト解スルヲ至當トス故ニ現行法上朝鮮ニ於ケル警察官吏ハ(一)警務總長(二)警務部長(三)警察署長（警視警部ノ官ヲ有スル者ヲ以テ充ツル職名ナリ）(四)警視(五)警部(六)巡査(七)巡査補ヲ稱ス此ノ外警察官署官制上ノ職員ニハ警務官、通譯官屬其ノ他ノ技術官等アリト雖モ是等ハ直接人民ニ對シ處分執行ノ權能ヲ有セサルヲ以テ警察官吏ニアラサルモノトス

第三款　朝鮮駐箚憲兵

憲兵ハ軍隊ノ組織ヲ有シ陸軍大臣ノ管轄ニ屬スルモ朝鮮駐箚憲兵ハ內地ノ憲兵トハ職務ノ立脚點ヲ異ニシ主トシテ朝鮮ノ治安維持ニ關スル警察ヲ掌リ併セテ軍事警察ヲ司ルモノナルコトハ朝鮮駐箚憲兵條例ノ明示スル所ナリ卽チ朝鮮駐箚憲兵ハ朝鮮總督ノ指揮ヲ受ケ警察ノ主力トシテ普通警察官吏ト同一ノ地位ニアリテ行政及司法萬般ノ警察及衛生事務ヲ掌理スル所ノ警察執行機關ナリ殊ニ

警務總長ハ駐剳憲兵隊司令官タル陸軍將官各道警務部長ハ駐剳憲兵隊長タル憲兵佐官ヲ以テ任用スヘキ現行官制ハ所謂憲兵本位ノ警察ニシテ憲兵將校准士官下士ハ夫々警視警部ニ任用セラレ總督ノ定ムル所ニ依リ在職ノ儘警察官ノ職務ヲ執行シ且ツ警察官ノ職務ヲ執行スル憲兵ハ警察事務ニ關シ職權ヲ有スル上長ヨリ命令ヲ受ケタルトキハ直ニ之ヲ服行スヘキ規定アリ

現時朝鮮駐剳憲兵ハ一司令部十三憲兵隊百六十餘ノ憲兵分隊、分遣所アリ中ニ就キ憲兵分隊分遣所ハ警察署ノ事務ヲ取扱フ官署ナルヲ以テ普通警察事務ニ付執行權アルモ司令部及憲兵隊ハ主トシテ軍事警察及匪徒警察ヲ掌リ直接普通警察事務ニ關係セス

第四款　朝鮮駐剳軍隊

軍隊ハ警察上ノ執行機關ニアラサルモ左ノ場合ニ於テハ例外シテ（明治三十九年勅令第二〇五號朝鮮駐剳軍司令部條例及明治四十三年勅令第三五七號朝鮮總督府地方官制ヲ參照）警察上ノ行爲ヲ執行シ又ハ行政官廳ノ請求ニ應シ之ヲ補助スル爲メ兵力ヲ使用スルモノトス

（イ）朝鮮駐剳軍司令官ハ安寧秩序ノ保持上事急ナル場合ニ於テ便宜之ヲ處置ス

ル必要アリト認ムルトキ

(ロ)朝鮮駐剳軍司令官ハ安寧秩序ノ保持ノ爲メ總督ノ命令アルトキハ軍隊ヲ使用ス此ノ命令ハ總督カ朝鮮ノ行政長官タルト同時ニ駐剳軍隊ノ統帥官タル官制上ノ權限ニ基クモノナリ

(ニ)旅團長ハ道長官カ普通保安警察ノ力ヲ以テ鎭壓シ得サルモノト認メ且ツ急迫ナル場合ニシテ總督ニ稟申スル遑ナシトシテ出兵ヲ要求シタルトキハ正當ナル理由ナケレハ直ニ出兵セサルヘカラス

第四節　保安警察

保安警察ハ公共ノ安寧秩序ニ對スル障害ヲ排除シ又ハ豫防スルカ爲メノ作用ヲ謂フモノニシテ今便宜上(一)普通保安警察(二)犯罪卽決(三)民事爭訟調停(四)行政上ノ警察權限(五)非常保安警察ニ分テ説明ヲ試ミントス

第一款　普通保安警察

第一項　出版取締

出版トハ機械的又ハ化學的方法ニ依テ文書圖畫ヲ複製シテ頒布スル行爲ヲ謂フモノニシテ所謂頒布トハ無償又ハ有償ニテ文書圖畫ヲ公衆ニ閲覽セシムルヲ謂ヒ必スシモ營業的ニ發賣スルヲ要セス又出版法ニハ「文書圖畫ヲ印刷」ナル文字ヲ使用シアルモ印刷ナル語ハ頗フル不明確ナル語ナリ卽チ原版又ハ印顆ヲ以テ複本ヲ作製スルヲ謂フモノニシテ印顆ニ依リ印影ヲ現出セシムルカ如キ行爲ヲ含ムト雖モ他方ニ於テ寫眞ヲ包含セサル不都合ナル結果ヲ生ス故ニ出版法ニハ「機械的又ハ化學的方法ヲ以テ文書圖畫ヲ複製シ」ト改ムルヲ至當トスヘシ然ラハ必要ナキ印顆ニ依ル印影ヲ含マサルト同時ニ寫眞ニ依リ文書圖畫ヲ複製スル等苟クモ機械的又ハ化學的方法ニ依ル出版ノ全部ヲ包含セシムルコトヲ得ヘシ又出版法ニハ「發賣又ハ頒布」トアルモ發賣ハ頒布ノ一方法ナルヲ以テ發賣ナル文字ハ重複ニシテ不必要ナリト信ス出版ハ人ノ思想ヲ公衆ニ發表シ文化進展人智ノ啓發上最モ有力ナル方法ナルト同時ニ稍モスレハ他ヲ煽動シ其ノ他安寧秩序ヲ妨害スルノ危險之ニ伴フコト亦尠トセス殊ニ施政ノ基礎充分ナラス往々試驗的ナル措置ヲ採用スルノ止ムヲ得サル新領土ニ於テ猥リニ出版ノ自由ヲ標榜シ無責

任ナル言論ヲ弄スルカ如キモノアランカ其ノ害ノ及フ所想像スルニ難カラス故ニ朝鮮ニ於テハ出版ニ關シテハ複法統治主義ニ出テ朝鮮人ニ對シテハ舊韓國ノ制ヲ承ケテ檢閲制度ヲ持續シ豫防主義ヲ採リ發行前ニ於テ豫メ警察官署(警務部長)ノ檢閲ヲ受ケサレハ頒布スルコトヲ許サス以テ嚴重ニ其ノ取締ヲ爲シツヽアリ蓋シ當然ノコトナルヘシ次ニ內地人及外國人ニ對シテハ自由出版ノ原則ヲ認メ禁壓主義(屆出主義)ヲ採リ出版物ノ頒布ニハ許可ヲ受クルヲ要セス頒布後ニ於テ取締ヲ爲ス制ヲ採レリ

出版ハ之ヲ普通出版及新聞紙(雜誌ヲ含ム)ノ二種ニ分テ其ノ取締ヲ異ニス內地人及外國人ニ對スル普通出版ニ關シテハ明治四十三年統監府令第二〇號出版規則(內地ノ出版法及豫約出版法ヲ準用ス)朝鮮人ニ對シテハ隆熙三年法律第六號出版法ヲ適用シ又新聞紙出版ニ關シ內地人及外國人ニハ明治四十一年統監府令第一二號新聞紙規則朝鮮人ニハ光武十一年法律第五號新聞紙法ヲ適用ス而シテ出版ハ不定期ニシテ非政治的ナルヲ普通出版トシ定期ニシテ政治又ハ時事ニ關スル記事ヲ主タル目的トスルモノヲ新聞紙又ハ雜誌ト稱スルハ通常ナリト雖モ其ノ定期ナルト不定期

ナルトヲ問ハス同一題號ヲ用ヒテ繼續的ニ發行スル刊行物ハ皆新聞雜誌ニ包含ス

出版關係者ハ出版ニ付法令上一定ノ責任ヲ負フヘキモノナリ出版關係者トハ普通出版ニ在リテハ著作者發行者及印刷者ノ三者トス新聞紙出版ニ在リテハ編輯人、發行人、印刷人トス新聞紙ノ編輯人ハ普通出版ノ著作者ニ該當スルモノニシテ普通出版ノ著作者ハ一般ニ出版上ノ責任ナキニ反シ編輯人ハ新聞紙出版ニ關スル責任ヲ負フモノナルコトハ兩者ノ性質ノ異ナル所ナリ而シテ出版上ノ責任ニハ民事上ノモノト刑事上ノモノトノ二アリ刑事上ノ責任ハ出版法規違反ノ場合ニ生シ民事上ノ責任ハ出版ノ內容カ個人ヲ誹毀シタル場合ニ生スルモノトス

出版者ハ其ノ發行ニ付受クヘキ制限ノ大要左ノ如シ

第一　普通出版

(イ)內地人ニシテ文書圖畫ヲ出版セントスルトキハ著作及發行者ハ發行ノ日ヨリ到達ノヘキ日數ヲ除キ三日前ニ製本二部ヲ添ヘ警務總監部ヲ經由朝鮮總督府ニ屆出ツルヲ要ス但シ非賣品ハ著作者又ハ發行者ノミニテ屆出ツルコトヲ得又官

廳ノ出版物ハ屆出ヲ要セス唯發行前ニ製本二部ヲ送付スルヲ以テ足ル

(ロ)朝鮮人ノ出版ハ稿本ヲ添ヘテ警務部長ヲ經由シテ警務總長ニ申請シ許可ヲ得タル後ニ非ラサレハ出版スルコトヲ得ス而シテ出版シタルトキハ卽時製本二部ヲ警務總監部ニ納付スヘキモノトス

(ハ)官廳ノ文書圖畫或ハ他人ノ演說又ハ筆記ヲ出版セントスルトキ又ハ著作權ヲ有スル他人ノ著作物ヲ出版セントスルトキ申請書ニ該官廳ノ許可書又ハ演說者講義者著作權者ノ承諾書ヲ添付スヘキモノトス

(ニ)出版ノ內容ニ關シテハ左ノ制限アリ

絕對的禁止事項　犯罪ヲ曲庇シ又ハ有罪者刑事裁判繫屬中ノ者ヲ救助シ若ハ賞恤スル文書、刑事裁判ノ豫審ニ關スル事項、傍聽ヲ禁シタル訴訟ノ事項、法律ニ依リ傍聽ヲ禁シタル公會ノ議事、安寧秩序ヲ妨害シ又ハ風俗ヲ壞亂スル文書、政體ヲ變壞シ國憲ヲ紊亂セントスル文書圖畫

許可ヲ得テ內容トスヘキ事項　軍事外交其ノ他官廳ノ機密ニ屬シ公ニセサル官ノ文書圖畫及官廳ノ議事、軍事外交上機密トシテ取扱フヘキ文書圖畫

(ホ)豫約出版ハ發行者カ代金ノ全部又ハ一部ヲ前收シテ文書圖畫ヲ頒布スルノ豫約ヲ爲ス所ノ出版ニシテ普通出版ヨリ特種ノ制限アリ卽チ發行者ハ豫約手續ニ著手前一定ノ事項ヲ具シ警務部長總ヲ經由シテ朝鮮總督府ニ届出テ同時ニ規定ノ保證金ヲ納付セサルヘカラス其ノ他豫約事項ノ變更、豫約出版、廢絕承繼又ハ保證金ノ缺額ヲ生シタルトキハ直ニ届出又ハ之ヲ補塡セサルヘカラス

第二　新聞紙出版

內地人ニシテ新聞紙ヲ發行セントスルトキハ一定ノ事項ヲ記載シ發行地ヲ管轄スル警務部長ノ認可ヲ受クルヲ要ス又朝鮮人ニ在リテハ發行地ヲ管轄スル警務部長ヲ經由シ警務總長ニ請願シテ許可ヲ受クルヲ要ス卽チ朝鮮ニ於テ新聞紙發行ハ許可主義ヲ採リ內地ニ於ケルカ如ク届出主義ヲ採用セス之レ殖民地トシテ特別統治ノ必要アル所以ニシテ內地ト同一ノ法文ヲ以テ施行センカ言論ノ自由廣大ニ流レ不逞ノ徒之レヲ利用シテ治安ヲ妨害スルコトナキヲ保シ難シ斯ノ如キハ殖民政策上最モ憂慮スヘキコトナリ立法者カ特ニ從前ノ制度ヲ持續スル故アリト謂フヘシ而シテ新聞紙ノ發行ハ許可ヲ受クルト同時ニ管轄警務部ニ規定

ノ保證金ヲ納付セサルヘカラス(朝鮮人ニ在リテハ請願ノ際保證金ヲ納付セサルヘカラス)又新聞紙ノ發行人編輯人及印刷人ハ共ニ朝鮮內ニ居住シ年齡二十歲以上ノモノナルヲ要スルハ普通出版ノ關係者ニ對スル規定ト異ナル所ナリ

新聞紙ハ發行屆出ノ日ヨリ一定ノ期間內ニ發行ヲ開始シ又一定ノ期間以上其ノ發行ヲ休止スルコトヲ得ス又新聞紙ハ每號發行ト同時ニ警務總監部及管轄警務部管轄地方法院檢事局ニ各二部ヲ納付スヘキモノトス

新聞紙ニ對スル制限ノ第一ハ新聞紙ノ掲載禁止(消極的制限)ニシテ其ノ事項ハ普通出版ニ對スルモノト大差ナキヲ以テ之ヲ略ス第二ノ制限ハ法令カ或ル事項ノ掲載ヲ命スルモノニシテ(積極的制限)新聞紙ハ義務トシテ之ヲ掲載セサルヘカラス卽チ記載事項ニ付錯誤アリトシテ一定ノ條件ヲ具ヘタル書面ヲ以テ其ノ取消又ハ正誤ヲ求メタルトキ及辯駁ヲ爲シタルモノアルトキハ必ス之ニ應シテ掲載セサルヘカラス而シテ新聞紙ニ於テ其ノ要否ヲ判斷シ又ハ內容ヲ取捨スルコトヲ得サルモノトス、朝鮮ニ於ケル內地人經營新聞ノ發行ニ適用スル新聞紙規則ハ正誤權ヲ認メアルモ辯駁權ハ之レヲ認メス朝鮮人ニ適用スル新聞紙法(舊韓國ノ

法律)ハ内地新聞紙法ト同シク正誤、辯駁ノ兩權ヲ併認ス尙ホ正誤、辯駁ニ具備スヘキ條件左ノ如シ

(イ)正誤又ハ取消シ又ハ辯駁スヘキ事項カ其ノ新聞紙ニ掲載セラレタルコト

(ロ)正誤取消辯駁ハ其ノ事項ニ關スル本人又ハ直接關係アル者ヨリ要求シ且ツ要求ニハ要求者ノ住所氏名ヲ明記シアルコト

(ハ)正誤取消辯駁ノ趣旨又ハ言句カ法律ニ觸レサルコト

右ノ條件ヲ具ヘテ要求スル者アルトキハ左ノ方法ヲ以テ要求ニ應ス

(イ)次回又ハ第三回ノ發行ニ於テ掲載スルコト(朝鮮人ニ適用スル新聞紙法ニ於テハ次回發行ト限定ス)

(ロ)正誤取消書又ハ辯駁書ノ全文ヲ掲載スルコト

(ハ)原文ト同樣ノ活字ヲ用ユルコト(朝鮮人ニ對シテハ此ノ規程ナシ)

(ニ)正誤取消、辯駁書ノ字數ハ原文ノ字數ヲ程度トシ無料掲載スルコト若シ原文ノ字數ヲ超越スルトキハ其ノ新聞紙ノ定メタル普通廣告料ト同一ノ代價ヲ要求スルコトヲ得

第三　出版ニ對スル處分

普通出版物及新聞紙ニシテ安寧秩序ヲ妨害シ風俗ヲ壞亂シ又ハ規則所定ノ事項及命令ニ違反シタルトキハ警務部長ハ其ノ發賣頒布ヲ禁止シ又ハ刻版及印本ヲ差押ヘ且ツ發行ヲ抑止シ又ハ認可ヲ取消シ或ハ禁止スル所ノ行政處分ヲ爲スコトヲ得ルモノトス又朝鮮以外ノ帝國領土又ハ外國ニ於テ發行スル出版物新聞紙ニシテ特ニ朝鮮ノ治安ヲ妨害シ風俗ヲ壞亂スルモノト認ムルトキハ警務總長ハ朝鮮ニ於テ其ノ發賣頒布ヲ禁止シ之ヲ押收スルコトヲ得

尙掲載記事ニ關シ誹毀罪、損害賠償ノ特別訴訟費用及罰金不完納ノ場合ニ於テ保證金ヲ以テ充當スル等ノ罰則ノ規定アリ

第二項　銃砲火藥類取締

大正元年八月制令第三號銃砲火藥類取締令ハ銃砲火藥類ノ定義ヲ示シテ銃砲トハ軍用銃砲及非軍用銃砲（軍用銃砲ニシテ廢品處分ヲ爲シタルモノ拳銃及仕込刀劍其ノ他變裝シタル戎器ヲ含ムモノトス）ヲ謂ヒ火藥類トハ火藥、雷管、導火線其ノ他爆發質物品ヲ謂フ之レニ依テ見ルトキハ煙火燐寸、爆竹其ノ他ノ引火質物及爆發質、玩弄品ハ火藥類中ニ包含セス而シテ是等銃砲及火藥類ハ治安ニ對シ危險ナルヲ以テ嚴重取締ヲ爲サヽルヘカラサルモノトス殊

ニ朝鮮等ノ如ク新附ノ領土ニ於テハ不逞ノ徒往々名利ヲ漁セントカ爲メ國權ニ反抗ヲ試ミムトスルコト絶無ナルヲ保シ難キヲ以テ武器ノ取締ハ一層嚴密ニシ警察上遺憾ナキヲ期セサルヘカラス警察ノ最大責務殊ニ殖民地ニ在リテハ人民ヲシテ永遠無窮ニ武器ヲ使用スル機會ナカラシムルヲ以テ萬全ノ目的トスヘキナリ銃砲火藥取締令ハ銃砲火藥ヨリ生スル危險特ニ此ノ點ニ重キ著眼ヲ以テ制定セラレタルモノニシテ今同令及大正元年總督府令第二五號同令施行規則竝警務總監部令タル同令施行細則等ニ付キ其ノ大要ヲ示セハ左ノ如シ

第一　所有ノ制限　銃砲火藥ノ所有ハ原則トシテ之ヲ禁止シ例外トシテ行政官廳ノ許可ヲ得タル者ニ限リ之ヲ所有スルコトヲ許ス卽チ

(イ)軍用銃砲（軍用銃砲トハ陸海軍大臣ニ於テ軍用銃砲トシテ指定シタルモノ及千米突以上ノ距離ニ有效ニ著彈スヘキ裝置アリテ軍用ニ供シ得ヘキ銃砲チ云フ）ノ所有ハ絶對ニ禁止セラレアリト見做スヘキナリ

(ロ)非軍用銃砲（軍用銃砲ニ屬セサル總テノ銃砲チ云フ）ハ銃砲製造業者販賣營業者ニ限リ許可ナクシテ之ヲ所有スルコトヲ得ルモ此ノ以外ノ者ハ管轄行政官廳（警察署長）ノ許可ヲ受クルニアラサレハ所有スルコトヲ得ス

(ハ)火藥類ハ販賣營業者ニ限リ許可ナクシテ所有スルコトヲ得ルモ販賣營業者以外ノ者ハ管轄行政官廳（數量ニ依リ警務部長又ハ警察署長之ヲ許ス）ノ許可ヲ受クルニアラサレハ所有スルコトヲ得ス

第二　讓渡ノ制限　讓渡ノ制限モ亦相對的ニシテ許可ヲ受クルニアラサレハ讓渡スコトヲ得サルモノハ當該營業者以外ノモノニシテ營業者ハ其ノ讓渡ヲ制限セラルヽコトナキモノトス

(イ)軍用銃砲ハ絶對ニ之ヲ讓渡スコトヲ得ス

(ロ)非軍用銃砲ハ管轄行政官廳(警察署長)ノ許可ヲ受クルニアラサレハ讓渡又ハ讓受ヲ爲スコトヲ得ス但シ銃砲製造業者又ハ販賣業者ニ限リ許可ヲ要セスシテ讓渡スコトヲ得

(ハ)火藥類ノ讓渡及讓受モ亦行政官廳（數量ノ多寡ニ依リ警務部長又ハ警察署長之ヲ許可ス）ノ許可ヲ受クルヲ要ス但シ火藥販賣業者カ讓渡スル場合ニハ許可ヲ要セス

第三　製造、改造、修理販賣等ノ制限

(一)軍用銃砲ハ之ヲ製造改造修理販賣スルコトヲ得ス

(二)非軍用銃砲ニ付テハ左ノ制限アリ

(イ)製造ノ制限　非軍用銃砲ノ製造ヲ業トセントスル者ハ行政官廳警務總長ノ許可ヲ受ケサルヘカラス改造又ハ修理ヲ業トスル者ハ製造者ト見做シ同一ノ規定ニ從ハシム又製造者ハ其ノ製造改造ニ係ル非軍用銃砲ヲ官廳又ハ銃砲販賣業者其ノ他行政官廳ノ許可ヲ受ケタル者以外ニ讓渡スコトヲ得ス

(ロ)銃砲販賣業者ノ制限　非軍用銃砲販賣ヲ營業トセントスル者ハ管轄行政官廳(警務部長)ノ許可ヲ受ケサルヘカラス又之ヲ販賣スルニハ官廳銃砲製造業者銃砲販賣業者又ハ所有ノ許可ヲ受ケタル者以外ニ販賣スルコトヲ得サルハ勿論假令是等ノ者ニ對シテモ行商又ハ市場露店其ノ他屋外ニ於テ販賣スルコトヲ得ス

(三)火藥類ニ付テハ左ノ制限アリ

(イ)製造ノ制限　火藥類ノ製造ハ絕對ニ之ヲ許サス變形修理ハ管轄行政官廳(警務部長)ノ許可ヲ受クルコトヲ要ス

(ロ)火藥販賣業者ノ制限　火藥類ノ販賣業者モ亦警務部長ノ許可ヲ受ケサルヘカラス又販賣業者ハ官廳火藥販賣業者及所有ノ許可ヲ受ケタルモノ以外ニ讓渡スコトヲ得サルハ勿論是等ノモノニ對シテモ行商又ハ市場露店其ノ他屋外ニ於テ販賣スルコトヲ得ス

第四　輸移出入ノ制限　銃砲火藥類ノ輸出入又ハ移出入ハ警務總長又ハ警務部長ノ許可ヲ受ケサルヘカラス而シテ保安上又ハ軍事外交上ノ必要アリト認ムルトキハ朝鮮總督ニ於テ其ノ禁止又ハ制限ヲ爲スコトアリ

第五　營業許可ノ取消又ハ營業停止

(イ)營業許可ノ取消及其ノ效力　非軍用銃砲製造業者非軍用銃砲販賣業者火藥類販賣業者等營業ノ許可ヲ受ケタル日ヨリ一定ノ期間開業セス又ハ休業シタルトキ及是等ノ者カ法令ニ違反シ又ハ銃砲火藥類ヲ危險ノ用ニ供スルノ虞アルトキ其ノ他公安ヲ害スルノ所爲アリト認ムルトキハ行政官廳ハ其ノ營業ヲ取消スコトヲ得而シテ營業許可ノ取消ノ效力ハ朝鮮全土ニ及ホスモノトス

(ロ)營業ノ停止　行政官廳ハ銃砲製造業者銃砲商火藥商カ法令ニ違背シ又ハ銃砲火藥ヲ危險ノ用ニ供スル虞アルトキ其ノ他公安ヲ害スルノ所爲アルト認ムルトキハ其ノ營業ノ停止ヲ命スルコトヲ得而シテ營業停止ノ效力ハ朝鮮全土ニ及フモノトス

第六　授受運搬所持又ハ所有ノ禁止　行政官廳ハ公安保持上必要ナルトキハ銃砲火藥類ノ授受運搬所持又ハ所有ノ禁止ヲ命スルコトヲ得

第七　檢査及領置　銃砲火藥取締令及同施行規則ノ定ムル所ニ依リ警察官吏及憲兵ハ何人ノ所有タルヲ問ハス銃砲火藥類ノ檢査及領置ヲ爲スコトヲ得

第八　貯藏　貯藏ハ銃砲ニ付テハ之レカ規定ナキモ火藥類ニ付テハ綿密ナル規定ヲ設ケ種類又ハ數量ニ依リ貯藏所ノ設置ヲ命シ爆發盜難其ノ他ノ危險ヲ豫防セリ

銃砲火藥取締令、同施行規則、同施行細則ハ何レモ其ノ違反者ニ對シ刑罰ノ制裁ヲ規定セリ其他危險物ノ取扱方ニ就テハ大正元年總督府令第四五號火藥類船舶輸送及貯藏規則同年總督府令第四一號煙火取締規則及明治四十四年總督府令第六

六號引火質物貯藏所取締規則同年警務總監部訓令甲第一六號巡査巡査補帶劍帶銃心得同四十二年統監府令第四八號看守携銃ノ件及同四十四年勅令第二二八號朝鮮駐劄憲兵條例中憲兵ノ兵器使用ノ條項等ノ諸規定アルモ之ヲ略ス

第三項　特種ノ社團及人物ニ對スル取締

保安警察ハ一般ノ人ヲ目的トセス特ニ或ル種類ノ社團及人物ニ對シ警察權ヲ發動セシムルコトアリ卽チ或ル種類ノ社團及人物ノ存在カ直接間接ニ公共ニ危險ヲ及ホス虞レアルトキニ於テ警察上其ノ設立ノ自由ヲ制限シ又ハ居住移轉身體ノ自由ヲ拘束シ其ノ他種々ノ制限ヲ設ケテ治安ヲ維持スルコトアリ新領土ニ對シテハ憲法カ當然完全ニ其ノ效力ヲ及スト否トヲ問ハス法治國タル以上ハ內地ト同シク自由權ノ保障アルハ勿論ニシテ其ノ在住スル內地人タルト朝鮮人タルトヲ問ハサルナリ然リト雖モ是等危險ノ虞アル社團及人物ハ法令ノ規定ニ依リ制限ヲ受ケサルヘカラサルモノナリトス今朝鮮ニ於テ此種ノ法令ヲ求ムルトキハ(一)保安法(二)保安規則(三)朝鮮在留帝國臣民取締法(四)各地方警察命令タル代書人取締規則ナリ左ニ其等規則ノ內容ニ就キ少シク說明シ終リニ外國人ノ驅逐ニ付

少シク述フル所アルヘシ

第一　保安法ニ依ル取締

保安法ハ光武十一年法律第二號ヲ以テ發布セラレ主トシテ政治ニ關スル行動ノ取締ヲ目的トスルコト内地ニ於ケル治安警察法ニ比適スルモノニシテ併合ノ際ニ於ケル制令第一號及同第八號ニ依リ今尚ホ制令ニ準シ效力ヲ有スル法規ナリ而シテ其ノ範圍ハ從來之レカ適用ヲ受ケタル朝鮮人ニ限リ在住内地人及外國人ニ及ハサルハ勿論ニシテ社團ニ關スル取締ト人物ニ關スル取締ノ二ニ分タル、モノトス其ノ要領左ノ如シ

(一)結社ノ解散　結社ハ多數人カ合意ニ依リ其ノ定メタル共同ノ目的ノ爲メニ組織ヲ爲シ多少永續的タルヘキ性質ヲ有スル所ノ結合ナリ茲ニ結社ノ共同目的ト稱スルハ結社自ラ定ムルモノニシテ政治又ハ公事ニ關スルモノタルコトヲ要ス商行爲ヲ爲ス會社ノ如キハ結社ト云フヲ得ス又結社ハ必ス組織體ヲ爲シテ多少永續スヘキ性質ヲ有スルモノニアラサレハ結社ニアラス此ノ點ニ於テ集會又ハ多數運動ト異ナル

結社ノ政事ニ關スルモノハ之ヲ政社ト云ヒ政事ニ關セス公事ニ關スルモノハ非政社ト云フ所謂政事ニ關スルトハ國ノ政治ニ影響ヲ及スヘキ行爲ヲ爲スコトヲ目的トスルヲ云フ

保安法第一條ハ結社ニ關スル制限ニシテ朝鮮總督ハ安寧秩序ヲ保持スル爲メ必要ト認ムル場合ニハ何時ニテモ之レカ解散ヲ命スルコトヲ得トアリ其ノ如何ナル場合ニ安寧秩序ノ保持上解散ノ必要アルヤハ事實問題ニシテ總督ノ任意處分ニ屬ス而シテ日韓併合前ニ於テ各政社ノ解散ヲ命シタル結果現今朝鮮ニ於テハ政社タルト非政社タルトヲ問ハス結社ナルモノ存在セサルナリ

(二)集會多數運動ノ制限及解散　集會トハ或事項ヲ論談又ハ決議スル爲メ其ノ他共同ノ目的ヲ期シテ多數ノ會同スルモノヲ云フ故ニ偶然一定ノ場所ニ公衆ノ群衆スルカ如キハ共同ノ目的ヲ以テ合同シタルモノニアラサルヲ以テ集會ニアラス

集會ニハ單ニ集會ト稱スルモノト多衆ノ運動ト稱スルモノトアリ前者ハ其ノ期スル所ノ共同目的カ或事項ヲ論談又ハ決議スル爲メニ存スルモノヲ云ヒ後

者ハ行動ノ上ニ於テ或ル其ノ期スル所ノ共同ノ目的ヲ達セントスルモノヲ云フ而シテ集會ニハ政事ニ關スルモノト政事ニ關セサルモノトノ區別アリ又公衆ヲ會同スルモノト否ヤノ區別アリ又屋内ノ集會ト屋外ノ集會トノ區別アリ而シテ多衆運動ハ常ニ屋外ニ於ケル會同ニノミ存スルナリ保安法第二條ハ安寧秩序ヲ保持スル爲メ必要ナル場合ニ警察官ハ集會又ハ多衆ノ運動或ハ群衆ヲ制限禁止シ又ハ解散セシムルコトヲ得トアリ然リト雖モ我朝鮮ニ於テハ明治四十三年八月二十八日日韓併合ノ前ニ於テ統監府警務總監部令第三號ヲ以テ當分ノ内政治ニ關スル集會若ハ屋外ニ於ケル多衆ノ集合ヲ禁止スヘキ命令ヲ發セラレタリ只之レカ除外例トシテ屋外ニ於ケル説教又ハ學校生徒ノ體育運動等ノ集合ニシテ所轄警察署長ノ許可ヲ受ケタルモノハ此ノ限ニ在ラストシ即チ將來或ル時機ニ於ケル解除條件付命令ヲ發シ以テ併合ニ際シ政治上ノ集會及群衆ヨリ生スル危害ヲ豫防セリ而シテ併合後ノ今日ト雖モ引繼之レカ癈止ヲ見サルハ殖民地統治上止ムヲ得サルコトナリトス而シテ當時警務總監部令ハ統監府カ舊韓國政府ヨリ已ニ警察權ノ委托アリタルトキナルヲ以テ委

托後ニ於ケル警察命令ハ帝國政府ノ法規トシテ在住日本人及朝鮮人ニ對シ等シク效力ヲ及ホシタルモノナリ、サレハ併合後ニ於ケル該部令タル集會取締令ハ併合前存在シタル帝國法令トシテ制令第一號及同第八號ニ依リ制令ニ準シテ今尚ホ內鮮人ニ對シ效力ヲ有シ朝鮮ニ於テハ何人ト雖モ政治ニ關スル集會及屋外ニ於ケル多數集合ヲ爲シ能ハサルモノナリ尙ホ該部令ニ付テ一言センニ統監府警務總長ハ併合前ニ於テハ官制上京城府ニ對シテノミ效力ヲ及ホス部令ヲ發スルコトヲ得タルモノナリ從テ該集會取締令モ其ノ效力範圍ハ現今ニ於テモ京城府以外ニ及ホスコトヲ得サルハ勿論ナリ、サレハ朝鮮全道ニ對シ此ノ種ノ禁止法令ヲ缺クモノト云フヘシ故ニ京城府以外ニ於テハ集會結社ノ自由アリト云フコトヲ得ヘク又京城府ニ於テモ將來適當ノ時機ニ於テ之ヲ解除セラルヽヲ豫想スルニ難カラス尙ホ保安法ハ集會結社ニ付テ屆出ノ義務加入者資格等ニ關シ何等ノ明示ナキハ規定ノ不備ト云フヘシ

(三)群衆取締　前ニ述フル集會及多數運動ノ如ク共同ノ目的ヲ期シテ多數ノ會同スルニアラス偶然ニ多衆ノ集合スルトキハ之ヲ群衆ト稱ス、群衆ハ通常公安ヲ

害スルコトナシト雖モ往々ニシテ私安ヲ害シ延テ公安ニ害ヲ及ホスコト稀レナリトセス結社集會ニ關スル取締ニ付テハ内地ニ於テハ憲法上立法事項ニ屬スト雖モ群衆ニ關スル警察權ノ行動ハ必シモ法律ノ規定ヲ要スルモノニアラス故ニ朝鮮ニ於テモ制令ノ規定ヲ要セサルモノトス而シテ群衆ハ初メヨリ其ノ共同ノ目的ヲ期シテ多數ノ合同スルモノニアラサルヲ以テ結社集會ノ如ク豫メ之レカ存在ヲ認知セサルコトアルヘシ保安法第二條ハ警察官カ安寧秩序ヲ保持ノ爲メ必要ノ場合ニハ群衆ヲ制限禁止シ又ハ解散セシムルコトヲ得トシ之レニ違背シタル者ハ一定ノ處罰ヲ爲スコトヲ規定セリ

(四)居住制限　保安法第五條ハ政治ニ關シ不穩ノ動作ヲ行フ虞アリト認ムル者ニ對シ朝鮮總督ハ其ノ居住場所ヨリ退去ヲ命シ且ツ一ケ年以内ノ期間ヲ特定シ一定ノ地域内ニ犯入ヲ禁止スルコトヲ得ト規定セリ卽チ政治ニ關シ不穩ノ行爲ヲ爲ス虞アルモノハ事實不穩ノ動作ヲ行ヒタルト否ヤニ拘ラス總督ノ認定ニ依リ或ル場所ニ居住ヲ禁シ且ツ一年以内一定ノ區域内ニ居住ヲ制限シ所謂住所ノ制限ヲ爲スコトヲ得ルナリ而シテ此ノ居住制限ハ保安法ノ人ニ對スル

效力ノ關係上朝鮮人ニ限ルコトハ勿論ナリ

(五)危險物件携帶禁止及文書圖畫ノ頒布朗讀禁止　保安法第三條ハ警察官ハ結社集會多衆運動ノ場合ニ戎器爆發物其ノ他危險物件ノ携帶ヲ禁止スルコトヲ得ヘキヲ規定ス若シ禁止ニ違背シタルトキハ刑罰ノ制裁ノ外更ニ大正二年制令第二三號行政執行令ニ依リ假領置處分ヲ爲スコトヲ得ヘク又同法第四條ハ文書圖畫ノ頒布朗讀其他ノ行爲ニシテ安寧秩序ヲ紊亂スル虞アルトキハ之レヲ禁止スルコトヲ得トシテ明治四十五年總督府令第四〇號警察犯處罰規則第一條第二〇號ト牴觸スルカ如シ雖モ保安法ハ豫防ヲ目的トシテ禁止シ警察犯處罰規則ハ既發ニ對スル制裁ヲ定メタルモノナリ

(六)罰則　保安法ハ政治ニ關シ不穩ノ言動又ハ他人ヲ煽動敎唆或ハ使用シ又ハ他人ノ行爲ニ干涉シ因テ治安ヲ妨害スル者ニ對シ及結社集會居住制限命令ニ關シ違反行爲アリタルトキハ一定ノ制裁ヲ科スヘキコトヲ規定セリ

第二　保安規則ニ依ル取締

保安規則ハ明治三十九年統監府令第一〇號ヲ以テ發布アリタルモノニシテ舊韓

國在住ノ日本人ニ對シテノミ適用セラレタルモノナレハ現今ニ於テ在住內地人ニノミ效力ヲ持續スヘキハ勿論ナリ同規則ノ要領左ノ如シ

(一)住居及生業ニ關スル取締　保安規則第一條ハ一定ノ住居又ハ生業ヲ有セス平常粗暴ノ言論行爲ヲ事トスル者ニ對シ警務部長ハ一定ノ期間內ニ住居ヲ定メ又ハ生業ヲ求ムルコトヲ命スルコトヲ得ト本規定ハ住居ヲ定メ生業ヲ求ムヘキ豫告ヲ爲シ得ル權限ヲ明カニシタルモノナリ而シテ此ノ豫戒的命令ニ從ハサルトキハ同規則第十條ニ依リ制裁アリ然ルニ警察犯處罰規則ハ其ノ第一條第二號ニ一定ノ住居又ハ生業ナクシテ諸方ヲ徘徊スル者ハ拘留又ハ科料ニ處スヘキコトヲ規定セリ兩々相對應シテ保安取締上ノ目的ヲ達スルコトヲ得ヘシ

(二)辯護士又ハ訴訟代理人類似行爲ノ取締　保安規則第二條ハ辯護士又ハ訴訟代理人トシテ官許アル者ニアラサレハ報酬ヲ得又ハ得ヘキコトヲ約シテ他人ノ訴訟事項ノ委托ヲ受ケ又ハ之レニ干與スルコトヲ得スト又辯護士又ハ官許ヲ得タル訴訟代理人ト雖モ妄リニ訴訟爭議ヲ勸誘敎唆スルコトヲ得ス若シ違反

シタルトキハ制裁ヲ科セラルヽモノトス然ルニ警察犯處罰規則第一條第一八號ハ故ナク他人ノ金談取引ニ關渉シ又ハ濫リニ訴訟爭議ヲ勸誘教唆シ其ノ他紛擾ヲ惹起セシムヘキ行爲ヲ爲シタル者ハ拘留又ハ科料ニ處ストアリテ保安規則ノ規定ト撞著スル點アルヲ以テ其ノ撞著スル舊規定ハ消滅シタルモノト解スヘキナリ

(三)金品募集團體加入ノ勸誘取締　保安規則第三條ニ依レハ金品募集團體加入勸誘ニ付テハ警務部長ノ認可ヲ受クヘシトアリ然ルニ金品募集ハ明治四十四年總督府令第一三八號寄附金品募集取締規則ト牴觸スルヲ以テ消滅シ團體加入ノ勸誘ニ關スルコトノミ今尙ホ有效タルヘシ而シテ例令團體加入勸誘ノ認可ヲ得タリト雖モ之ヲ强請スルトキハ警察犯處罰規則第一條第八號ニ依リ處罰セラルヽモノトス

(四)業務妨害取締　暴行脅迫又ハ詐欺ニ渉ル手段ヲ以テ(イ)他人ノ業務又ハ其ノ他ノ行爲ヲ妨害シ又ハ(ロ)他人ノ行爲不行爲若ハ財物ヲ要求シ又ハ他人ノ進退意見ニ干渉スルコトヲ得ス之レヲ爲シタル者ニ制裁ヲ科スヘキハ保安規則ノ定

ムル所ナリ而シテ警察犯處罰規則第一條第四號第五號第八號第九號第十號第一七號等モ亦是等ノ妨害要求干渉行爲ノ或種ノモノニ關スル罰則ヲ掲ケタリ唯警察犯處罰規則ハ暴行脅迫詐欺ノ手段ニ依ラサルモノニ對スル制裁ナリ然ルニ暴行脅迫詐欺ノ手段ヲ以テ他人ノ業務又ハ行爲ヲ妨害シ、他人ノ行爲不行爲若ハ財物ヲ要求シタルトキハ純然タル刑法上ノ罪質ヲ具備スルモノナルヲ以テ行政法規タル保安規則ノ示ス所ノモノハ刑法罰ヲ科スルニ至ラサル程度ノ暴行脅迫又ハ詐欺ヲ稱スルモノト解スルヲ至當ト信ス

(五)不當價格ノ取締　保安規則第六條ニ依レハ財物ヲ賣買シ又ハ勞力ヲ需給スルニ當リ暴行脅迫又ハ詐欺ニ渉ル手段ヲ以テ其ノ價格ヲ不當ニ增減スルコトヲ得ス之レニ違反シタル者ハ制裁ヲ科セラル然ルニ警察犯處罰規則第一條第五號ハ强テ勞力ヲ供給シテ報酬ヲ求ムル者ヲ罰シ又其ノ第十二號ハ財物ヲ賣買シ又ハ勞力ヲ受給スルニ當リ不當ノ代償ヲ請求シ若ハ相當ノ代償ヲ支拂ハスシテ不正ノ利ヲ圖リタル者ニ對シテハ拘留又ハ科料ニ處スル規定アリ兩者ノ差ハ暴行强迫詐欺等ニ依ルト否ヤニ在リ尚ホ刑法トモ對照スルヲ要ス

(六)高利及不當報酬ノ取締　保安規則第七條ハ財物ノ貸借又ハ其ノ周旋ヲ爲スニ當リ利子手數料其ノ他名義ノ如何ニ拘ラス不當ノ高利又ハ報酬ヲ要求スルコトヲ得ス之ニ違反シタル者ハ制裁ヲ科スヘキ規定ナリ玆ニ所謂不當ノ高利及報酬ト云フハ朝鮮ノ經濟狀態及作爲ヨリ生スル利益ニ依リ一概ニ斷定シ難シト雖モ利子ニ付テハ明治四十四年制令第二號利息制限令ノ規定ヲ超過シタルモノハ高利ナリト推定スルコトヲ得ヘシ何トナレハ利息制限令ハ朝鮮ノ經濟狀態ヲ以テ制限令以下ノ範圍內ニ於テ定ムヘキヲ至當トシタルモノナリト認ムルコトヲ得ヘケレハナリ頃日世ノ所謂高利貸者ヲ取締ル法令ナキヲ云フ者アレトモ高利貸者ニシテ任意提供ニ因ラサル不當ノ利子ヲ要求シタル證迹アルニ於テハ本規定ヲ適用スルトキハ大ナル不便ナカルヘシト信ス

(七)公職周旋ノ取締　保安規則第九條ハ公職ヲ得ルノ周旋ヲ爲スカ爲メ金錢其ノ他ノ報酬ヲ受ケ又ハ受クルコトヲ約スルコトヲ得ス之レニ違反シタル者ハ處罰セラル丶モノトス

(八)以上ノ外保安規則ハ債務ノ辨濟ヲ受クル爲メ暴行脅迫又ハ詐欺ニ涉ル手段ヲ

用ヒ若ハ身體ノ自由ノ拘束ヲ禁シ及新聞紙ノ取締ニ關スル規定ヲ掲ケアリト雖モ是等ハ刑法又ハ新聞紙ノ法令ト對照シ研究セラルヘシ

第三　朝鮮在留帝國臣民取締法

本取締法ハ明治二十九年法律第八〇號ヲ以テ發布セラレ今日尚ホ在鮮ノ内地人ニ對シ效力ヲ有スルモノトス本取締法ノ唯一ノ威力ハ特定ノ者ニ對シ一定ノ期間朝鮮ニ在住スルコトヲ禁止スルニアリ之レ明カニ臣民ノ自由權ノ制限ニシテ重大ナルコトナリトス凡ソ帝國臣民ヲ帝國ノ領土タル朝鮮ニ居住スルコトヲ禁止スルハ頗ル奇怪ノ感ヲ起スモノニシテ彼ノ保安法カ政治ニ關スル不穩ノ行爲アル朝鮮人ヲ一定ノ土地ニ移シテ其ノ住居ヲ制限スルト相竝ヒ特異ナル制度ナリトス蓋シ殖民地ニ渡來スル母國人中ニハ往々奇異ヲ夢想シテ同化發展ヲ阻害スル不逞ノ徒尠ナカラス是等ニ對シ内地ノ如ク一般警察上ノ取締ヲ以テ強制スルハ悠長迂遠ノ嫌アリテ寧ロ排除ノ手段ヲ採ルヲ以テ優レリトス之レ本法ノ廢止論者アルニ拘ラス持續セラルル所以ナルヘシ左ニ此ノ内容ニ付説明ス

(一)退去命令　朝鮮在住ノ内地人ニシテ朝鮮ノ安寧ヲ妨害セントシ又ハ風俗ヲ紊

亂セントスル者アルトキハ一年以上三年以下在留ヲ禁止ス在留ヲ禁止セラレタル者ハ十五日以內ニ退去スヘキモノトス

而シテ已ニ安寧ヲ妨害シ風俗ヲ紊亂シタル者ニ對シテハ犯罪者トシテ一定ノ處罰ヲ科スルカ故ニ退去ヲ命スルノ限リニアラサルカ如シト雖モ退去ヲ命スルハ豫防ヲ目的トスル行政處分ニシテ敢テ違反行爲ノ有無ニ拘ラス危險ノ虞アル人物ニ對シテ警務部長ノ認定ニ依ルモノニシテ科刑後タルト否ヤヲ問ハス必要ニ應シ其ノ處分ヲ爲スコトヲ得ヘク從テ科刑ノ終結シタルヲ原因トスル一事不再理ノ原則ヲ適用セサルモノトス

退去命令ニ違反シテ退去セス又ハ在留禁止期間ヲ冐シ再渡シタル者ニ對シテハ刑罰ノ規定アリ而シテ尙ホ退去命令ヲ肯セサルトキハ無論公力ニ訴ヘ强制手段ヲ以テ在留禁止ヲ實行スルコトヲ得ルモノナリ

(二)退去命令ノ執行猶豫　被在留禁止者ニシテ退去期間內ニ退去シ難キ正當ノ理由(例ヘハ病氣ノ如シ)アルトキ又ハ營業上若ハ其ノ他ノ關係ニ依テ退去シ難キ事情アルトキハ其ノ理由ヲ具シ警務部長ニ執行猶豫ヲ申立ツルコトヲ得ルモ

ノトス警務部長ニシテ申立カ正當ノ理由アリト認ムルトキハ保證金ヲ提供セシメ又ハ提供セシメスシテ或ル期間猶豫ヲ與フルコトヲ得ルモノトス而シテ其ノ猶豫期間内ニ再ヒ在留禁止スヘキ擧動アリト認ムルトキハ右ノ保證金ヲ沒收シ猶豫期間ヲ取消スコトヲ得ルハ猶豫官廳ノ權内ニ屬ス

(三)退去命令ニ對スル不服申請　退去命令ナル行政處分ハ事實ノ誤認ニ出テ又ハ私情ノ感憤ニ驅ラレタル不當ノ處分ナキヲ保セサルナリ之ヲ救濟スル爲メ其ノ命令ニ對シ不服ナル者ハ退去命令ヲ受ケタル日ヨリ三日以内ニ不服ノ申立ヲ爲スコトヲ得此ノ申請ハ處分ヲ爲シクル官廳ヲ經テ該命令ノ取消ヲ目的トシテ朝鮮總督ニ提出スルモノトス而シテ不服申請カ處分官廳ヲ經由セシムル所以ハ當該官廳カ命令ノ正當ヲ辯明シ反對意見ヲ附セシムルノ便宜ニ出テタルモノニシテ總督ハ之レニ對シ取消シ又ハ却下ノ決定ヲ與フルモノトス總督ノ爲ス決定ハ初審ニシテ且ツ終審ナルヲ以テ直ニ確定スルノ效力ヲ生シ例令之レニ不服ナリトスルモ他ニ訴フル途ナキナリ

退去命令ニ對シ不服ノ申請アリト雖モ之レカ爲メ退去命令ノ執行ヲ停止スヘ

キモノニアラス蓋シ官廳ノ發シタル命令ハ之ヲ取消サヽル迄ハ常ニ正當ノモノト看做サルヽモノニシテ且ツ被退去者カ名ヲ不服ノ申請ニ藉リ處分上ノ澁滯ヲ來サシムルノ虞レアレハナリ

(四)退去命令ノ免除　朝鮮在住ヲ禁止セラレタル者ト雖モ時ニ或ハ前非ヲ悔ヒ改悛ノ狀顯著ナルモノ又ハ被退去者ヲ管轄スル本籍地方長官ノ證明アルトキハ處分官廳ハ期間內ト雖モ退去ヲ免除スルコトヲ得ルモ此ハ素ヨリ處分官廳ノ職權ニ屬スル任意的ノモノトス

本法ノ適用ヲ受クル者ハ內地人ノミニシテ朝鮮人ニハ本法ノ如キ居住禁止ノ規定ナシ是レ朝鮮人ハ朝鮮ヲ以テ郷關トスルモノニシテ朝鮮內ニ住居ヲ禁止セラレタルトキハ歸ルニ家ナク益浮浪ノ徒タラシムルヲ以テナリ故ニ保安法ニ依リ居住ノ制限ヲ受ケタル朝鮮人ト雖モ朝鮮ノ領域以外ニ制限スルコトヲ得サルハ勿論ナリトス

第四　代書人取締

代書人ニ對スル取締ハ各道警務部令ヲ以テ之カ規定ヲ設ケラレアリ從テ各道ニ

依リ多少取締ノ方針ヲ異ニストモ雖モ代書人トハ他人ノ委託ヲ受ケ料金ヲ得テ文書圖畫ノ代書ヲ業トスル者ニシテ朝鮮ニ於テハ内地人及朝鮮人ニシテ之レニ從事スル者頗ル多ク而カモ法令ヲ辨スルニアラスシテ漫リニ之レニ從事シ訴訟ノ教唆煽動及鑑定ヲ爲シ或ハ他人ノ訴訟行爲ニ干渉シテ辯護士ノ職務ヲ妨害スルノミナラス延ヒテ一般ニ危害ヲ及ホスコト往々ニシテ之レアリ嚴重ナル取締ヲ要スルモノナルヲ以テ各道共犯罪ノ前科者及素行不良者ハ之ヲ許可セサルモノノ如シ尚ホ代書人ニ關スル制限ノ大要左ノ如シ

(一)訴訟及非訟事件ノ教唆鑑定勸誘紹介仲裁ヲ爲シ其ノ他紛議事件ニ關與スルヲ得ス

(二)土地家屋ノ賣買讓渡債權取立人事周旋等ニ關與スルコトヲ得ス

(三)名義ノ如何ニ拘ラス所定ノ代書料以外ニ報酬ヲ請求シ又ハ之ヲ受ケ若ハ濫リニ文書ノ紙數ヲ多クシ料金ヲ貪ルコトヲ得ス

(四)他人ノ印顆若ハ署名又ハ捺印シタル用紙ヲ所持スルコトヲ得ス

(五)虛僞又ハ委託人ノ意ニ反シタル文書ヲ作成スルコトヲ得ス

(一六)業務ニ依リ知得シタル他人ノ祕密ヲ漏洩スルコトヲ得ス
(一七)其ノ他業務ヲ利用シ公安ヲ害スヘキ行爲ヲ爲スコトヲ得ス
其ノ他代書事件簿ノ檢閱代書人ノ許可取消又ハ業務停止罰則等ノ規定アリ以テ代書者ナル特種ノ人ニ對シ取締ヲ爲スモノトス

第五　外國人驅逐

我國ノ版圖內ニ來ル外國人ニシテ帝國ノ公安ヲ害シ又ハ帝國ノ存立ニ危害ヲ加ヘントスル行爲アルトキハ國家カ自己自衞ノ國權ニ基キ之レヲ國外ニ放逐シ害ヲ根底ニ絕ツノ方策ヲ採ラサルヘカラス蓋シ刑事法上ノ制裁ハ之ヲ科スルニ自ラ條件アリ程度アルカ故ニ之ヲ以テ國安保持上萬全ノ措置ヲ盡セリト謂フヲ得ス而シテ外國人ニ對スル驅逐權及入國禁止ハ國權ノ發動ニ外ナラスト雖モ行政警察權ノ作用ニ屬シ事苟クモ國際ニ關シ外國人ノ居住自由ヲ制限スル至大ノ問題ニシテ之レカ決定權ハ外交ノ統一上外務大臣ノ權限ニ屬スト雖モ之レカ材料ハ一ニ警察官ノ聚集ニ依ラサルヘカラス特ニ我朝鮮ノ如キ隣邦人ノ入來夥シキノミナラス國際交通ノ要衝ニ當ル地ニ在リテハ之レカ研究ヲ忽諸ニ付スヘカラ

サルモノアリ

外國人驅逐及入國禁止ノ要件ニ關シテハ未タ一般ニ涉ル規定存在セス從テ如何ナル場合ニ外國人ニ退去ヲ命シ驅逐權ヲ實行シ又ハ入國ヲ拒止シ得ヘキヤハ國法上明言スルニ由ナシト雖モ國家ノ公安ヲ保持スルノ目的ニ於テ此ノ權ノ存在スルハ多辯ヲ要セサルナリ卽チ外國人カ我國法ヲ遵守スル限リハ力メテ之ヲ保護スル必要アリト雖モ苟クモ國法ニ違背シテ政治上ノ一大要件タル公安ヲ害スル行爲アルニ至リテハ啻ニ之レニ保護ヲ加フル必要ナキノミナラス宜シク之ヲ國外ニ放逐シ又ハ入國ヲ禁止シテ害ヲ未然ニ防カサルヘカラス

凡ソ條約ニ依リテ得タル條約國民ノ居住ノ自由ハ條約上得タル絶對ノ權利ニアラスシテ苟クモ居住國ノ安寧秩序ヲ害シ風俗ヲ壞亂スルカ如キ公安ニ伴ハサル行爲アランカ條約上ノ保護ヲ與フル要ナキノミナラス國家ハ之レニ對シ適宜ノ防禦策ヲ講セサルヘカラス之レ國際條約ノ裏面ニ於ケル當然ノ效果ニシテ驅逐及入國禁止權ヲ行フ餘地實ニ此ニ存ス而シテ驅逐ノ方法及入國禁止ノ手段ニ在リテハ主權國ノ任意ニ屬シ豫メ一定ノ法理ナシ又夫ノ無條約國民及無國籍者タ

ル勞働者ニ對シテハ博愛主義通則ニ基キ或一定ノ場所ニ居住セシムルモ其ノ以外ノ地ニハ猥リニ居住ノ自由ヲ許サス之レ固ヨリ入國禁止ノ例トハ自ラ見解ヲ異ニスト雖モ勿論我國權ノ自由ニ屬スルモノニシテ明治四十三年統監府令第五二號居住ノ自由ヲ有セサル外國人勞働者取締ニ關スル件ハ之レカ制限ヲ明示シタルモノナリ詳細ハ別ニ涉外的行政ノ篇ニ於テ述フル所アルヘシ

第四項　遺失物

遺失物トハ何人ノ占有ニモ屬セサル場合ノ他人ノ所有動產ヲ云フ故ニ占有者カ故意ニ抛棄シタル物ハ已ニ所有者ナキ者ナレハ之レ遺棄物ニシテ遺失物ニアラス遺失物ハ遺失タル事實ニ依リ權利ノ主體ニ影響ヲ及ホサス其ノ所有權ハ依然遺失者ニ存在ス故ニ遺失物ヲ拾得シテ隱匿シ所有者ニ還付セス又ハ官署ニ申告セサル不行爲ハ刑罰ノ制裁ヲ受ク元來遺失物ヲ拾得スルハ不法ニアラサルノミナラス拾得シテ之ヲ遺失者ニ返還スルハ德義上サモアルヘキコトナリ而シテ之ヲ發見シテ拾得セサルモ何等警察上ノ取締ヲ受ケサルモ一旦拾得行爲アリタル以上ハ之ヲ還附又ハ申告セサル危害ノ取締ハ行政警察ノ範圍ニ屬ス遺失物ニ付テハ

明治四十五年制令第二三號ニ依リ明治三十二年法律第八七號遺失物法ニ依ルヘキ旨ヲ發布セラレタリ遺失物法ハ遺失物ニ關スル拾得者ノ義務及之レニ關スル行政處分ヲ規定シ之レト同時ニ之レニ關スル私權ノ得喪ヲ規定シタルモノナリ廣ク遺失物ト云ヘハ埋藏物ヲ包含ス埋藏物トハ他人ノ占有セル地上ノ内ニ伏在スル動產ニシテ之レニ關シテハ例外ノ場合ヲ除クノ外遺失物法ヲ適用スヘキモノトセリ

第五項　營業其他ノ取締

營業トハ利益ヲ得ルコトヲ目的トスル行爲ヲ繰返スコトヲ云フモノニシテ私法ノ區域ニ屬スルモノナリ故ニ官吏ノ職務上ノ行爲ハ營業ニアラサルハ勿論ナリ又法令ノ禁セサル營業ハ一個人ノ自由ナリ而シテ法令ノ禁スル行爲ハ法律上營業ト爲スコト能ハス

營業夫レ自身ハ法令ノ禁スル所ニアラサルモ營業ノ性質上安寧秩序ニ害アルノ虞アルモノ若クハ善良ノ風俗ヲ紊ルモノハ警察上其ノ營業行爲ヲ制限シテ之レヲ取締ルノ必要アリ營業警察トハ營業ヨリ生スルコトアルヘキ危害ヲ豫防排除

スル警察權ノ發動ナリ警察上取締ルヘキ營業ハ之ヲ自由ニ放任スルトキハ營業ノ性質上安寧秩序ヲ害シ又ハ風俗ヲ紊亂スルノ恐レアルカ故ニ是等ノ營業ヲ爲スニハ豫メ警察官廳ノ許可ヲ受ケサレハ之レヲ爲スコトヲ得ス而シテ許可ヲ與フルニハ一定ノ條件ヲ要ス此ノ條件ヲ具備スルニアラサレハ許可ヲ與フルコトヲ得ス許可ノ條件ハ營業ノ性質ニ依リテ異ナリ人ニ關スル資格（例ヘハ人力車夫ノ如シ）ト營業ニ要スル設備（例ヘハ旅人宿ノ如シ）ヲ要スルモノアリ又許可ニ一定ノ條件ヲ要セサルモノアリ此ハ出願人ノ何人タルヲ問ハス單純ニ之レニ許可ヲ與フルモノニシテ取締上何人カ營業者ナルヤヲ知ルノ必要ニ過キサルナリ

營業警察ニ於テ取締ルヘキ事項ハ其ノ營業ノ性質ニ依リ異ナリ主トシテ犯罪ヲ檢擧スル司法上ノ目的ノ爲メニスルモノハ例ヘハ質屋取締令（明治四十五年制令第三號ニ依リ內地ニ於ケル明治二十八年法律一八號質屋取締法ヲ內容トセリ）古物商取締令（明治四十五年制令第二號ニ依リ明治二十八年法律第二八號古物商取締法ヲ內容トセリ）宿泊及居住規則（明治四十四年總督府令第七五號）ノ如シ又主トシテ風俗上ノ目的ヲ以テ取締ルモノアリ例ヘハ料理店貸座敷劇場寄席等ノ如シ或ハ主トシテ火災其ノ他ノ危險ヲ豫防スルノ目的ヲ以テ取締ルモノアリ例ヘハ湯屋業火藥商ノ如シ或ハ衛生上

ノ目的ヲ以テ取締ルモノアリ藥品商又ハ特種ノ飲食物販賣商ノ如シ又荷車馬車人力車ノ營業者ニ對シテハ屆出ノ義務ヲ負ハシメ車體檢査ノ制限ヲ設ケ尙ホ車ノ構造積荷ノ制限等ヲ爲ス要スルニ其ノ取締ノ目的ハ其ノ營業ノ性質ニ由リテ異ナルカ故ニ宜シク各營業法規ノ精神ニ因リテ之ヲ甄別セサルヘカラス而シテ警察上ノ取締ヲ要スル營業ノ法規ハ質屋古物商ノ取締令ヲ除クノ外ハ制令ニ依ラスト雖モ總督府令又ハ警務總監部令ヲ以テ朝鮮ヲ劃一的ノ規定ヲ以テ取締ルモノアリト雖モ多クハ地方ノ實情ニ適スル如ク地方警察ノ命令ニ由リテ制定セラルヽカ故ニ是等ノ法規ヲ茲ニ概括シテ說明スルヲ得ス且ツ其ノ法規ハ以上ノ法理ニ依リ其ノ精神ノアル所ヲ了解シ得ヘキヲ以テ說明ヲ省ク中央警察命令ヲ以テ全道劃一ニ規定セラレタル法規ノ大要左ノ如シ

一、煙火取締規則（大正元年總督府令第四一號）
一、引火質物貯藏所取締規則（明治四十四年總督府令第六六號）
一、宿泊及居住規則（明治四十四年總督府令第一一號）
一、寄附金品募集取締規則（明治四十四年總督府令第一三八號）
一、荷車取締規則（大正二年總督府令第五四號）
一、人力車取締規則（大正三年警務總監部令第四號）
一、馬車取締規則（大正三年警務總監部令第五號）
一、信用告知業取締規則（大正二年總督府令第六五號）

一、懸賞富籤類似其他投票募集等取締ニ關スル件（明治四十四年總督府令第四九號）

其ノ他助長行政ニ伴フ警察上ノ取締ニ付テハ別ニ述フル所アルヘシ

第二款　救災警察

災害ノ種別ハ千差萬別一ナラスト雖モ其ノ重ナルモノハ火災水害及水難トス左ニ之ヲ分説スヘシ

第一　火災

火災ノ豫防及救護ヲ爲スニハ先ツ火災ノ媒介ト爲ルヘキ危險ナル燃燒物ノ取締及建築ノ制限ニ由リ之ヲ豫防スルコトヲ要ス各種ノ火藥石油燐寸等ノ取締各種營業者ノ建築ノ制限ヲ爲スハ之レカ爲メナリ

火災ノ救護ニ從事スルモノハ消防組ナリ

火災ノ消防ハ特ニ規定スルモノ少ナシト雖モ地方警察ノ權限ニ屬ス警務部長ハ警察署長ヲシテ其ノ管內ノ消防組ヲ指揮監督セシムルコトヲ得ヘシ

第二　水害

水害ノ豫防ニ關シ朝鮮ニ於テハ未タ適切ナル法令ノ發行ナク僅カニ河川取締規

則森林令、水利組合條例等アルモ河川ヨリ起ル水害ヲ直接ニ豫防排止スヘキ規定ニアラサルナリ唯々森林令ノミハ水源涵養ノ爲メ保安林ヲ設置シテ濫伐ヲ禁スルノミ故ニ實際ニ於テハ是等ノ危險ヲ排除スルハ一般警察權ノ範圍及行政執行令ニ基キテ活動セサルヘカラス

第三　水難

遭難船舶救護ノ事務ハ朝鮮ニ於テハ大正三年制令第一二號水難救護令ニ依リ明治三十二年法律第九九號水難救護法ニ依ルモノトセラレアリテ警察官吏之ヲ掌理ス面長ハ警察官吏ヲ補助シ警察官吏現場ニアラサルトキハ之レニ代リ救護ノ職務ヲ執行スルモノトス

救護ハ船長ノ意ニ反シテ之ヲ爲スコトヲ得スト雖モ警察官吏面長ハ船長カ人命ヲ保護スル手段不充分ナリト認ムルカ又ハ船長ニ惡意アリト認ムルトキハ船長ノ意ニ反シテ相當ノ處分ヲ爲スコトヲ得

救護ノ爲メ必要ナルトキハ人ヲ召集シ船舶車馬其ノ他救護ニ必要ナル物件ヲ徵用シ又ハ他人ノ土地ヲ使用スルコトヲ得救護ノ爲メ召集セラレタル者ハ警察官

吏及面長ノ指揮ニ從ハサルヘカラス
救護ニ際シ警察官吏ハ現場ニ居ルヲ不必要ナリトスル者又ハ救護ノ妨害ヲ爲ス者又ハ救護ニ際シ不正ノ行爲ヲナス者ト認ムル者ハ其ノ現場ヨリ退去セシムルコトヲ得又救護ニ際シ暴行ヲ爲シタル者ハ其ノ身體ヲ拘束スルコトヲ得是等ノ處分ヲ爲スニ當リ必要ナルトキハ何人ニ對シテモ其ノ助力ヲ命スルコトヲ得助力ノ命ヲ受ケタル者ハ之ヲ拒ムコトヲ得ス是等ノ命令ニ從ハサルトキハ更ニ所定ノ刑罰ニ處セラルヽモノトス
救護ニ際シ遭難物件ヲ隱匿シタル者ト認ムルトキハ其ノ物件ヲ捜索シ又ハ之ヲ差押フルコトヲ得其ノ他詳細ハ水難救護法ニ依リ研究スヘシ

第四　其ノ他ノ災害

以上ノ外海嘯地震等ノ災害ニ關シテハ一般ノ法規ナキヲ以テ保安警察上當然ノ權限ニ基キ適當ナル處分ヲ爲スモノトス卽チ保安警察ハ人民ノ凶害ヲ防護シ安寧ヲ保全スル一般ノ權限ニ因リ其ノ權限ノ範圍ニ於テ自由裁量ニ依リ臨機適當ナル必要ノ處置ヲ爲スヘク尙ホ大正三年總督府令第一三〇號行政執行令施行規

則第一條ハ行政執行令第四條ハ天災事變ニ際シテハ他人ノ土地物件ヲ使用シ又ハ其ノ使用ヲ制限シ及處分スル等必要ナル措置ヲ爲スヲ得ヘキ規定アリ

第五節　犯罪卽決

犯罪ノ卽決ハ明治四十三年制令第一〇號犯罪卽決例ニ依ル司法權ノ例外ナリ卽チ朝鮮在住民ハ裁判所令ノ定メタル判事ノ裁判ヲ受クルノ原則ニ對スル例外ニシテ卽決官廳タル警察署長又ハ其ノ事務ヲ取扱フ憲兵分隊長及同分遣所長カ其ノ管轄區域內ニ於ケル特定ノ犯罪ニ對シ科刑ヲ言渡スモノナリ卽チ司法事務ヲ行政處分ヲ以テ處理スルモノナリ故ニ卽決裁判ハ其ノ事務ノ性質ヨリ見ルトキハ司法事務ニシテ權限行使ノ作用卽チ形式上ヨリ論スルトキハ行政處分ナリト謂フコトヲ得凡ソ文明國ノ裁判ハ必ス訴訟主義ニ依リテ制定セラレタル機關ニ依リテ行ハルヽコトヲ要ス警察署長等ノ爲ス卽決裁判ニハ原告ナルモノナク警察署長カ自ラ訴ヘ自ラ審理スルモノニシテ被告人ハ當事者タル地位ヲ有セサルモノト云フヲ得ヘク從テ眞ノ裁判ト稱スルヲ得ス一ノ行政處分ナリ又警察署長

ノ爲シタル卽決處分ニ對シテハ裁判所ニ正式裁判ヲ請求スルコトヲ得ルヲ以テ此場合ニ於テモ判事ノ裁判ヲ受クル權ヲ奪ハルモノニアラスシテ畢竟通常裁判所タル法院ノ裁判ヲ受クルト云フ原則ニ對シ國家竝ニ人民ノ便宜上例外規定ヲ設ケタルモノト云フヘキナリ

內地ニ於ケル卽決官署ハ其ノ處分ノ範圍ハ警察犯處罰令又ハ地方警察罰ニシテ其ノ權限ハ違警罪ニ限ラルヽモ朝鮮ニ於テハ違警罪ハ勿論特定シタル三ケ月以下ノ懲役又ハ禁錮ニ處スヘキ犯罪ヲ卽決スルコトヲ得其ノ權限內地ニ比シ遙カニ擴張セラレアリ左ニ犯罪卽決例ノ規定セル法則ノ大要ヲ說明セン

第一　卽決官署　卽決官ハ卽決例第一條ニ依リ卽決官署ノ長タル警察署長又ハ其ノ職務ヲ取扱フ憲兵分隊長及同分遣所長ナリトス

第二　卽決官署ノ土地ノ管轄　卽決官署ノ土地ノ管轄ハ總督府令ヲ以テ規定セラレタル各其ノ官署ノ行政管轄區域內ニ限ルモノニシテ管轄區域外ニ於テ犯サレタル罪ハ例令犯人カ其ノ管轄內ニ住ルト雖モ之ヲ卽決スルコトヲ得サルモノトス然リト雖モ卽決官署ノ管轄內ニ於テ犯サレタル罪ナルトキハ犯人カ

假令他ノ管轄區域內ニ在ルト雖モ之レニ對シ卽決言渡ヲ爲スコトヲ得

第三　卽官署ノ事物ノ管轄　卽決例第一條ハ其事物ノ管轄ヲ左ノ如ク指定セリ

(甲)拘留又ハ科料ノ刑ニ該ルヘキ罪　刑罰法規中拘留又ハ科料ニ處スト規定シタル一切ノ犯罪ハ卽決ヲ爲スコトヲ得然レトモ懲役禁錮罰金ノ刑ニ處スヘキ罪ヲ裁量シテ拘留科料ニ處スルコトヲ得ス

(乙)賭博罪　總テノ賭博罪ヲ管轄スルニアラスシテ主刑三ヶ月以下ノ懲役又ハ百圓以下ノ罰金若クハ科料ニ處スヘキモノニ限ル卽チ犯行ニシテ三ヶ月以下ノ懲役百圓以下ノ罰金拘留又ハ科料ニ處シ適當ナリト卽決官ニ於テ認定シタルトキハ例令刑法第一八五條第一八六條前項ニ依リ千圓以下ノ罰金三年以下ノ懲役ニ處スヘキ賭博行爲アリシト雖モ之ヲ三ヶ月以下百圓以下ノ罰金ニ卽決ヲ爲シ得ヘキ裁量ノ餘地アルモノトス

(丙)傷害ニ至ラサル毆打罪　卽チ刑法第二〇八條ノ罪ニシテ三ヶ月以下ノ懲役若クハ五十圓以下ノ罰金ニ處スヘキモノヲ除キ其ノ拘留科料ニ處シテ適當ナリト認ムルモノニ限リ卽決スルコトヲ得ルモノトス

(丁)行政法規違反罪　行政諸規則ノ違反罪ハ主刑三ケ月以下ノ懲役禁錮又ハ百圓以下ノ罰金又ハ拘留科料ニ處スルヲ至當ト認メタルモノハ其ノ種類ノ何タルヲ問ハス即決スル管轄權ヲ有ス但シ鑛業法規違反者ニ限リ朝鮮總督之ヲ處分スヘキ内規的訓令アリ

第四　即決言渡ノ方式　即決官署長ハ即決處分ヲ爲スコトヲ得ヘキ犯罪ヲ自ラ訴ヘ(事實ハ補助機關タル警部巡査巡査補等ノ告發ニ係ルモノ多キモ此ハ署長ノ補助機關ナルヲ以テ署長自身ノ行爲ト見ルコトヲ得ヘシ)自ラ審理スルモノニシテ其ノ裁判ハ普通ノ裁判ニ依ラス被告人ノ陳述ヲ聽キ證據ヲ取調ヘ直ニ裁判ノ言渡ヲ爲スヘキモノニシテ訴訟法上ノ諸原則ニ依ルコトヲ要セサルモノトス故ニ直接審理自由心證主義等證據方法上ノ主義ヲ用ウルコトヲ要セサルハ勿論公開主義當事者審理主義等モ行ハレス且ツ裁判行爲ヲ爲スニ付被告人ヲ呼出スト否トハ即決官署ノ自由ニ屬ス

被告事件ノ言渡書ハ即決例第四條ニ依リ被告人ノ氏名、年齡、身分、職業、住所、犯罪ノ事實、適用シタル法條、言渡シタル刑、正式裁判ヲ請求スルコトヲ得ヘキ期間、言渡ヲ爲シタル官吏ノ官職氏名及年月日ヲ記載スヘキモノニシテ若シ被告人ヲ呼出サス又ハ呼出スモ出頭セサルトキハ同例第二條第二項ニ依リ言渡書ノ謄本ヲ本人又ハ其ノ住所ニ送達スルコトヲ得ルモ即決官署長ニシテ送達スルノ必要ナシト認ムルトキハ必スシモ送達ヲ要セス即決ハ言渡ニ依リ其ノ效力ヲ發生ス

第五　即決言渡ノ效力　言渡ノ效力左ノ如シ

(イ)即決言渡ヲ受ケタル時ハ正式裁判ヲ請求スルコトヲ得ル期間ノ進行ヲ始ムルモノトス

(ロ)懲役ノ即決言渡ヲ受ケタル被告人ニ對シテハ即決官署長ハ拘留狀ヲ發スルコトヲ得

(ハ)拘留ノ言渡ヲ爲シタル場合ニ於テ必要ト認ムルトキハ即決官署長ハ正式裁判ヲ請求スルコトヲ得ル期限内被告人ヲ留置ス但シ言渡シタル刑期ニ相當スル日數ヲ過クルコトヲ得ス此ノ場合留置日數ハ之ヲ拘留ノ刑期ニ算入ス

(ニ)罰金又ハ科料ノ言渡ヲ爲シタルトキハ其ノ金額ヲ假納セシム完納セサルトキハ一圓ヲ一日ニ折算シテ被告人ヲ留置ス（一圓ニ滿タサルモ尙ホ一圓ニ計算ス）此ノ場合ニ於

ケル拘留日數ハ一日ヲ一圓ニ折算シテ之ヲ罰金又ハ科料ノ刑ニ算入ス

第六　正式裁判　正式裁判ヲ請求スル手續左ノ如シ

(イ)即決ノ言渡ヲ受ケタル者之ニ不服ナルトキハ正式裁判ヲ請求スルコトヲ得

(ロ)正式裁判ハ通常裁判所タル地方法院又ハ其ノ支廳ニ對シテ之ヲ請求スルモノトス

(ハ)正式裁判請求ノ手續ハ即決官署ニ正式裁判申立書ヲ差出シテ之ヲ爲スモノニシテ其ノ申立ハ正式裁判請求期間内ニ即決官署ニ到著スルコトヲ要ス然ラサレハ申立ハ不適法トナル而シテ其ノ期間ハ言渡シアリタル日ヨリ三日ナルヲ通則トシ只第二條第二項ニ依リ言渡書謄本ヲ送達シタルトキハ送達アリタル日ヨリ五日トセリ

(ニ)申立書ヲ期間内ニ即決官署ニ提出シタルトキハ事件ハ當然裁判所ニ繫屬ス故ニ申立ヲ受ケタル官署ハ速ニ訴訟ニ關スル一切ノ書類ヲ檢事ニ送致セサルヘカラス尙ホ正式裁判請求ノ效果トシテ事件カ當然裁判所ニ繫屬スル理由ハ刑事訴訟法ノ範圍ニ屬スルヲ以テ之レカ說明ヲ略スルモ此ノ場合檢事

ノ公訴提起ヲ俟タス被告人ノ正式裁判申立ト同時ニ公訴起ルモノニシテ此ノ場合ノ公訴ハ申立ヲ條件トシテ當然起訴セラレタルモノトス

(ホ)正式裁判ヲ請求シタル結果法院カ呼出狀ヲ送達シタルトキハ留置ヲ解クモノトス

第七　即決言渡ノ確定

(イ)確定力發生ノ時期　即決例第五條第一項ニ依リ一定ノ期間内ニ被告人カ正式裁判ヲ請求セサルトキハ確定ス卽チ期間滿了ト同時ニ確定力發生スルモノトス而シテ正式裁判ヲ請求スルノ權ハ卽決言渡ヲ受ケタル者ノ權利ナルカ故ニ卽決言渡ヲ受ケタル者ハ正式裁判ヲ請求スルヤ否ヤニ付テ自ラ考量處決スルノ自由ヲ有ス

(ロ)確定力　卽決ノ言渡確定シタルトキハ其ノ言渡シタル刑ハ之ヲ執行スルコトヲ得ルハ勿論確定力ノ效果トシテ一事不再理ノ原則ノ適用ヲ受クルニ至ルモノトス又笞刑令ニ依リ卽決官署長ハ朝鮮人ニシテ年齡十六年以上六十年未滿ノ男子ニ限リ換刑ヲ爲シ笞刑ヲ科スルコトヲ得其ノ他第九條ニモ換

刑ニ關スル規定ヲ爲セリ

(ハ)確定ノ效力トシテ卽決例第七條ノ拘留狀ニ依リ逮捕ヲ爲スコトヲ得

(ニ)確定ノ效力トシテ生スル刑ノ執行ハ懲役刑ハ監獄ニ於テ執行スルモ笞刑罰金拘留科料等ハ卽決官署ニ於テ之ヲ執行ス此ノ場合巡査巡査補(憲兵上等又ハ憲兵補助員ヲ含ム)ハ刑ノ執行ニ當ルモノトス其ノ他笞刑ニ付テハ前ニ述ヘタル所ノ法則ニ從フヘキモノトス

以上ハ卽決ニ關スル法則ノ大要ナリ此ノ外書類ノ送達、證據ノ取調、及令狀ノ執行卽決言渡ニ係ル刑ノ執行ニ付テハ各卽決官署間ニテ囑託ヲ爲スヘキコトヲ得ヘキ規定アリテ囑託ニ因リ生シタル費用ハ受託官署ノ支辨トスヘキモノトセリ而シテ此ノ囑托ハ制令ノ法域タル朝鮮內ニ限ラル、ハ勿論ナリ詳細ハ犯罪卽決例及明治四十三年總督府訓令第七二號犯罪卽決例施行手續ニ付テ見ルヘシ

第六節　民事爭訟調停

民事ノ紛爭調停ニ關シテハ明治四十三年制令第一一號民事爭訟調停ニ關スル件

發布セラレ裁判所ノ設置ナキ地ノ警察署長（其ノ職務ヲ取扱フ憲兵分隊長又ハ分遣所長ヲ含ム）カ民事紛爭ノ解決ヲ試ミル所ノ行政處分ニシテ之レカ性質、管轄、其ノ諸原則、成立及效力等ノ大要左ノ如シ

第一　民事爭訟調停ノ性質

民事ノ爭ト云フハ私法上ノ權義關係ノ存否竝其ノ範圍體樣ニ付當事者雙方カ反對ナル主張ヲ爲スコトナリ國家ト個人間ニ於ケル公法上ノ關係ニ在リテハ個人ハ國家ノ統治權ニ對シ絕對的ニ從フヘキモノナルヲ以テ爭ナル觀念ヲ生スルコト少ナシト雖モ平等關係ニ在リテハ各人均シク法律ニ依リテ保障セラレタル權利ヲ主張スル所ニ衝突ノ芽ヲ萠ス調停ハ此ノ主張ヨリ起ル爭ヲ融解シテ當事者ノ私法上ノ權利ヲ確定スルコトヲ目的トスル點ニ於テ民事訴訟ト昵近ノモノニシテ實質上司法事務ニ屬スト雖モ民事訴訟ハ國家カ自存ノ目的ヲ達スルヲ主眼トシ個人間ニ現存スル私權ノ危害ヲ保護救濟スルハ從タル目的トナスモノニシテ當事者ハ一々法律上ノ權利ヲ以テ雌雄ヲ爭ヒ裁判所ハ現行法規ヲ取テ爭ニ適用シ形式上ヨリ私權ヲ救濟確定スルモノナルモ民事爭訟ノ調停ハ制度ノ沿革上

司法ノ補助トシテ私權ノ救濟保護ヲ爲スモノナレトモ主トシテ當事者ノ便宜ヲ顧慮シタルモノニシテ當事者ハ全ク法律上ノ權利ヲ楯トセス人類一般ノ情義ニヨリ其ノ日常ニ於ケル實際的生活ノ狀態ヲ以テ交讓ノ標準トナシ內心ヨリ爭事ノ融和ヲ見ントスル自働的ノモノニシテ之レニ要スル一定ノ法的準繩ナク一ニ調停官ノ任意ニシテ法令ヲ參酌シ慣習ヲ採用シ全ク道義的仲裁ヲ爲スコト恰カモ仲裁裁判和解契約等　類似ノ性質ヲ有スルモ行政機關ノ事務トシテ規定セラレ卽チ調停官タル警察署長カ當事者双方ノ心事ヲ忖度シテ其ノ情意投合ヲ圖リ解爭ニ努ムルモノナリ而シテ普通ノ行政處分ハ國家機關タル行政官廳ノ一方的意思表示ニ依リテ完全ニ其ノ效果ヲ生スルモノニシテ行政機關ハ或ル處分ヲ爲スニ當リ個人ノ意思如何ハ問フ所ニアラス國家全般ノ利害ニ鑑ミテ決行スルヲ原則トス然ルニ民事爭訟調停ハ當事者双方及調停官ノ三者ノ意思合致アリテ始メテ其ノ成立ヲ見ルモノニシテ調停ヲ爲スト爲サヽルトハ一ニ當事者双方及調停官ノ各自由ナル判斷ニ屬シ一方カ之ヲ諾セサルトキハ遂ニ成立ヲ見ル能ハス故ニ調停ハ普通行政處分トハ大ニ其ノ性質ヲ異ニシ調停官タル行政機關ノ一方

的意思表示ノミニテ其ノ效果ヲ生セシムルコト能ハス三個ノ意思一點ニ到著シタルトキニ於テ茲ニ一個ノ國家意思作成セラルル極メテ變則ナル一種特別ノ行政處分ナリト謂ハサルヘカラス之ヲ要スルニ調停行爲ハ性質上司法ニ屬スルモ行政行爲ノ形式ヲ以テ處分セラレ恰カモ個人間ノ契約協定ヲ國家カ公證スルト同一ノ觀アリ而カモ國家ト個人間ニ締結セラレタル契約ノ如キ私法的ノモノニアラスシテ爭アル私權ノ法律上ニ於ケル關係ヲ決定スル爲メニ當事者ノ意見合致アリタルモノヲ國權ノ一方的意思表示トシテ成立セシムル所ノ類例稀レナル行政處分ニシテ民事ニ關スル一種ノ公正證書ト云フコトヲ得ヘク畢竟スルニ民事爭訟調停ハ人情的裁判ニシテ民事ノ訴訟ハ法條ニ依ル戰鬪的裁判ナリト謂フコトヲ得ヘシ

第二　民事爭訟調停官廳及其ノ土地ノ管轄

調停官廳ハ裁判所ノ設置ナキ警察署長及警察署長ノ事務ヲ取扱フ憲兵分隊長同分遣所長ニシテ調停官廳ノ土他ノ管轄ハ裁判所ノ設置ナキ地ノ警察署又ハ憲兵官署ノ行政上ノ管轄區域ニ限ルモノニシテ裁判所ノ設置アル地ノ警察署長及憲

兵分隊長同分遣所長ハ民事爭訟ノ調停ヲ爲スコトヲ得ス其ノ地ノ住民ハ必ス民事訴訟トシテ裁判所ニ於テ法律ノ正條ヲ適用セルノ判決ヲ受クルカ又ハ和解仲裁契約ノ方法ニ依リ紛爭ヲ解決セサルヘカラス

第三　民事爭訟調停官廳ノ事物ノ管轄

(一)二百圓ヲ超過セサル金額又ハ價格二百圓ヲ超過セサル物ニ關スル爭訟

(二)價格ニ拘ラズ左ノ爭訟

(イ)賃貸人ト賃借人トノ間ニ住家其ノ他ノ建物又ハ其ノ或ル部分ノ受取、明渡使用、占據若ハ所持品ヲ賃貸人ノ差押ヘタルコトニ關シ起リタル爭訟

(ロ)不動產ノ疆界ノミニ關スル爭訟

(ハ)占有ノミニ關スル爭訟

(ニ)雇主ト雇人間ニ雇期限一年以下ノ契約ニ關シ起リタル爭訟

(ホ)左ノ事項ニ付旅人ト旅店若ハ飲食店ノ主人トノ間ニ又ハ旅人ト水陸運送人トノ間ニ起リタル爭訟

(一)賄料宿料又ハ旅人若ハ手荷物ノ運送料

(二)旅人ヨリ旅店若ハ飲食店ノ主人又ハ運送人ニ保護ノ為預ケタル手荷物金錢又ハ有價物

第四　民事爭訟調停ノ諸原則

(一)申請任意ノ原則　私法關係タル民事上ノ權利ノ保護ハ何レノ文明國ニ於テモ私人ノ任意ニ放任シアリ國家ヨリ進ンテ之レニ當リ又ハ私人ヲシテ權利ヲ主唱セシメ又ハ之レニ對シテ防禦ヲ盡サシムルカ如キ强制的干涉ニ出ツルコトナク其ノ主張拋棄ハ全ク權利者ノ自由ナルヲ原則トス我民事訴訟法ニ於テモ個人ノ請求ニ依ル主義ヲ採用シ職權ニ依リ請求ヲ俟タス裁判ヲ開始スルコトナシ調停行爲ニ於テモ亦此ノ原則ヲ例外ナク適用セラレ必ス個人ノ申請アリテ初メテ調停ニ着手スル受働的制度ナリ故ニ申請ナケレハ調停ナシト雖モ一旦申請ヲ受理シタルトキハ例ヘ當事者カ提出セサル事實ト雖モ調停官ノ知得セル事實ヲ利用シテ調停ノ目的ヲ達スヘキモノトス

(二)口頭陳述ノ原則　調停官カ調停ヲ爲スニハ係爭事件ノ關係ヲ熟知スルヲ要ス卽チ爭ノ眞實ヲ知ラサレハ適切ナル解決ヲ爲ス能ハサルハ勿論ナリ蓋シ

爭ハ權利ノ主張義務ノ不履行ニヨル利害ノ衝突ニ發シ又ハ感情ノ疏通ヲ缺キ理義ノ見解ヲ異ニスル等種々ナル事情ニ起因スルモノニシテ其ノ實際的原因ヲ觀察センニハ先ツ直接ニ當事者ノ主張辯明ヲ聞テ爭ノ奈邊ニ發スルヤヲ知リ其ノ容姿勢色ヲ機微ノ間ニ洞察シテ心事ノアル所ヲ悟リ初メテ事件ノ眞相ヲ穿チ調停ノ成算ヲ劃策シ得ヘシ此ノ點ニ於テ代理人ノ口ヨリ提供スル材料ハ事件ノ眞相ニ遠サカルコトナキヲ保シ難ク且ツ代理人ノ情意投合ハ偶々當事者本人ノ意思ニ適セサルコトナキニシモアラス故ニ調停ナル情實裁判ニハ必ス本人出頭スヘキヲ原則トシ萬止ムヲ得サル場合ニ限リ代理人ノ範圍ヲ局限シ當事者ノ心事ヲ汲ムニ最良ナルヘキ親族又ハ雇人ヲ以テノミ代理人ナルコトヲ許シ一ニ其ノ口頭陳述ニ因リ直接情意ヲ交換スルモノトセリ

(三)片言不聽ノ原則　調停ハ當事者カ直接調停室ニ出頭シテ必ス雙方ノ口頭陳述ノ結果ニ依ルヲ原則トスルヲ以テ一方カ出頭セサルトキハ調停ヲ試ムルコトヲ得ス卽チ申請人ニシテ調停官ノ指定スル期日ニ出頭セサルトキハ申

請ヲ取下ケタルモノト看做サレ又被申請人ニシテ再度ノ呼出ニ應セサルトキハ調停不成立ト看做スヘキモノトシ片言ヲ聽テ事ヲ斷スルカ如キハ其ノ眞相ヲ誤ルノミナラス公正ヲ保ツ能ハサルヲ以テ絶對ニ之ヲ許ササル所ナリ

(四)費用自辨ノ原則　調停ノ費用ハ調停ニ關シ生シタル總テノ費用ニシテ卽チ當事者カ國家ニ支拂フ手數料及出頭旅費其ノ他當事者間ニ要シタル費用ニシテ當事者自身ニ於テ負擔スルヲ原則トス此ノ原則ニハ例外ヲ規定シアラス民事訴訟ノ如ク敗訴者ノ負擔スベキモノニアラス

(五)不公開ノ原則　調停ヲ公開シテ之ヲ爲スハ其ノ公正ヲ得セシムルト調停ノ信用ヲ維持スルニ於テ頗ル必要トスルモ、元來調停ハ法律規則ノ形式ニ拘泥覊束セラルルコトナク主任者ノ縱横ナル快腕ニ依リ裁決セラルルモノニシテ當事者ハ法ニ準據スルノ對戰的行動ヲ棄テ媾和ノ協定ヲ爲シ民事爭訟ノ如ク怨ミヲ永久ニ抱持セシムルヲ避ケ平和ノ間ニ解爭スル所ノ情實的ノモノナレハ其ノ間ニ當事者及利害關係人ノ外第三者ノ在室スルヲ忌憚スル事情多々アルヘシ故ニ調停ニハ辯護士ノ如キ權利擁護者ハ勿論當事者ト近親ノ關係ナキモノハ其ノ代理人サヘ許シアラス此ノ點ヨリ見ルモ調停ハ公行主義ヲ避ケ密調スルヲ原則トス然レトモ法文之ヲ禁止シアラサルヲ以テ事件ノ種類ニ依リ之ヲ公開スルモ敢テ妨ケナカルヘク密調ノ原則ハ絶對ナルモノニアラサルナリ

第五　民事爭訟調停ノ成立及其ノ效力

調停行爲ハ申請人ノ申請ニ始マリ其ノ申請カ調停官ノ權限內ノ事項トシテ之レヲ受理シ被申請者ニ調停開始ノ旨ヲ通告シタルトキニ於テ被申請者之レヲ受諾シ申請者ト共ニ期日ニ出頭シテ此ノ三者共同提携ノ意思ヲ表示シテ解爭ノ目的ニ進ムモノナリ此ノ場合ニ於テ三者ハ各平等ニ發按權及修正權ヲ有ス而シテ最後ノ一ノ提案ニ對シ雙方異議ナク情意ノ投合アリ調停官之レヲ認メテ至當ト爲シ調停ヲ宣言スルト同時ニ調停成立スルモノナリ

調停ノ成立ヲ證スル爲ニ調停官ハ調停調書ヲ作成シテ之ニ爭訟ノ事實及調停ノ顚末ヲ明確ニシ一定ノ事項卽チ當事者及代理人ノ氏名年齡身分職業住所並請求

及答辯ノ要旨調停成立ノ事項及履行期日調停成立ノ年月日通譯ヲ用ヒタルトキハ其ノ氏名等ヲ記載スヘキモノトス且ツ調書ノ毎葉ニ契印シ調停官ハ當事者ト共ニ署名捺印ノ上尙ホ廳印ヲ押捺シテ其ノ成立事實ノ確實ナルコトヲ保障スルモノトス然レトモ之レ唯タ調停成立後ノ形式的事項ニシテ成立ノ要件ヲ云フモノニアラス故ニ是等ノ形式ヲ誤レハトテ調停成立ノ實質ニハ影響スル所ナキモノトス此場合ニ於テ當事者カ若シ調停調書ノ不完全ヲ主張シテ表示事項ニ相違アリトシテ異議ヲ唱フルトキハ調停ノ效力ニ付キ問題アルハ勿論ナリ

民事爭訟調停ニシテ一旦成立シタルトキハ確定判決ト同一ノ效力ヲ有ス卽チ制令ハ「調停ノ成立シタル爭訟ト同一事件ニ付テハ訴訟ヲ提起スルコトヲ得ス」ト明定シ訴訟ニ依リ調停ノ效果ヲ變更スルコトヲ得サルコト毫モ裁判ノ確定判決ト異ナル所ナシ故ニ調停成立シタル同一事件ニ付當事者ノ一方カ更ニ訴訟ノ形式ニ依リ私權救濟ノ擧ニ出テタルトキハ當事者ノ他ノ一方ハ一事不再理ノ原則ニ基キ無訴權ヲ理由トシテ應訴ヲ拒ミ妨訴ノ抗辯ヲ爲シ裁判ヲシテ訴訟ノ却下ヲ爲サシムルコトヲ得ルハ當然ナリ

調停ノ成立シタルトキハ其ノ後當事者ハ調停セラレタル本旨ニ基キ債務ヲ實行シテ爭ヲ止メサルヘカラス而シテ其ノ確定シタル私權ヲ實行スルト否ヤハ一ニ當事者ノ自由ニシテ國家ハ之レニ干渉セサルヲ原則トスルモ當事者ノ一方ヨリ調停ニ基ク成立事項ヲ履行セス其ノ效果ノ實現ナキヲ理由トシテ救濟ヲ求ムルトキハ國家ハ調停處分ノ效力ヲ確實ニスル爲メ民事訴訟ノ規定ヲ準用シ直接ニ國家ノ實力ヲ以テ私權ノ救濟ニ著手ス事茲ニ至レハ調停ノ本質タル道義ノ觀念ハ全ク掃散シテ情意投合ノ美名ハ水泡ニ歸シ同情ノ涙ハ最早怨恨ノ焰ニ乾燥セラレ全ク民事訴訟ノ威力ニ依リ事端ノ解決ヲ見タルト同一ノ結果トナル卽チ制令ハ裁判上ノ和解ト同様ニ一種ノ債務名義トシテ調停調書ノ正本ニ執行文ヲ付與シ之レニ因リテ執達吏ニ强制執行ヲ依頼スルコトヲ得此ノ强制執行ハ當事者ノ一方タル債務者ノミナラス其ノ一般承繼人例ヘハ遺産相續人、家督相續人又ハ權利承繼人ヲモ羈束スル效力アリ唯調停ノ效力ハ裁判上ノ確定判決ト異ナリ制令ノ法域内ノミニテ朝鮮以外ニ及ハサルモノトス其ノ他再調停、調停ト判決ノ競合强制執行ノ方法ニ付論スヘキコトアリト雖モ之レヲ略ス

第七節　行政執行令

第一款　行政執行令ノ性質

凡ソ一ノ行政官廳ノ權限ハ官制其ノ他諸種ノ法令ニ於テ之レヲ規定スルニ依リ生スルモノニシテ官廳ハ是等各種ノ法令ニ準據シテ其ノ權限ヲ超脫セサル範圍ニ於テ行政上ノ活動ヲ爲シ爲政ノ目的ヲ達スヘキモノトス大正三年制令第二三號行政執行令及同年總督府令第一三〇號同令施行規則ハ我朝鮮ニ於ケル行政官廳カ各其ノ職權ニ屬スル行政ノ執行ニ關シ其ノ一般的權能ヲ規定シタル法規ニシテ行政ノ法令ヲ執行スルノ强制手段ヲ規定スルヲ原則トスルモノニシテ先ツ行政權ノ範圍ヲ定メタル法令アリテ一方ニ於テ官廳カ權力ヲ使用スルノ權限ヲ確定スレハ他方ニ於テ臣民ノ服從義務ノ範圍モ亦一定スルモノトス而シテ行政官廳カ其ノ權限內ノ權力ヲ人民ニ行使スルニハ如何ナル範圍ニ於テ之ヲ爲シ得ルカ又臣民ハ如何ナル程度ニ於テ行政官廳ノ命令ニ服從スル義務アルカ又服從セサル權利アリヤト云フ準則ヲ定メタル各種ノ法令ハ卽チ行政ノ實體法（主法ト

モ云フ)ト云ヒ行政官廳カ此ノ實體法ヲ適用シテ處分ヲ爲シタル場合ニ於テ其ノ處分ニ對スル救濟ヲ規定スル所ノ行政訴訟訴願ニ關スル法令及官廳カ其ノ權限ニ基キ臣民ノ義務ヲ强制スル手段ヲ規定スル法令ハ卽チ形式法(助法トモ云フ)ト稱スルモノニシテ行政裁判所法及行政執行令ノ如キハ之ニ屬ス惟フニ私法ニ於ケル權利ノ救濟ハ民事訴訟法中訴訟手續ニ於テ之ヲ規定ス又私法上ノ權利ヲ實行シ義務ヲ强制スルニハ民事訴訟法中ノ强制執行ニ於テ之ヲ規定ス而シテ公法上ニ於ケル權利ノ救濟ハ行政裁判所法訴願法ニ於テ之ヲ定ム然ルニ我朝鮮ニハ未タ之ヲ施行セラレス從テ各個ノ法令ニ規定アル場合ノ外一般的救濟手段ナシ又臣民ノ義務ヲ强制スルニハ行政執行令ニ於テ之ヲ規定スルモノトス之ニ依リテ見ルトキハ行政執行令ハ恰カモ民事訴訟法中ノ强制執行ニ關スル規定ト同地位ニアルモノト云フコトヲ得ヘシ今行政執行令ノ全般ヲ通シテ瞥見スルニ其ノ第五條第六條ニ於テノミ一般行政上ニ於ケル强制手段ヲ規定シ其ノ他ハ行政官廳特ニ警察ニ關スル權限ノ範圍ヲ規定シタルモノニシテ其ノ性質上實體法ト形式法ノ混合ヲ以テ編成セラレタルモノナルカ故ニ警察權限及行政强制令ト稱ス

ルヲ穩當ニシテ學理上ヨリ言フトキハ行政執行令ト稱スルハ當ヲ得サルカ如シト雖モ此ハ實際ノ便宜ヲ主トシタル名稱ナルヘシ

行政ノ運用ヲシテ完全ニ行ハシメント欲セハ臣民ニ對シ法規ノ命スル行爲不行爲ヲ强制スル爲メニ威嚇的制裁ヲ豫言スルコトヲ必要トス然ラサレハ如何ニ善美ノ法規ト雖モ遂ニ其ノ實效ヲ收ムルコト困難ナリ之レカ爲メ多クノ行政法規中勅令以下ノ命令ニ罰則ヲ附スル制ヲ採リ卽チ明治二十三年法律第八四號ヲ以テ勅令ハ一年以下ノ懲役禁錮、拘留、二百圓以下ノ罰金、科料ノ罰則ヲ附スルコトヲ得セシメ又明治四十三年勅令第三五四號朝鮮總督府官制ニ於テハ朝鮮總督府令ハ勅令ト同シク一年以下ノ懲役禁錮、拘留又ハ二百圓以下ノ罰金、科料ノ罰則ヲ附スルコトヲ得セシメ更ニ明治四十三年勅令第三七六號ハ朝鮮總督府警務總長同道長官ハ其ノ發スル命令ニ三ケ月以下ノ懲役禁錮、拘留又ハ百圓以下ノ罰金、科料又朝鮮總督府警務部長ハ其ノ發スル命令ニ拘留科料ノ罰則ヲ附スルコトヲ得セシム其ノ他内地ニ於ケル各省大臣地方長官等ニモ夫々勅令ヲ以テ其ノ發スル命令ニ罰則ヲ附スル權限ヲ委任シアリ又行政法ハ右規定ノ外一層行政ノ運用ヲ確實ニセシムル爲メ尚ホ二種ノ便宜法ヲ設ケタリ其ノ第一ハ行政處分準則タル法令ニ於テ特ニ罰則ヲ付セサルモ其ノ處分ニ服從セサルヲ以テ一種ノ犯罪ト爲シ刑罰法以外ニ之ヲ處罰スルノ制ニシテ第二ハ官廳自ラ其ノ處分ヲ執行シ又ハ第三者ヲシテ代執行ヲ爲サシメ義務者ヨリ其ノ費用ヲ強徵スルノ制是レナリ行政執行令第五條第六條ハ實ニ其ノ方法ヲ規定シタルモノナリトス

凡ソ刑罰法規以外ニ於テ臣民ノ身體財産居住移轉ノ自由ニ對シ強制的制裁ヲ加フルハ法律ノ根據アル場合ノ外之ヲ禁止スル所ナリ（人民ノ有スル自由權トハ人民カ國家ニ對シ違法ニ人民ノ自由ヲ侵害セサルコトヲ要求スルノ權利ニシテ其ノ內容ハ消極的ニシテ國家ノ不行爲ニ對スルノ權利ナリト謂フヘシ）然リト雖モ法律ナキノ故ヲ以テ國家ノ安寧秩序ヲ攪亂セラルルヲ看過スルヲ得サルハ個人カ正當防衞權ヲ有スルト同シク國家自衞ノ目的ヨリシテ止ムヲ得サルコトナルヲ以テ法律ノ發布以前ト雖モ行政上ノ執行權ハ事實行爲トシテ何レノ國家ニ在リテモ必要ナル限度ニ於テ行ハレタル所ナリ而シテ朝鮮ニ於テハ例令憲法カ當然ニハ完全ニ效力ヲ及ホサヽル所トシテ委任立法ノ制ヲ認容セラレ法律事項ト雖モ制令ヲ以テ規定スルコトヲ得ルノ結果トシテ行政執行令ハ制令ノ形式ヲ以テ發布セラレ

タリ而カモ本令ノ發布ヲ見タル今日ニ在リテハ行政執行上ノ一般的法令タル本令ト其ノ他各個ノ法令ニ於テ許シタル場合ノ外ハ絶對ニ臣民ノ自由ヲ强制シ又ハ制限スルコト能ハサルモノトス若シ夫レ法令ノ範圍ヲ超脱シタル國家ノ權力的行爲ニ對シ訴訟訴願ノ救濟ノ方式ヲ缺如セル行政處分ナルトキハ臣民ハ必要ニ應シ法令ノ認メタル正當防衞權ヲ行使スルモ行政官廳ハ敢テ辯明ノ餘地ナカルヘキモノト信ス

朝鮮ニ於ケル行政執行令ハ明治三十三年法律第八三號行政執行法ヲ模倣シテ發布シタルモノニシテ檢束、假領置、邸宅ノ侵入、風俗取締ニ基ク制限、所有權ニ對スル制限、行政上ノ强制手段、所有權ノ國庫歸屬等ヲ規定シタル原則法ニシテ啻ニ警察上ノ事件ノミナラス土木、衞生、勸業、敎育、交通其ノ他如何ナル事件ニ拘ラス行政各般ノ事故ニ關シ各行政官廳カ其ノ職務權限ノ範圍ニ於ケル處分ヲ强制スル爲メ必要ナル手段ハ總テ本令ニ依ルコトヲ得ルモノトス然リト雖モ本令ハ未タ以テ各種ノ行政執行上ノ手段ヲ網羅シタルモノト認ムルヲ得ス他ノ法令ニ於テ特別ナル强制手段ヲ規定セルモノアルトキハ各其ノ規定ニ從フヘシ凡ソ特別法ハ原

則法ニ優先スル效力ヲ有スルハ明文ナクトモ法律適用上ノ原則ナルヲ以テ原則法タル行政執行令ハ特別法ノ規定ナキ場合ニ限リ適用スヘキモノトス

尚ホ一言スヘキハ行政執行令ハ行政官廳ノ權限ヲ規定シタルモノナルヲ以テ總論ニ於テ述フルヲ至當トナスヘキモ主トシテ警察官廳ノ權限ヲ規定シタルモノナルヲ以テ便宜上此ニ節ヲ設ケタリ

第二款　檢束及假領置處分

第一　檢束處分

檢束トハ行政警察上ノ目的ヲ達スル爲メ人ヲ逮捕シ拘引シ又ハ拘禁スル等人ノ身體ノ自由ヲ拘束(制限)スルコトヲ謂フ凡ソ身體ノ自由ハ之ヲ制限スルニ刑罰ヲ科スル目的ノ爲メニハ自由刑卽チ懲役、禁錮、拘留等アリテ刑法(朝鮮ニ在リテハ刑法ハ刑事令ノ内容トシテ規定セラレアリ)ノ規定ニヨルヘク又司法警察及刑事審判ノ目的ノ爲メニハ刑事訴訟法(朝鮮ニ在リテハ刑事訴訟法ハ刑事令ノ内容トシテ規定セラレアリ)之ヲ定メ拘留、拘引、留置、逮捕等ノ語句ヲ用ヒ何レモ檢束ト其ノ性質ヲ異ニス檢束ハ全然行政警察上ノ目的ノ爲メ人民ノ保護、危害防止、公共ノ安寧秩序ノ保持ノ爲メ必要ナルトキニ於テ人身ノ自由ニ制限ヲ加フル爲メニ行政執行令第一條ニ之レヲ規定スルモノニシテ其ノ人ノ自由ヲ拘束スル點ニ於テハ刑罰、拘留、拘引ト毫モ異ナル所ナシト雖モ其ノ目的ニ於テ區別セラル、ナリ檢束ヲ加フルコトヲ得ル客體ハ(一)泥醉者(二)瘋癲者(三)自殺ヲ企ツル者(四)救護ヲ要スト認ムル者(五)暴行鬪爭其ノ他公安ヲ害スル虞アルモノニ對シ之レヲ豫防スル爲メ必要ナルトキ等ニシテ之レカ事實ノ認定ハ一ニ當該官吏ノ自由ナル裁量ヲ以テ決スヘキモノニシテ檢束ノ方法ニ付テハ法令上何等ノ規定ナシ故ニ檢束ノ目的ヲ達スル上ニ於テ必要ナル拘引、逮捕、留置、監禁、制縛等ノ手段方法ヲ執ルコトヲ得ヘシ次ニ檢束ノ期間ニ付テハ內地ト異ナル重要ナル點ニシテ內地ニ於テハ翌日ノ日沒後ニ至ルコトヲ得サレトモ朝鮮ニ於テハ三日ヲ超ユルコトヲ得ストセリ(大正三年警保發第六七〇號ヲ以テ檢束ハ初日ハ時間ヲ論セス全一日トシ三日目ノ午後十二時ヲ超ユヘカラストセリ)然レトモ新ナル處分ヲ以テ更ニ檢束ヲ加フルハ妨ケサル所ナリトス

第二　危險物ノ假領置

假領置トハ行政官廳カ警察上ノ目的ヲ以テ一時人ノ占有物ヲ押收スルヲ謂フモノニシテ所有權ノ剝奪ニアラス詳言スレハ救護又ハ危害豫防ノ目的ヲ以テ警察

權ノ發動トシテ私人ノ所持若ハ所有ノ物件ヲ一定ノ期日間領置スルコトナリ抑モ泥醉者、瘋癲者、自殺ヲ企ツル者其ノ他救護ヲ要スト認ムル者又ハ暴行鬪爭其ノ他公安ヲ害スル虞アル者ヲシテ戎器兇器其ノ他危險ノ虞アル物件ヲ所持セシムルハ其レ自身ヲ殘害セシムル虞アルノミナラス又人ヲ殺傷スルノ恐レナシトセス殊ニ暴行鬪爭其ノ他公安ヲ害スル虞アル者ニ戎器兇器ヲ自由ニ所持セシムルニ至リテハ是レカ爲メ不測ノ慘禍ヲ惹起スルコト一層大ナルノ虞アリ故ニ是等ノ徒ノ所持スル危險物件ヲ一時押收シテ當該行政官廳ニ領置スルノ權限ヲ與フルハ是等危險人物ヲ保護スルノミナラス公安保持ノ上ニ於テ最モ必要ナルコトニ屬ス而シテ假領置ハ警察上ノ目的ノ爲ニ一時人ノ物件ヲ領置スルモノナルヲ以テ刑罰上ノ附加刑タル沒收及軍事負擔ノ徵發トハ大ニ其ノ性質ヲ異ニスルモノナリト雖モ沒收徵發ト同シク公權力ヲ以テ所持者ノ承諾ヲ要ス強制的ニ領置スルモノナリ假領置ヲ爲スコトヲ得ル物件ハ(一)救護ヲ要スト認ムル者ノ所有又ハ所持スル戎器兇器其ノ他物件(二)暴行鬪爭其ノ他公安ヲ害スル虞アル者ノ所有又ハ所持スル戎器兇器其ノ他ノ物件ナルコトヲ要ス戎器トハ戰鬪ノ用ニ供スル武器ニシテ例ヘハ銃砲彈藥等ヲ云ヒ兇器トハ殺傷ノ用ニ供シ得ヘキ物件ニシテ例ヘハ火藥爆發物毒物ノ類ヲ總稱ス而シテ假領置ハ無期限ニ之レヲ爲スモノニアラスシテ法規上三十日以内ニ於テ其ノ期間ヲ通告シテ定ムヘキモノトセリ然レトモ新ナル處分ヲ以テ更ニ假領置ヲ繼續スルハ妨ケナカルヘシ又假領置シタル物件ハ通告期間經過後一年以内ニ交付ヲ請求スル者ナキトキハ其ノ所有權ハ國庫ニ歸屬スルモノトス

第三款　邸宅侵入

凡テ人ノ邸宅ハ各自自由ニ起臥安棲スヘキ場所ニシテ若シ他人ヲシテ猥リニ侵入セラルルモノトセハ家内ノ平穩安靜ヲ破ルモノニシテ刑法ノ禁スル所ナリ然リト雖モ公共ノ安寧秩序ヲ維持シ善良ナル風俗ヲ保全スルカ爲メニ必要ナル場合ニ在リテハ國權ノ發動ヲシテ一個人ノ邸宅ニ侵入シ以テ適當ナル處分ヲ爲ササルヘカラサルハ寔ニ缺クヘカラサルコトナリ而シテ邸宅ノ侵入ハ憲法ノ趣旨ニ遵ヘハ必ス法律ノ規定ニ依ラサルヘカラス故ニ委任立法ノ制ヲ認メラレタル我朝鮮ニ在リテハ法律ニアラサレハ制令ノ規定ヲ要スルナリ卽チ行政執行令第

二條ニ於テハ日出前日沒後卽チ夜間ハ一定ノ場合一定ノ條件ヲ具備スルニアラサレハ人ノ邸宅ニ侵入スルコト能ハサルヲ規定セリ而シテ晝間ニ於テ侵入スルヲ得ヘキ場合條件ニ付テハ何等ノ規定ナキヨリ見レハ晝間ハ行政警察上ノ必要ヲ以テハ人ノ邸宅ニ立入ルコトヲ得サルモノナリヤノ疑ナキニアラス又實際晝間ニ於テ人ノ邸宅ニ侵入スル必要アル場合ニ於テハ如何ニスヘキヤ

言フ者アリ夜間ハ晝間ヨリモ人々ノ安息安眠ヲ要スルコトハ一般ノ狀態ニシテ最モ靜謐平和ヲ要スル時間ナリ然ルニ制令ハ一定ノ場合一定ノ條件ヲ具備スルニ於テハ夜間ト雖モ現住者ノ意ニ反シテ其ノ邸宅ニ侵入スルノ權ヲ與ヘタリ況ンヤ晝間ハ勿論侵入スルノ權ヲ有スル所謂勿論解釋トシテ夜間ノ侵入ヲ認メテ晝間ノ侵入ヲ認メサル理由ナシトノ反對推理ニ依リ當然侵入スルコトヲ得ルモノナリト然リト雖モ法令ノ解釋トシテハ尙ホ未タ充分ナリト首肯スルヲ得ス何トナレハ一ノ場合ヨリ他ノ場合ヲ推理シテ一ノ場合ニ侵入スルコトヲ得ルカ故ニ他ノ場合ニモ侵入スルコトヲ得ルト云フヲ許スカ如キハ殆ント法令ノ根據ヲ要セス人民ノ自由ヲ制限スルヲ得ルコトトナリ法治國ノ精神ハ根底ヨリ破壞セラ

ルルモノナリ憲法ニ所謂日本臣民ハ法律ニ定メタル場合ヲ除クノ外其ノ許諾ナクシテ住所ニ侵入セラレ及捜索セラルルコトナシトアルハ之レヲ朝鮮ニ應用セハ制令ノ規定ヲ以テ日出後日沒前即チ晝間ニ於ケルノ場合ヲ定メサルヘカラス然ルニ之レニ關シ何等ノ規定ナキモ當然晝間ノ邸宅侵入ヲ爲スコトヲ妨ケスト爲スハ正鵠ヲ得タル解釋ナリト云フコトヲ得ス

然ラハ晝間ハ絶對ニ人ノ邸宅ニ侵入スルコトヲ得サルモノナリヤ惟フニ警察官廳ハ危害ヲ豫防シ安寧秩序ヲ保全スルハ一般ニ概括的ノ權限トシテ有スル所ノ者ニシテ其ノ權限內ニ於テ危害ヲ豫防排除スルカ爲メニ必要ナル一切ノ處分ヲ爲スコトヲ得ヘキモノニシテ權限ヲ行フニ付必要ナルトキハ人ノ邸宅ニ侵入スルモ何等支障ナキナリ故ニ此ノ概括的權限ハ他ノ法令ニ於テ之レヲ制限セサル限リハ晝夜ヲ問ハス苟クモ危害ヲ排除シ安寧ヲ保全スル爲ニ必要ナルトキハ人ノ邸宅ニ侵入スル權能ヲ有ス然リト雖モ行政執行令第二條ニ於テハ夜間ニ於テハ一定ノ場合一定ノ條件ヲ具備スルニアラサレハ現住者ノ意見ニ反シテ邸宅ニ侵入スルヲ得サルコトヲ規定シ以テ輕微ナル事件ノ爲ニモ官廳ヲシテ一般的權

限ヲ行使スルヲ制限シ夜間家宅ノ安全ヲ保障シタリ是ヲ以テ行政執行令發布後ニ於テハ夜間ノ邸宅侵入ハ從來ノ如ク一般ノ權限トシテハ之レヲ爲スコトヲ得ス必ス同令第二條ノ定ムル場合及條件ヲ具フル場合ナルコトヲ要ス其ノ晝間ニ於テハ警察官廳ノ一般的權限ニ基キ必要ト認ムルトキニ於テ時々立入ルコトヲ得ヘシ而シテ權限ヲ行フニ付キ必要ナル處分ヲ爲スハ權限夫レ自身ヨリ來ル當然ノ結果ナリト云フヘシ尙邸宅侵入ノ條件ハ(1)生命身體若クハ財産ニ對シ危害切迫セリト認ムル場合(2)博奕密淫賣ノ現行アリト認ムル場合ニ限ラレアリテ身體ノ內ニハ貞操ヲ含ムモノト解スヘク而シテ名譽ニ關スルコトニ付テハ之レカ規定ナキ所以ノモノハ家宅ノ安全ヲ侵害シテマテモ之レヲ保護スル必要ナシトシタルモノナルヘシ尙ホ旅店割烹店其ノ他夜間ト雖モ衆人ノ出入スル場所ニ於テ其ノ公開時間(午前一時マテトスルヲ至當トス)內ハ此ノ限ニ非ストセラレタリ

第四款　風俗取締ニ基ク制限

風俗取締ニ基ク身體ニ對スル自由ノ制限ハ行政執行令ニ依ルヘキモノニシテ其ノ居住移轉ニ對スル自由ノ制限ハ地方警察命令ヲ以テ定ムルコトヲ得ルナリ而

シテ其ノ制限ハ左ノ如シ

(一)健康診斷　密賣淫者又ハ其ノ前科者ニシテ尙ホ密賣淫ノ常習アル者ニ對シテハ行政官廳ハ其ノ健康ヲ診斷シ又ハ指定シタル醫師ノ檢診ヲ受ケシムルコトヲ得健康診斷トハ密賣淫者タルコトノ確定言渡ヲ受ケタル者又ハ其ノ前科者ニシテ常習者ト認ムヘキ婦女ニ對シ其ノ局部又ハ全體ニ花柳病其ノ他傳染性ノ病毒ノ有無ヲ診斷又ハ檢診スルコトナリ

(二)强制入院　密賣淫者タル確定判決ヲ受ケ常習者タル認定ヲ受ケタル婦女ニシテ健康診斷ノ結果黴毒性又ハ傳染性ノ疾病ニ感染シアルトキハ當該行政官廳ハ病院ニ入ラシメ又ハ指定シタル醫師ノ治療ヲ受ケシメ治癒ニ至ルマテ指定シタル場所ニ居住セシメ外出ヲ禁止スルコトヲ得ルモノトス而シテ其ノ費用ハ本人又ハ密賣淫媒合者ノ負擔トス

風俗上ノ取締ニ基ク制限ニ付內地ニ於テハ密淫賣ノ常習タル認定ヲ受ケタル者ニ對シ健康診斷ノ規定ナキコトニ注意スヘシ

第五款　所有權ニ對スル制限

行政執行令第四條ニ曰ク行政官廳ハ天災事變ニ際シ又ハ朝鮮總督ノ定ムル場合ニ於テ危害豫防若ハ衛生ノ爲必要ト認ムルトキハ土地物件ヲ使用處分シ又ハ其ノ使用ヲ制限スルコトヲ得トアリ凡ソ所有權ハ助長行政即チ福利ヲ增進スル目的ヲ以テ行ハルヽコトアリ之ヲ公用制限ト云フモノニシテ然ルニ本款ハ行政上ノ目的ヲ達スル爲メ危險豫防若ハ衛生上必要ト認ムルトキハ公力ヲ以テ私人ノ所有ニ屬スル土地物件ニ對シ行政官廳カ行フ警察的制限ヲ規定シタルモノナリ天災トハ洪水、地震、海嘯暴風雨ノ如ク天然力ニ依リ發生シタル災害ヲ云ヒ事變トハ內亂戰爭一揆暴動火災等ノ如キ人爲ニ依リ發生シタル災害ニシテ非常ノ場合ナルヲ以テ公共ノ安寧秩序ヲ維持スル爲メ一私人ノ所有權ヲ侵害スルハ亦已ムヲ得サル所ナリ次ニ本令ハ朝鮮總督ノ定ムル場合ニ於テ天災事變以外ノ危害豫防若ハ衛生ノ爲メ必要アリト認ムルトキニ限リ又等シク所有權ノ侵害ヲ爲スコトヲ得ル委任ヲ爲セリ總督ハ此ノ委任ニ基キ大正三年總督府令第一三〇號行政執行令施行規則ニ於テ之レヲ限定セリ卽チ

第一條　生命身體若ハ財產ニ對シ危害切迫セリト認メ又ハ水陸ノ交通ニ危害

ヲ及ホスノ虞アリト認メタルトキハ行政官廳ハ行政執行令第四條ニ依リ必要ナル措置ヲ爲スコトヲ得

左ノ各號ニ掲クル土地物件ニ關シ法令ノ違反ニ因リテ危害ヲ生シ又ハ健康ヲ害スルノ虞アリト認メタルトキ亦前項ニ同シ

一　崩壞又ハ人ヲ陷落セシムル虞アル場所

二　家屋其ノ他ノ工作物

三　船車其ノ他交通ノ用ニ供スル器具又ハ装置

四　汽罐、汽機其ノ他原動機ノ装置アル機械竝其ノ附屬装置

第二條　行政官廳ハ危害豫防ノ爲又ハ衞生上必要ト認ムル物品ハ必要ナル分量ヲ試驗ノ用ニ供スルコトヲ得

尚ホ衞生上ノ必要ニ依リ所有權ヲ制限スルコトハ明治四十四年勅令第二七二號ヲ以テ朝鮮ニ施行セラレタル明治三十三年法律第一五號飲食物其ノ他衞生上危險ノ物品取締制ナル特別法規アルコトニ注意スルヲ要ス

第八節　非常保安警察

朝鮮ニ於ケル非常保安警察トシテハ戒嚴及匪徒討伐ノ二アリ以下少シク之レヲ述フヘシ

第一款　戒嚴

戒嚴令ハ大正二年勅令第二八三號ヲ以テ朝鮮ニ施行セラレタルモノニシテ戒嚴トハ戰時若ハ事變ニ際シ全國又ハ一地方ニ於テ普通警察ノ威力ヲ以テ安寧秩序ヲ保持シ能ハス又ハ能ハスト認メラレタル場合ニ於テ戒嚴令ニ基キ天皇ハ其ノ地ニ戒嚴ヲ宣告シ以テ人民ニ對シ嚴重ナル制限ヲ爲スコトナリ又俄然ノ合圍若ハ攻撃ヲ受クル場合ニ於テハ軍隊司令官ニ臨時戒嚴ヲ宣告スル權限ヲ附與セラル戒嚴ハ事態危急ノ程度ニ依リ臨戰地境ト合圍地境トニ分チ臨時地境トハ戰時又ハ事變ニ際シ特ニ警戒スヘク定メタル區域ヲ謂ヒ此ノ地帶ニ於テハ地方行政事務竝司法事務中軍事ニ關係アルモノハ其ノ地ノ軍隊司令官之レヲ掌ル次ニ合圍地境トハ敵ノ合圍又ハ攻撃ニ際シ警戒スヘク定メラレタル區域ヲ謂フモノニ

シテ此ノ地帶ニ於テハ軍事ニ關係アルト否ヤヲ問ハス行政及司法事務ノ全部ヲ擧ケテ其ノ地ノ軍隊司令官ノ權限ニ移屬シ行政官及司法官ハ總テ司令官ノ指揮ニ屬スルモノニシテ合圍地境內ニ裁判所ナキトハ民刑事裁判權ハ總テ軍事裁判所ノ管轄トス

戒嚴ノ地域內ニ於テハ右ノ外私人ノ自由ニ對シ嚴重ナル制限ヲ加フルコトヲ得ルモノニシテ卽チ集會又ハ刊行物ノ發行ヲ停止シ軍需ニ供スヘキ民有品ヲ調査シ徵發シ又ハ輸出入ヲ禁止シ郵便電信ヲ開封シ陸海ノ交通ヲ遮斷禁止シ所有財產ヲ破壞スル等是レナリ而シテ是等ノ制限ヲ爲スノ權ハ一ニ軍隊司令官ノ任意ニ屬スルモノトス

第二款　治匪

匪徒ナル語ニ付テハ明治四十四年朝鮮總督府令第七六號朝鮮警察賞與規程以外ノ法規ニ於テハ一モ散見スルコトナク從テ之レカ討伐治平ノコトニ付テモ何等ノ規定ナキモ新領土ニ於テハ何レノ地ト雖モ之レヲ想像セサルヘカラサルモノアリテ母國ニ於ケル騷擾ノ如キ觀念トハ大ニ趣キヲ異ニス卽チ或ハ國權回復新

政ニ對スル不平得意ノ缺如其ノ他諸種ノ原因ヲ名トシテ團ヲ結ヒ黨ヲ成シ以テ安寧ヲ攪亂シ騷擾ヲ釀成スル徒輩ニシテ國權ニ對シ對敵行動ニ出テントスル者ノ總稱ナリ現今朝鮮ニ於テ匪徒ハ殆ント絶滅シタルヲ以テ特ニ之レヲ説明スル要ナキモ往年保護政治ノ時代ニ於テ舊韓國軍隊ヲ解散シタル際ニ匪徒所在ニ蜂起シテ官憲ニ反抗シ良民ヲ殺戮シタル慘事アリ從テ匪徒ナルモノト統治權トノ關係ニ付キ述ヘンニ

匪徒ハ帝國臣民ニシテ而カモ國權ニ反抗ヲ企ツル犯罪者ナリ卽チ統治權ニ服セスル一種ノ内亂行爲ニ類スル犯罪者ニシテ一旦匪徒トシテ國權ニ反抗ヲ爲スニ至ルトキハ之レニ對スル統治權ノ發動ハ如何ナル形式ニ依ルモ全ク國家ノ自由ニ屬シ任意ニ發動スルコトヲ得ヘクシテ立法作用司法作用等ノ區別スル必要ナク全部警察作用ヲ以テ統治スルコトヲ得ヘシ治匪ヲ非常警察トシテ論スル所以ノ主旨此ニ存ス而シテ治匪ノ方法ニ至リテハ警察力ヲ以テスルト軍隊ヲ以テスルトヲ問ハス之レヲ討伐シテ統治權ニ對シ絶對ナル服從ヲ强制スルコトヲ得ルハ勿論之レヲ戮滅シテ國安ノ保持ヲナスハ國家當然ノ行爲ナリ匪徒ニ對スル治罪

ノ手續ハ一般刑事法規ニ依ルヘキモノナリトス
次ニ匪徒ニ因リ其ノ生命身體財産ヲ侵害セラレタル者ハ之レカ損害賠償ヲ請求スルコトヲ得ルヤ否ハ聊カ疑問ナキ能ハスト雖モ余輩ハ之レヲ爲スニ妨ケナシトスルモノナリ何トナレハ匪徒ハ日本臣民ニシテ現行刑法上犯罪ノ主體タルコトヲ得ルモノナルヲ以テナリ而シテ外國人ニ對シ匪徒ノ加ヘタル損害ニ付テハ國家ハ國際上ノ關係ヨリシテ其ノ責ヲ負ハサルヘカラス之レ匪徒ハ日本帝國臣民タルヨリ生スル原則ニシテ此ノ場合外國人ハ民法上刑法上ノ救濟以外更ニ外交上ノ手續ニ依リ日本政府ニ相當ノ救濟ヲ求ムルコトヲ得ヘシ

第三章　戸口行政

第一節　民籍

第一　民籍　民籍調査ノコトハ明治四十二年韓國政府法律第八號ヲ以テ民籍法ヲ發布シ爾來警察官署及憲兵官署ニ民籍簿ヲ備ヘ調査シ之レカ事務ヲ主管セシメ以テ朝鮮人ノ身分關係ヲ明ニシ日本臣民タル確認ノ證據タラシメタリ然ル

ニ為政ノ進歩ニ伴ヒ半島開發上將來國勢調査ノ必要等ヲモ生スルヲ以テ漸次完全ナル民籍ノ必要ヲ促サレ大正四年總督府令第一七號ヲ以テ該民籍法ノ一部ヲ改正シ警務官憲ノ手ヨリ分離シテ普通行政官廳ノ掌理ニ屬セシム卽チ直接ノ整理ハ府尹面長ニ之ヲ擔任セシメタリ而シテ民籍法ハ其ノ條文僅々八ケ條ニ過キスシテ複雜ナル身分關係ヲ律スルニ頗ル不便ナルノミナラス從來朝鮮ニハ親族相續ニ關スル實體法ナク朝鮮民事令ニ於テモ慣習ニ依ルト規定セラレタリ然ルニ之レカ慣習モ亦未タ分明ナラサルモノアリテ民籍ノ處理上疑義百出ノ狀態ナルヲ以テ將來之レカ改正ノ必要アルハ言ヲ俟タサル所ナリ左ニ同法ノ内容ヲ説明セン

（イ）民籍簿　府及面ニ民籍簿ヲ備ヘ戸主ヲ中心トシテ家族ノ續柄等戸籍ニ關スル事項ヲ記載ス而シテ民籍簿ノ外除籍簿ヲ設ケ民籍簿ヨリ除キタルモノヲ編綴シ之レヲ永久ニ保存スルモノトス

民籍簿ニ戸口ヲ記載スルニハ其ノ地名及戸番號ヲ附シテ之レヲ區別スルヲ要ス又棄兒發見ノ場合ニハ一家創立トシテ取扱ヒ又全ク血族關係ナク單ニ

扶養ノ事實アルニ過キサル者アルトキハ之ヲ附籍トシテ取扱フヘキモノトセラレアリ何人ト雖モ一枚ニ付金五錢ノ手數料ヲ納付スレハ民籍簿ノ謄本又ハ抄本ヲ請求スルコトヲ得又一回ニ付キ金五錢ノ手數料ヲ納付スレハ民籍簿ノ閲覽ヲ爲スコトヲ得ルハ明治四十四年總督府令第一四八號ノ規定スル所ナリ

(ロ)屆出及實査　民籍異動ニ關スル事實發生ノ場合ニハ民籍法ハ原則トシテ屆出主義ニ依リ例外ニ事實行爲トシテ實査ヲ爲シテ之レカ申告ヲ促シ以テ民籍簿ヲ整理スルモノトセリ民籍法ノ規定スル所ニ依レハ民籍異動ノ事實發生スルトキ戶主アラサルトキハ主宰者又ハ親族家族之レナキトキハ建物ノ管理者又ハ隣家ヨリ其ノ事實發生ノ日ヨリ十日以內ニ書面ヲ以テ管轄府尹又ハ面長ニ申告スルコトヲ要ス申告事項左ノ如シ

(一)出　生

(二)死　亡

(三)戶主變更

（四）婚姻
（五）離婚
（六）養子
（七）罷養
（八）分家
（九）一家創立
（十）入家
（十一）廢家
（十二）廢絶家再興
（十三）附籍
（十四）移居
（十五）改名

申告ノ義務アル者之レヲ怠リタルトキハ科罰ノ制裁アリ

第二　內地人ト朝鮮人トノ戶籍上ノ關係　民籍法ハ朝鮮人ニ對スル戶籍法規ノ

效力ヲ有スルモノニシテ在住ノ内地人ハ別ニ内地ニ於ケル戸籍法ノ支配ヲ受ケ之レニ依ルニアラスンハ其ノ身分ヲ有效ニ證明スルコト能ハス故ニ内地人ハ身分ニ關シ朝鮮ニ於ケル登錄簿ト戸籍法ニ依ル戸籍簿トノ間ニ證明ノ差違アルトキハ戸籍簿ヲ以テ有效ナリトナサヽルヘカラス又戸籍法ハ朝鮮ニ施行セラルヽモ獨リ在住ノ内地人ノミ其ノ支配ヲ受クルノ結果トシテ朝鮮ト内地トノ戸籍關係ニ付實際上種々ノ疑問ヲ發生スルコトアリ例ヘハ(一)内地人ハ本籍ヲ朝鮮ニ移スコトヲ得ルヤ(二)朝鮮人ハ内地ニ轉籍スルコトヲ得ルヤ(三)内地人ト朝鮮人トハ有效ニ婚姻又ハ緣組ヲ爲スコトヲ得ルヤ等ニ付テナリ是等ノ問題ニ對シ實際ノ取扱振リヲ見ルニ内地人ノ本籍ヲ朝鮮ニ移スコト及朝鮮人ノ内地ニ轉籍スルコトハ何レモ之レヲ認メアラスシテ婚姻及緣組ニ付テハ朝鮮人カ内地人家ニ入籍スルハ内地ニ於ケル國籍法及戸籍法ノ認ムル所ナルモ内地人カ朝鮮人家ニ入籍スルハ朝鮮ノ民籍法ニ之レヲ認メアラス從テ入籍手續ヲ停止スヘキ訓達アリ又朝鮮人ノ改名ニ付テハ明治四十四年總督府令第一二四號ヲ以テ規定セラレ願書ニ手數料五十錢ヲ添付スヘキモノトス蓋シ併合

後ニ於テ朝鮮人ニシテ内地人ニ類似スル姓名ニ改稱セントスル傾向夥シク複法統治主義ヲ採ル朝鮮ニ於テ姓名ノ混同ヨリスル不便尠ナカラサルヲ以テ之レカ取締トシテ特ニ規定セラレタルモノナルヘシ

第三　朝鮮人ノ國籍

茲ニ述フルハ明治三十二年法律第六六號國籍法ノ效力ニ付テナリ朝鮮人ハ併合ト同時ニ日本臣民ナルコトハ併合ノ詔書ニ依リ明カニセラレ何等疑義ヲ挾ムノ餘地ナシト雖モ憲法ニ依レハ日本臣民タル要件ハ法律ノ定ムル所ニ依ルトアリ國籍法ナル法律ニシテ當然朝鮮ニ效力ヲ及ホサス他ニ之ニ關スル法令ナキ現時ニ於テハ朝鮮人ノ日本臣民タルハ法令ニ依ルニアラスシテ併合ニ伴フ當然ノ結果ナリト云ハサルヘカラス從テ朝鮮人ノ國籍ノ得喪ハ國籍法ニ依ルモノニアラサルヘシ此レニ關シ舊來朝鮮ニ於テハ其ノ國人ノ外國ニ歸化スルコトヲ認メス此ハ法規トシテ明示スルモノニアラサルヲ以テ朝鮮人ハ事實外國ニ歸化セリト自稱シ外國ニ於テモ亦之レヲ認メアル事例アリテ國籍ヲ二重ニ有スルノ奇觀アリト雖モ國籍ノ喪失ヲ認メサル以上是等鮮人ハ我領土內ニ於テハ全然我國權ニ服從スヘキモノトセラレアリ

第二節　居住

明治四十四年總督府令第七五號宿泊及居住規則ニ依レハ朝鮮ニ在リテ本籍以外ノ地ニ一戸ヲ構ヘテ居住シ又ハ一戸ヲ構ヘサルモ二ケ月以上同一府郡内ニ居住スル者ハ朝鮮人タルト内地人タルト外國人タルヲ問ハス自己及其ノ携帶スル家族ニ關シ氏名、本籍(國籍)職業生年月日、居住所居住ノ日、前居住所、戸主非戸主ノ別等ヲ記載シ居住ノ日ヨリ十日以内ニ府尹又ハ面長ニ屆出ツヘク此ノ屆出ニハ居住者一戸ヲ構ヘサルトキハ寄寓セシメタル者一戸ヲ構ヘ他人ノ家屋ヲ借受ケタルトキハ家屋所有者若クハ管理人屆書ニ連署スヘキモノトス而シテ居住所ヲ移轉シタルトキ又ハ屆出事項ニ變更ヲ生シタルトキハ十日以内ニ更ニ之レヲ屆出ツヘキモノトセリ屆出ハ單身者ニ在リテハ本人家族携帶者ニ在リテハ戸主又ハ之レニ準スヘキモノヨリ之レヲ爲スヘク是等ノ者屆出ヲ爲スコト能ハサルトキハ家屋又ハ土地ヲ管理スル者ヨリ之レヲ爲スヘキモノトス府及面ニハ登錄簿ヲ備ヘ置キ該屆出ノ事項ヲ登錄スヘク登錄セシ者死亡失踪若クハ移轉シタル屆出アリタルトキハ其ノ事由及年月日ヲ記載シテ登錄簿ヨリ除キ別ニ除戶簿トシテ編綴シ永久保存スヘキモノトス登錄簿ノ謄本又ハ抄本ハ一枚ニ付手數料金十錢ヲ納ムルトキハ何人ト雖モ之レヲ請求スルコトヲ得又一回ニ付金十錢ノ手數料ヲ納ムルトキハ之レカ閱覽ヲ爲スコトヲ得ヘシ

第四章　衞生行政

第一節　衞生行政ノ觀念

凡ソ一國文化ノ發達ト國力ノ增進ハ其ノ國民ノ健康狀態ニ因リ緊切ナル關係ヲ有ス而シテ身體精神ノ健康ヲ保持シ之レニ對スル障害ヲ避ケ又ハ其ノ失ハレタル健康ヲ回復スルハ素ヨリ各自私人ノ勉ムヘキ所ナリト雖モ一私人ノ自衞ニ放任シテ其ノ及ハサル所ノモノハ國家ニ於テ之レカ健康ニ對スル諸種ノ危險ヲ除却シ既ニ罹纏ノ疾病アラハ回復ニ必要ナル行動ト設備トヲ爲シ以テ國家ノ隆盛ヲ謀ルト同時ニ個人ノ幸福ヲ增進スルヲ要ス是レ衞生行政ノ因テ必要ナル所以ニシテ衞生行政ノ目的ハ私人ノ力カ能ク之レヲ爲スニ足ラサル場合ニ國權ノ作

用トシテ其ノ健康ノ保持ト回復トニ必要ナル行動設備經營ヲ爲スニ在リト謂フヘシ

衞生行政ハ其ノ目的ニ從ヒ之レヲ二ツニ分ツコトヲ得保健行政及醫藥行政是レナリ卽チ健康ニ對スル危險ヲ未然ニ防止シ又ハ其ノ傳播ヲ防ク目的ヨリスルモノハ前者ニ屬ス例ヘハ飮食物ニ關スル取締墓地埋葬ニ關スル取締傳染病豫防ノ如シ又既ニ侵害セラレタル健康ヲ回復スル目的ヨリスルモノハ後者ニ屬ス例ヘハ醫師ノ養成醫師ノ業務ニ關スル取締藥品ノ製造販賣等ニ關スルモノ如シ而シテ衞生行政執行ノ爲メニハ又特別ノ機關ヲ設クルヲ要ス以下節ヲ分テ保健行政、醫藥行政ノ二ト爲シ之レヲ說明スヘシ

第二節　保健行政

第一款　飮食物其ノ他物品ノ取締

飮食物ハ國民ノ健康ヲ保持スヘキ最モ重要ナル材料ナリ故ニ何レノ國ニ於テモ之レカ取締ニ關シ嚴密ナル注意ヲ以テ規則ヲ設ケサルハナシ我國ニ於テハ明治

三十三年法律第一五號飲食物其ノ他物品取締法ヲ制定シ明治四十四年勅令第二二號ヲ以テ之レヲ朝鮮ニ施行セラル此ノ法律ニ依ルニ販賣ノ用ニ供スル飲食物飲食器又ハ營業用ニ供スル飲食器、割烹具ニシテ衞生上危險ヲ生スル虞レアリト認ムルトキハ其ノ製造、採取、販賣、授與若ハ使用又ハ營業ヲ禁止シ若クハ停止スルノ權ヲ行政官廳ニ與フ而シテ行政官廳ハ此等ノ物品ノ廢棄ヲ命シ又ハ自ラ之レヲ廢棄シ其ノ他必要ナル處分ヲ爲スコトヲ得又此等處分ヲ爲スカ爲メニ行政官廳ハ吏員ヲシテ此等ノ物品ヲ檢査セシメ又ハ試驗ヲ爲ス爲メニ無償ニテ其ノ物品ヲ收去セシムルコトヲ得又營業時間内ニ於テ此等ノ物品ノ製造採取陳列等ヲ爲ス場所ニ立入ルコトヲ得セシム此ノ法律ハ飲食物其ノ他物品ノ取締ニ關スル法則ノ根本規定ニシテ同法ノ委任ニ依リ定メラレタル命令ノ範圍内ニ於テ行政官廳ハ職權ヲ有ス換言スレハ行政官廳ハ別ニ命令ノ定ムル所ニ據ルニアラサレハ本法所定ノ職權ヲ用ヒルヲ得サルモノトス即チ同法第一條ニ法令ノ定ムル所ニ依リ云云トアルニ依リ之レヲ知ルコトヲ得ヘシ而シテ明治四十四年總督府令第一三三號衞生上有害飲食物及有害物品取締規則ニ於テ同法律ニ於ケル行政官廳ニ屬スル職權ノ實行者ヲ警務部長ト定メ更ニ明治四十五年總督府令第一〇八號ハ輕易ナル事項六項ニ擧ケテ警務部長ノ職權ヲ警察署長（警察署ノ事務ヲ取扱フ憲兵分隊長又ハ同分遣所長ヲ含ム）ニ委任シ同年警務總監部訓令甲第三一號ハ其ノ取扱手續ヲ又明治四十四年總督府告示第三四六號ハ衞生上有害飮食物及有害物品試驗方法ヲ詳細ニ規定セリ其ノ他明治四十四年總督府令第一四五號ハ淸酒ノ製造又ハ貯藏ニ關シ及「サリチール」酸ニ限リ當分ノ內衞生上有害飮食物及有害物品取締規則第八條ノ規定ヲ適用セサル件明治四十五年總督府令第一二一號メチールアルコホル（木精）取締規則竝同年總督府告示第二六〇號メチールアルコホル取締規則中酒類ニ於ケル「メチールアルコホル」試驗方法等ノ發布アリ舊韓國光武九年內部告示第一三號屠獸場及獸肉販賣規則ハ朝鮮人ノ營業者ニノミ適用セラレテ專ラ食用獸肉ノ取締ヲ顧慮シ更ニ明治四十五年總督府令第四〇號警察犯處罰規則第一條第六〇號第七七號乃至第八〇號ハ飮食物ヨリ生スル危險行爲者ヲ處罰シ又地方命令ヲ以テ飮食店料理店ノ取締規則ニ於テモ飮食物取締ニ付テ規定スル所アルノミナラス又行政官廳ハ大正三年總督府令第一三〇號行政執行令施行規則第二條ニ依リ衞

生上必要ト認ムル物品ハ販賣品タルト又ハ販賣品タラサルト飲食物タルト否ラサルトヲ問ハス試驗ノ用ニ供スル爲メ必要ナル分量ヲ收去スルコトヲ得ルモノトシ以テ保健上遺憾ナキヲ期シタリ

次ニ飲食物ニ關シ朝鮮ニ特別ノ規定アルモノ左ノ如シ

第一　清潔飲料水及氷雪營業ノ取締

明治三十三年法律第一五號ノ委任ニ依リ朝鮮總督ノ制定シタルモノハ現今ニテハ明治四十四年總督府令第一三四號清涼飲料水及氷雪營業取締規則ノミナリトス清涼飲料水及其營業者ト稱スルハ規則第一條ニ於テ定義ヲ示シアリ而シテ飲料水又ハ氷雪ノ營業ヲ爲サントスル者ハ警務部長ノ許可ヲ受クヘク其ノ請賣營業ヲ爲サントスル者ハ所轄警察署（警察署ノ事務ヲ取扱フ憲兵官署ヲ含ム）ニ屆出ヲ爲スヘキモノトス同規則ハ其ノ他此等營業者ノ義務竝制限檢査營業許可ノ取消停止等ノ處分及罰則等ヲ規定セリ

第二　牛乳營業ノ取締

牛乳營業ノ取締ニ付テハ明治三十三年法律第一五號ノ朝鮮ニ施行以前ニ於テ明

治四十四年五月警務總監部令第七號ヲ以テ牛乳營業取締規則トシテ發布セラレタリ今其ノ大要ヲ述フレハ左ノ如シ

(一)牛乳ノ搾取又ハ乳製品製造營業ヲ爲サントスル者ハ所轄警察署ヲ經由シテ警務部長ニ願出テ許可ヲ受ケサルヘカラス此ノ許可アリテ初メテ營業ヲ爲スコトヲ得ルモノニシテ此等ノ營業ハ所謂許可營業ノ一種ニシテ警務部長ノ爲ス行政處分ナリ故ニ許可ナクシテ營業シタルトキハ五十圓以下ノ罰金ニ處セラル又願書ハ一定ノ事項ヲ具備セサルヘカラスシテ警務部長ハ願書ヲ受理シタルトキハ技術者ヲシテ建造物ノ位置構造及營業ニ關スル設備ヲ檢査ノ上許否ヲ決定スルモノトス屆出事項ニ變更ヲ生シ又ハ建築物ノ增築改築修繕ヲ爲サントスルトキモ又屆出及許可ヲ要ス

(二)牛乳乳製品ノ引取販賣若クハ請賣營業ヲ爲サントスル者ハ警務部長ニ屆出ツルコトヲ要ス此ノ場合ハ屆出ヲ以テ足ル所謂自由營業ノ部類ニ屬ス

(三)乳牛ハ每日適當ノ運動ヲ爲サシメ且ツ牛體ヲ清潔ニシ牛乳ニ汚物ノ混入セサル樣取扱フ義務アリ

(四)警務部長ハ當該官吏又ハ衛生技術員ヲシテ何時ニテモ乳牛ノ檢診又ハ營業者從事者營業場及器具器械ノ檢査ヲ爲サシムルコトヲ得
(五)警務部長ハ特定ノ場合ニ於テ營業許可ヲ取消シ搾取所ノ移轉ヲ命令シ搾取及乳製品ノ製造ヲ停止スル等ノ處分ヲ爲スコトヲ得
(六)以上ノ外諸種ノ制限義務及罰則ヲ規定シアリ詳細ハ該取締規則ニ就キテ知ルヘシ

第三　水道

飲料ニ供スル水ハ人ノ生活ニ一日モ缺クヘカラサルモノニシテ之カ良否ハ公衆ノ健康ニ關スルコト極メテ大ナリ故ニ刑法ニ於テハ人ノ飲料ニ供スル淨水ヲ汚穢シ又ハ人ノ健康ヲ害スヘキ物品ヲ用ヒテ水質ヲ變シ又ハ腐敗セシメタル者ヲ嚴罰シ警察犯處罰規則第一條第六〇號ニ於テハ刑法ニ觸レサル程度ニ於テ淨水ヲ汚穢シ又ハ其ノ使用ヲ妨ケ水路ニ障碍ヲ爲シタル者ヲモ處罰スヘキ規定アリテ飲料水ノ安全ヲ保護スルコト至レリト云フヘシ特ニ人家稠密ナル都會ノ住民ニ對シテハ牢固ナル設備ヲ爲シ良好ナル飲料水ヲ供給シ以テ上水ノ安全ヲ確保

スルコトハ衛生上極メテ必要ナルコトヽス內地ニ於テハ明治二十三年法律第九號水道條例ヲ發布シ市町村住民ノ需用ニ應シ給水ノ目的ヲ以テ水道ヲ布設スルハ市町村ノ事業ト爲シ一般私人ハ之レヲ布設スルコト能ハストセリ是レ該事業ヲ私人ノ事業トシテ許スハ極メテ危險ニシテ且ツ非常ニ嚴重ナル監督ヲ加ヘサルヘカラサルカ故ニ之レヲ公共團體ノ獨占業トスルヲ以テ衛生上適切ナル方法ナリト思惟シタルニ由ル水道ニ關スル內地ノ法制此ノ如シ而シテ朝鮮ニ於テハ如何ナル規定アリヤ左ニ之レヲ說明スヘシ

朝鮮ニ於テ水道ニ關シ未タ內地ノ如キ根本法アラス水道ノ使用方法制限等ハ各水道布設官廳又ハ公共團體ニ於テ規定シアルニ過キス從テ理論トシテハ私人ニ水道布設ノ權利アリト謂ハサルヘカラス是レ甚タ危險ノ事ニ屬ス然レトモ水道ヲ布設スルニハ道路ノ使用河川ノ利用等行政官廳ノ許可ヲ要スルコト少ナカサルヘク行政官廳ハ此ノ點ニ於テ之レヲ許否スルコトヲ得ルカ故ニ實際ニ於テハ敢テ差支ヲ生スルコトナシ然レトモ現時朝鮮ニ於テハ私人經營ノ水道ナク官公設ニ係ルモノ僅カニ京城、釜山、元山、仁川、平壤、鎮南浦、木浦、群山等ノ數ケ所ニ有ルノ

ミ他ハ悉ク加工セサル河水其他井水ヲ飲料ニ供スルニ過キス之レカ爲メ衞生上危害ノ虞アルハ實ニ現下ノ狀態ナリ

朝鮮ニ於テ水道布設ニ著手セシハ第一ニ京城ニシテ釜山、仁川之レニ次ク今明治四十四年總督府令第一八號官營水道給水規則ニ依レハ

給水ノ方法ハ大別シテ放任法計量法ノ二トスルヲ得放任法トハ水量ヲ計ラスシテ無限ニ給スル方法ナリ計量法トハ水量ヲ計リテ給水スル方法ヲ云フ而シテ之レカ種類ヲ擧クレハ專用給水（一戸又ハ一個所ノ專用ニ屬スルモノ）共用給水（二戸以上ノ共用ニ屬スルモノ）消火用給水（消火用給水栓ニ依リ消防用ニ供スルモノ）船舶用給水（公設特定線ニ依リ船舶ニ供給スルモノ）官設共用給水（官設共用栓ニ依リ需用者ニ供給スルモノ）ノ五種アリテ鐵道、洗濯業、湯屋、料理屋、釀造業其他多量ノ水ヲ要スルモノニ限リ專用給水トシテ計量ニ依ルヘク他ハ水量ヲ計ラス供給ス其ノ他給水ニ關シテハ一定ノ制限アリ水道費ノ負擔ニ關シテモ規定アリ水道費ノ負擔ハ引用者ノ義務ニ關シ其ノ性質ハ行政上ノ手數料ニシテ租税ニアラス何トナレハ給水其ノ他ノ代償トシテ納付スル料金ニシテ無償ニテ納付スヘキモノニヨラサレハナリ詳細ハ該規則ニ依リ研究スルヲ要ス

次ニ明治四十三年統監府令第六一號水道上水保護規則ハ警務部長ノ定メタル水道上水保護區域内ニ於テハ瓦礫、塵芥、動物ノ屍體等ヲ拋棄シ又ハ家畜放飼、捕鳥、漁獵、游泳、洗濯其ノ他水質ヲ汚損スヘキ行爲ヲ爲スコトヲ得ス又其ノ區域内ニ於テハ家屋其ノ他ノ建造物ヲ作リ又ハ田畓ヲ開墾シ若クハ土地ノ形狀ヲ變更セシメントスルトキハ所轄警察官署ノ許可ヲ受クヘキモノトセラレ之レニ違反シタルモノハ相當ノ復舊又ハ施設ヲ命シ若クハ代執行ヲ爲シテ費用ヲ徵收セラルルノ外拘留科料ノ罰則ヲ規定シテ飲料水ノ保全ヲ期セリ

第二款　汚物、下水及墓地火葬場

住家及住家附近ノ土地ヲ不淸潔ニスルハ疾病ノ發生及其ノ傳染ノ主タル原因ヲ爲スモノニシテ淸潔保持ハ保健行政上大ニ注意スヘキ事項トス

第一　汚物掃除及下水

朝鮮ニ於テハ除穢及汚物掃除ニ關シ全道劃一ニ渉ル規定ナク僅カニ舊韓國警視廳令タル除穢規則及明治四十一年京城理事廳令除穢規則アリテ何レモ京城府内ニノミ適用セラレ土地建物ノ所有者占有者ハ其ノ定ムル所ニ依リ其ノ地域内ノ

汚物（該規則ニ依レハ汚物トハ塵芥、汚泥、汚水及屎尿トス）ヲ掃除シ清潔ヲ保持スヘク又建物ノ所有物ハ汚水排泄ノ為メ必要ナル排水路ヲ築造修繕スヘキ義務ヲ負ヒ是等ノ義務者ナキ土地ニ在リテハ京城府之レニ當ルモノトス而シテ義務者ノ蒐集シタル汚物ハ府ニ於テ之レカ處分ヲ為シ之レヨリ得タル收入ヲ其ノ所得トス私人カ義務ヲ履行セス又ハ履行スルモ不十分ナルトキハ必要ニ依リ行政執行令ニ規定スル代執行ヲ行フコトヲ得ヘシ

叙上ノ如ク現時朝鮮全道ニ渉ル掃除規則ハ之レナキモ明治四十五年警務總監部令第三號清潔方法施行ノ件ハ傳染病豫防ノ為メ毎年春秋ノ二季ニ於テノミ邸地家屋ノ内外家具什具ヲ清潔ニ掃除シ井戸下水溝ヲ浚渫シ其ノ他警務官吏ノ指示シタルコトニ從フヘキヲ規定シテ其ノ效力ヲ全道ニ及ホシアリト雖モ此ハ春秋二季ノ定期ニ限ルモノニシテ日常ノ清潔保持ニ關シ義務ヲ負ハシムルコトナシ

次ニ下水道ニ付テハ朝鮮ニ於テハ未タ何等ノ法令ヲ見スト雖モ下水道ト稱スルハ土地ノ清潔ヲ保持スル為メ汚水雨水疏通ノ目的ヲ以テ布設スル排水管其ノ他排水線路及其ノ附屬装置ヲ云フモノニシテ公共下水及私設下水ノ二アリテ下水

道ノ設ケアル地ニ於ケル必要ナル施設及之レヲ管理スル義務ハ各地ニ設ケアル衛生組合等ノ公共團體又ハ土地所有者使用者若クハ占有者ノ負フ所ナリ

第二　墓地火葬場

死屍ノ腐敗ニ依ル病毒ノ傳播假死者ノ誤葬又ハ罪跡ノ湮滅ヲ防ク爲メニハ埋葬火葬ニ關スル特別ナル取締ヲ要スルナリ明治四十五年總督府令第一二三號墓地火葬場、埋葬及火葬取締規則ハ實ニ此ノ精神ヲ主トシ集葬制ヲ採リ特別ノ事情ナキ限リ共同墓地以外ニ埋葬スルコトヲ得サラシム其ノ內容大略左ノ如シ

(一)墓地　墓地ノ新設變更又ハ廢止ハ警務部長ノ許可ヲ受クヘシ而シテ此レカ新設ハ府面里洞其ノ外地方公共團體又ハ之レニ準スヘキモノニアラサレハ爲スコトヲ得サルヲ原則トス特別ノ事情アルトキハ單獨又ハ一族若ハ各族ノ墓地ヲ許可スルコトアリ墓地ハ道路鐵道及河川ヲ距ルコト十間以上人家ヲ距ルコト六十間以上ニシテ且ツ水源、水流及飲用井泉ニ關係ナキ土地ナルヲ要ス又墓地ハ其ノ設置シタル府面里洞長其ノ他公共團體ノ代表者管理者タルヘク管理者ハ管理ニ屬スル墓地ノ圖面及墓籍ヲ調製シ且ツ墓地ヲ掃除スル義務ヲ負フ

（二）火葬場　火葬場ノ新設改築增築モ亦警務部長ノ許可ヲ受クヘク之レヲ廢止セントスルハ警務部長ニ屆出ツルヲ要ス火葬場ハ道路鐵道河川ヲ距ルコト六十間以上人家及公衆輻輳ノ場所ヲ距ルコト百二十間以上ニシテ且ツ市街及部落ニ對シ風上ニ位セサルコト火爐煙筒ヲ備ヘ臭氣ヲ防ク裝置ヲ爲スコト及山林原野等人家ヲ隔ツル場所以外ニ於テハ必ス周圍ニ高サ六尺以上ノ墻壁ヲ設クルコトヲ要スルモノトス而シテ管轄官廳ハ願出アリタルトキハ以上ノ制限條件ニ適合スルヤ否ヲ檢査シテ許否ヲ決定スヘキモノトス又許可ヲ受ケ工事落成シタリト雖モ更ニ管轄警察署ニ屆出テ檢査ヲ受ケ其ノ認可ヲ受クルニアラサレハ使用スルコトヲ得サルモノトス火葬場營業者又ハ管理者ハ火葬臺帳ヲ調製スヘク又之レカ掃除ヲ爲スヘキ義務ヲ負フ

（三）埋葬火葬改葬　埋葬、火葬、改葬セントスル者ハ一定ノ書面ヲ提出シテ警察又ハ憲兵官署（巡査駐在所憲兵分遣所出張所ヲ含ム）ノ認許證ヲ受クルニアラサレハ之レヲ爲スコトヲ得ス之レカ認許ハ左ノ條件ニ適合スルコトヲ要ス

（イ）埋火葬ハ死後二十四時間ヲ經過セルニアラサレハ其ノ許可ヲ得ルコトヲ得

ス但シ傳染病死體ハ此ノ限リニアラス
(ロ)火葬ハ日沒後ニ於テ之レヲ行フヲ原則トス但シ警察官吏又ハ憲兵ノ認可ヲ得タルトキハ此ノ限リニアラス
(ハ)傳染病者ノ死體ハ特ニ許可ヲ受ケタル場合ノ外警察又ハ憲兵官署ノ指定シタル墓地ニアラサレハ之レヲ埋葬スルヲ得ス其ノ改葬ハ三年以上ヲ經過スルニアラサレハ之レヲ爲スコトヲ得ス
(ニ)埋葬ノ壙穴ハ棺ノ頂面ト地盤面ト二尺以上ナルコトヲ要ス但シ遺骨ノミ埋葬スル場合ハ此ノ限リニアラス
(四)死體移送　死體ヲ移送セントスル者ハ警察又ハ憲兵官署ノ許可ヲ要ス
(五)移轉、改良修繕停止處分
(イ)警務總長ハ墓地火葬場ニシテ公衆衛生ニ害アリ又ハ土地ノ變狀ニ依リ墓地火葬場ニ適セスト認ムルトキハ其ノ移轉ヲ命スルコトヲ得
(ロ)警務部長ハ必要ト認ムルトキハ墓地又ハ火葬場ノ改良修繕又ハ使用ノ停止ヲ命スルコトヲ得

以上ノ外該規則ニハ違反者ニ對スル罰則ノ規定アリ詳細ハ該規則及同規則施行細則同規則取扱手續ニ付テ知ラルヘシ

第三款　傳染病豫防

傳染病トハ人ヨリ人ニ傳染スル疾病ニシテ直接ニ人ニ依ル場合ト飲食物又ハ蟲類ノ媒介等人以外ニ依ル場合等アリ現行法規上ニ於テ傳染病トハ虎列剌、「ペスト」赤痢、痘瘡、發疹扶斯、腸窒扶斯、實扶的利亞及猩紅熱ノ八種ヲ稱ス朝鮮ニ於テ是等傳染病ノ豫防ニ關シテハ舊韓國内務部令ヲ以テ規定セラレタルモノニシテ當局ハ新ニ制定ノ起案アリト云フ然レトモ豫防ノ大綱ニ至リテハ新舊令ニ於テ大ナル差ナカルヘク只舊韓國法令ハ其ノ適用範圍内地人ニ及ハサルヲ以テ之レヲ劃一ニ施行セントスルニヨルヘシ本款ニ於テハ此等傳染病ノ發生及既發ノ場合ニ傳播ヲ防止スル一般的法則ヲ論シ最後ニ種痘ノコトヲ論セン

第一項　傳染病豫防ノ一般的法則

舊韓國ノ傳染病豫防規則ハペスト及猩紅熱ヲ傳染病中ニ掲記セスト雖モ便宜之レヲ包含シテ豫防ニ關スル概略ヲ説明スヘシ

(一)屆出ノ義務　醫師(醫生ヲ含ム)傳染病患者ヲ診斷シ若ハ死體ヲ檢案シタルトキハ直ニ患者若ハ死體所在地ノ所轄警察官署ニ屆出ヘク其ノ治癒死亡ノ場合モ亦同シ(尙ホ該規則ハ面里洞長ニモ此ノ責任ヲ規定シアリ)內地ニ於テハ患家ニモ屆出ノ義務ヲ負ハシメ更ニ當該吏員ハ傳染病患者ノ疑アルトキハ何時ニテモ必要ノ場所ニ立入ルコトヲ得セシメアリ

(二)消毒法及淸潔法施行　警察官署ニ於テ其ノ屆出ヲ受ケタルトキハ速ニ豫防消毒法及大淸潔法ヲ施行スヘク是等ニ付テ人民ハ總テ警察官吏ノ指揮ニ從フヘキモノトス

(三)患者及死亡者ノ處置　患者及死者ノ處置ニ付テハ總テ當該官吏ノ指揮命令ニ服從スヘキモノニシテ或ハ隔離病舍ニ入ラシメ或ハ他ノ家トノ交通ヲ禁ス殊ニ死體ハ充分ノ消毒ヲ行ヒ官吏ノ指揮シタル場所ニ埋葬スヘキモノトス但シ火葬ハ此ノ限ニ非サルナリ

(四)病毒汚染物件ノ取扱　病毒ニ汚染シタル物件ハ總テ河流池沼溝渠又ハ井戶端ニ於テ洗滌スルコトヲ得ス又患者ノ排泄物ハ投棄スルコトヲ得ス

(五)交通遮斷　傳染病豫防上必要ト認ムルトキハ當該豫防官廳ハ患者ノ生シタル家竝其ノ近隣又ハ流行地ノ局部若クハ全部ニ對シ交通遮斷ヲ爲スコトヲ得而シテ患者アリタル家竝其ノ近隣ニ對シテハ當該官吏直チニ交通遮斷ヲ爲スコトヲ得

(六)檢疫　豫防上必要ト認ムルトキハ汽車其ノ他ニ對シ檢疫ヲ行フコトヲ得殊ニ來航船舶ニ對シテハ檢疫ヲ行フモノトス

(七)傳染病豫防特別機關　當該官廳ハ檢疫委員ヲ設置シ檢疫豫防ニ關スル事務ヲ擔任セシムルコトヲ得殊ニ海港檢疫ニ關シテハ海港檢疫所ナル常設機關アリ

以上ハ傳染病豫防ニ關スル一般法則ノ大要ナリ詳細ハ傳染病豫防規則、傳染病消毒規則、傳染病消毒方法施行心得及明治四十三年勅令第三三三號及明治四十四年制令第一號海港檢疫ニ關スル法規ニ付硏究セラルヘシ

第二項　種痘

從來痘瘡ハ朝鮮人間ニ最モ恐ルヘキ傳染病ニシテ之レカ爲メ夭折ノ災ニ罹レルモノ夥シ現今中年以上ノ者ニシテ痘痕ノナキモノ殆ント稀ナルヨリ見ルモ往時

慘害ノ如何ニ猛烈ナリシカヲ知ルニ足ル斯ノ如キ狀態ニ在リシヲ以テ十餘年前韓國政府ハ種痘規則ヲ發布シテ痘瘡豫防ノ爲メ極力之レカ普及ニ力メタル結果最近ニ至リテハ頓ニ患者ノ減退ヲ示セリ同規則ニ依レハ種痘ヲ分テ定期及臨時ノ二ト爲シ定期種痘ハ出生後一ケ年ニ滿タサル者ニ付之ヲ行ヒ其ノ不感ナル場合ハ更ニ二ケ年內ニ之レヲ行ヒ善感後ト雖モ五年乃至七年ニ再種ヲ行ヒ再種後五年乃至七年ニ三種ヲ行フヘキ規定ナリ臨時種痘ハ當該官廳ニ於テ天然痘流行ノ兆アリテ必要ト認ムル場合ニ前述ノ小兒以外ノ者ニ付テモ之レヲ行フ而シテ孰レノ場合ニ於テモ種痘ハ强制的ニ之レヲ行フ定期種痘ノ原則ニ對シテハ例外アリ即チ(一)種痘ヲ受ケタル醫師ノ證明アル者(二)種痘ヲ受ケタル實跡アル者(三)痘瘡ニ係リ其ノ實跡アル者ハ定期種痘ヲ受クルコトヲ要セサルモノトス次ニ痘苗ハ明治四十三年總督府令第六號痘苗賣下規則ニ依リ代價ヲ限定シ又種痘醫ノ不足ヲ補フ爲メ特ニ種痘認許員ヲ設ケテ警察官署ノ監督ニ屬セシメ鋭意之レカ普及ヲ圖リアルカ如シ

第三項　其ノ他ノ傳染病豫防

内地ハ於テハ以上ノ外癩及肺結核豫防等ニ關シ豫防法ノ規定アリ朝鮮ニ於テモ之レカ必要アルハ勿論ナルモ未タ法文ノ發布ヲ見ス又朝鮮ニ於テハ地方病トシテ到ル所ニ肺「ヂストマ」菌アリ是等ハ多ク飲料水又ハ魚介植物ヨリ人體内ニ入ルモノニシテ之レカ豫防トシテ生水ノ飲用魚介野菜ノ生食ヲ禁スヘキモノトセラレアルモ未タ豫防上ノ法規ノ發布ヲ見ス

第三節　醫藥行政

第一款　醫師醫生及齒科醫

第一　醫師

朝鮮ニ於テ醫師ヲ業トスルコトヲ得ル者ハ大正二年總督府令第一〇〇號醫師規則ニ依リ原則トシテ内務大臣ヨリ醫術開業免狀若クハ醫師免許證ヲ得タル者又ハ朝鮮總督ヨリ醫業免許證ヲ得タル者ナルコトヲ要ス蓋シ醫業ハ常ニ人ノ生命身體ヲ取扱フモノナレハ之レヲ全ク私人ノ自由ニ放任スルハ甚タ危險ナリ且ツ醫師ノ技能ヲ判斷スルハ普通人ノ甚タ困難トスル所ナルヲ以テ國家ハ一定ノ資

格ヲ有スルモノニアラサレハ之レヲ業トスルヲ得サラシメ又資格ヲ有スル者ト雖モ更ニ官廳ノ免許ヲ受クルヲ要ストシ以テ私人保護ノ周到ヲ爲セリ卽チ醫師タル資格ハ

(一)内務大臣ヨリ醫師開業免狀若クハ醫師免許證ヲ得タル者　此等ノ者カ醫業ヲ爲スコトヲ得ルハ當然ニシテ朝鮮ニ於テ開業セントスルトキハ開業ノ場所ヲ定メ該免狀寫ヲ添ヘ其ノ地ノ警務部長ニ屆出ツルヲ以テ足ル其ノ廢業ニ付テモ亦同シ

(二)朝鮮總督ヨリ醫業免許證ヲ得タル者　醫業免許證ヲ受ケントスル者ハ醫術ニ關スル資格ヲ證明スル書面(卒業證書又ハ試驗合格證書外國ニ於ケル醫師免許證ノ寫)ニ戸籍又ハ民籍ノ抄本ヲ添ヘ朝鮮總督ニ申請スヘキモノトス而シテ總督ノ與ヘタル醫業免許證ハ朝鮮内ニ限リ有效ニシテ又其ノ特ニ區域ヲ限定シテ下附シタルトキハ其ノ區域内ニ於テノミ有效トス而シテ免許證ノ下附ヲ申請スルトキハ手數料トシテ金十圓、書換再下附ヲ請求スル場合ニハ金一圓ノ收入印紙ヲ納付セサルヘカラス醫師ハ自ラ診察セスシテ治療ヲ為シ若クハ診斷書處方箋ヲ交付シ又ハ檢案セスシテ檢案書又ハ死產證書ヲ交付シ又ハ正當ノ理由ナクシテ診斷書檢案書死產證書ノ交付ヲ拒ムコトヲ得サルノミナラス學位稱號及專門科名ヲ除クノ外技能療法又ハ經歷ニ關スル廣告ヲ為スコトヲ得ス且ツ犯罪ノ疑アル者ノ診斷又ハ檢案ヲ為シタルトキハ二十四時間內ニ警察官ニ屆出ツヘキ義務アルモノトス而シテ醫師其ノ業務ニ關シ犯罪若クハ不正行為アリタルトキハ朝鮮總督ハ其ノ業ヲ停止若クハ禁止スルコトヲ得總督カ醫業禁止ノ處分ヲ為シタルトキハ警務部長ハ受命者ヨリ其ノ免許證ヲ取上ケ總督ニ送付スヘク停止處分ヲ為シタルトキハ或ル期間停止ノ旨ヲ免許證ニ裏書シ廳印ヲ押捺シテ之ヲ本人ニ下付スヘキモノトス若シ內務大臣ヨリ醫業禁止又ハ停止セラレタルトキハ開業ノ效ヲ失ヒ又ハ停止期間內開業ヲ為スコト能ハサルモノトス醫師ニシテ該規則ノ規定ニ違背シタルトキハ二百圓以下ノ罰金又ハ科料ニ處セラル、モノトス

終リニ一言スヘキハ朝鮮ニ於テハ大正三年總督府令第一一四號醫師試驗規則アリテ此ノ試驗ニ合格シタル者ハ朝鮮總督ノ管轄內ニ限リ醫師業ヲ為ス資格ヲ享

クルモノトス

第二　限地開業醫

醫業ヲ爲スニ付前述ノ原則ニ對シ朝鮮ニ於テハ尚ホ二ツノ例外アリ其ノ一ハ所謂限地開業醫ト稱スルモノニシテ朝鮮ノ如キ內地人醫師ノ普及セサル地ニ在リテハ正規ノ醫師ノ資格ナキ者ト雖モ當分ノ內其ノ履歷及技倆ヲ審査シテ地域及期間ヲ限定シテ醫業ノ免許ヲ與フルコトヲ得ルモノトセリ而シテ是等ニ對シテハ醫師規則ヲ適用シテ取締ルヘキハ醫師規則ノ定ムル所ナリ

第三　醫生

醫業ノ原則ニ對スル第二ノ例外ハ大正二年總督府令第一〇二號醫生規則ニ依ル醫生ナリ同規則ニ依レハ醫生タルニハ(一)朝鮮人ニシテ年齡二十年以上ノ者タルコト(二)此ノ規則施行以前朝鮮ニ於テ二年以上醫術ノ業ヲ爲シタル者タルコトノ二條件ニ適合シ醫生タラントスル者ハ履歷書ニ民籍抄本ヲ添ヘ本規則施行ノ日卽チ大正三年一月一日ヨリ三ケ月以內ニ警務總長ニ醫生免許證ノ下附ヲ申請スルコトヲ得トアリ警務總長ハ申請者カ醫業ヲ爲スニ適當ナリト認ムルトキハ免

許證ヲ下付ス免許ヲ受ケタル者ハ之ヲ醫生ト稱シ朝鮮總督ノ管轄內何レノ地ニ於テモ醫業ヲ爲スコトヲ得ルモノトス而シテ醫生カ免許證ノ下付ヲ申請スルトキハ金三圓又之カ書換再下付ヲ請求スルトキハ金五十錢ヲ手數料トシテ收入印紙ヲ以テ納付スヘキモノトス

醫生ノ制度タルヤ醫師ノ不足ト朝鮮人民智ノ程度ニヨリテ地方ノ狀況ニ適應セシムル爲メ設ケタル例外的ノモノニシテ之レカ醫業ノ禁止若クハ停止處分及規則違反者ニ科スル制裁ハ警務總長之ヲ行フモノニシテ大體ニ於テ醫師規則ヲ準用セラレアリ

次ニ醫生免許證ハ規則ニ依リ大正三年三月三十一日限リ申請アリタル者ニ下付シタルモ同規則ノ附則ニハ該期日以後ニ於テハ醫生ニ付キ三年以上醫業ヲ修習シタル朝鮮人ニシテ適當ト認ムル者ニハ當分ノ內五年以內ノ期間ヲ以テ特ニ醫生ノ免許ヲ與フルコトヲ得ルモノト規定シアリ而シテ之レカ繼續免許ヲ爲スハ妨ケナキ所ナリトス

終リニ醫師ハ衞生行政ノ作用トシテ取締ヲ受クルモノナルモ醫術ニ關シテハ國

家ハ勿論何人ノ監督ヲモ受クルモノニアラス然ルニ限地開業醫及醫生ハ例外トシテ醫術ヲ爲スヲ許サレタルモノニシテ其ノ學識淺薄一ニ經驗ニ依リテ業務ヲ執ルモノナリ、サレハ醫生ノ業務卽チ醫術ニ關スル監督ニ付テハ嚴重ニ之レヲ爲サヽルニ於テハ危險測リ知ルヘカラス現今之レカ規定ナキハ遺憾トスル所ナリ

第四　齒科醫及入齒營業者

齒科醫ハ大正二年總督府令第一〇一號齒科醫師規則ニ依リ内務大臣ヨリ下附シタル齒科醫師免許證、齒科醫術開業免狀ヲ有スル者又ハ朝鮮總督ヨリ齒科醫師免許證ヲ得タル者ニアラサレハ開業ヲ爲スコトヲ得ス而シテ朝鮮總督ヨリ免許證ヲ得ルニハ年齡二十年以上ニシテ(一)内地ニ於テ、齒科醫師タルコトヲ得ル資格ヲ有スル者(二)朝鮮總督ノ指定シタル齒科醫學校ヲ卒業シタル者(三)外國ニ於テ齒科醫學校ヲ卒業シ又ハ外國ニ於テ齒科醫免許ヲ得タル者ニシテ齒科醫業ヲ爲スニ適當ト認メタル者ナルヲ要ス

以上ノ資格ヲ有シ齒科醫師タラントスル者ハ履歷書ニ戶籍又ハ民籍抄本及卒業證、合格證書又ハ外國ニ於ケル齒科醫師免許證書ノ寫ヲ添ヘ朝鮮總督ニ申請スヘ

ク申請ノ際ニハ手數料十圓ヲ納ムヘキモノトス其ノ他齒科醫ニ關シテハ總テ醫師規則ヲ準用又ハ適用セラレアリ

齒科醫師ニ似テ非ナルモノアリ卽チ齒科醫師規則附則ノ委任ニ依リ定メタル大正二年警務總監部令第五號入齒營業取締規則ニ依ル入齒營業者ナリ入齒營業者タラントスル者ハ履歷書及其ノ學力又ハ技倆ヲ證明スルニ足ルヘキ書類ニ手數料五圓ヲ添ヘ警務總長ニ出願スヘキモノトス警務總長ハ之レヲ審査シテ適當ト認メタルトキハ五年以內ノ期間營業地ヲ限定シテ入齒營業免許證ヲ下附スルモノトス

入齒營業者ハ入齒、齒拔、鎭痛其ノ他應急手當ノ外醫術ニ關スル業務ヲ爲スコトヲ得ス又何等ノ方法ヲ以テスルヲ問ハス其ノ技能、施術方法、經歷ニ關スル廣告又ハ齒科醫師ニ紛ハシキ表示ヲ爲スコトヲ得ス其ノ他入齒業者ノ取締ハ大略齒科醫師規則ニ依ルヘク若シ規則ニ違背シタルトキハ百圓以下ノ罰金又ハ科料ニ處セラルヽモノトス

第二款　公醫

公醫ノ性質ニ關シテハ異論ナキニアラサルモ余輩ノ信スル所ヲ述フレハ公醫トハ衛生行政ノ爲メニスル機關タルト同時ニ人的營造物ナリトス左ニ之レヲ說明セン

(一)公醫ハ衛生行政ノ爲メニスル、補助機關ナリ公醫ノ制度タルヤ朝鮮ノ如キ衛生行政ノ不備ヲ補フ爲メ設ケラレタルモノナリ卽チ大正二年總督府令第一〇三號公醫規則ニ依レハ公醫ハ官ノ指揮ヲ受ケ常ニ受持區域内ニ於ケル衛生及醫事ニ關シ查察研究シ關係官廳及監督官廳ニ報告スル義務及非常事變ニ依リ人命救助ヲ要スルトキハ速ニ現場ニ出張シ其ノ救療ニ從事スル義務ヲ有スルモノトセラレ主トシテ左ノ事務ニ從事ス

一、傳染病豫防地方病調查及種痘

二、學校及工場衛生死體檢案及、藝娼妓健康診斷

三、行旅病者及貧民患者ノ診療

以上ノ諸點ヨリ見ルトキハ公醫ハ衛生行政ノ、補助機關ナリ從テ監督官廳ハ公醫ヲ指揮監督スルノミナラス其ノ公務以外ノ行爲ニ就テモ制限セラルヽモノアリ

且ツ其ノ職務ヲ行フ點ヨリ相當ノ手當ヲ受ク

(二)公醫ハ人的營造物ナリ　前項述フル所ハ公醫ノ性質ノ一半ニシテ此以外ニ於テ公醫ハ營造物行政ノ一種ナリ故ニ公醫ハ配置セラレタル地ニ居住シ開業シ直接公衆ノ診療ニ從事スルコトヲ要スルモノニシテ正當ノ理由アルニアラサレハ之ヲ拒ムコトヲ得サル義務ヲ有ス此ノ點ヨリ公醫ハ公衆ノ用ニ供セラルルモノト云フコトヲ得其ノ他行旅病人貧民ニ對シ施療ヲ為スヘキモノトス之レ朝鮮ハ新領土ニシテ醫師ノ供給充分ナラサルカ故ニ此ノ缺點ヲ補ハンカ為メニ規定セラレタルモノナリ

(三)公醫ハ國家ノ設ケタル人的營造物ナリ　公醫規則ニ依レハ公醫ハ朝鮮總督之レヲ命ストアリ故ニ公醫ハ國家ノ設ケタル營造物ニシテ之レカ監督ハ警務總長ニ屬ス而シテ營造物ハ之レヲ設ケタル國家又ハ團體ニ於テ維持スルヲ原則トスルヲ以テ公醫ニハ國家ヨリ一定ノ手當旅費ヲ給ス

第三款　産婆看護婦、按摩術、鍼術、灸術

第一、産婆

產婆タラントスル者ハ大正三年總督府令第一〇九號產婆規則ニ依リ二十年以上ノ女子ニシテ(一)產婆試驗ニ合格シタル者(二)官立醫院ニ於テ助產婦科ヲ卒業シタル者(三)助產婦適任證書ヲ有スル者(四)朝鮮總督ノ指定シタル學校又ハ產婆養成所ヲ卒業シタル者(五)內地ニ於テ產婆名簿登錄ヲ受ケ得ヘキ資格ヲ有スル者ニシテ警務總長ニ申請シテ產婆免許證ヲ受クルコトヲ要ス申請ニハ履歷書、產婆試驗合格證書、卒業證書又ハ產婆名簿ノ謄本ヲ添ヘ手數料一圓ヲ納付セサルヘカラス產婆開業又ハ廢業シタルトキハ五日以內ニ當該官廳ニ之レヲ屆出テサルヘカラス而シテ產婆ハ姙婦、產婦、褥婦、胎兒、生兒ニ異狀アリト認ムルトキハ臨時應急ノ手當ノ外自ラ其ノ處置ヲ爲スコトヲ得ス必ス醫師ノ診斷ヲ請ハシメサルヘカラス又法令ノ規定ニ依リ必要アル者ニ死產證書又ハ死胎檢案書ノ交付ヲ拒ムコトヲ得サル義務アルモ自ラ檢案セスシテ之レヲ交付スルコトヲ得ス其ノ他產婆規則所定ノ規則ニ違反スル者ハ百圓以下ノ罰金科料又ハ免許取消營業停止ノ處分等アリ尙ホ產婆試驗ニ付テハ大正三年總督府令第一〇九號產婆試驗規則アリ

第二　看護婦

大正三年總督府令第一五四號看護婦規則ニ依レハ看護婦ハ十八年以上ノ女子ニシテ(一)朝鮮總督ノ定ムル看護婦試驗ニ合格シタル者(二)官立醫院ノ看護婦科ヲ卒業シタル者(三)朝鮮總督ノ指定シタル看護婦學校又ハ看護婦養成所ヲ卒業シタル者(四)道府縣ノ看護婦試驗ニ合格シタル者(五)官公立又ハ赤十字社ノ看護婦養成所ヲ卒業シタル者ニシテ警務部長ノ免許ヲ得タルモノナルコトヲ要ス其ノ申請手續ヲ届出ノ義務等ハ産婆ト略ホ同一ナリ規則違反者ハ五十圓以下ノ罰金科料又ハ免許ノ取消、業務停止ノ處分ヲ受クモノトス尚ホ看護婦ノ試驗ハ看護婦規則ニ依レハ道長官之レヲ行フコトノ規定アリ

第三　按摩鍼灸術

按摩、鍼灸術ノ營業ニ關シテハ大正三年警務總監部令第一〇號按摩術、鍼術、灸術、營業取締規則アリ同規則ニ依レハ是等ノ營業ヲ爲サントスル者ハ履歴書及其ノ技術ヲ修得シタルコトヲ證スル書面ニ手數料一圓ヲ添ヘ警務部長ニ願出テ免許證ノ下附ヲ受ケサルヘカラス警務部長ハ願書ヲ審査ノ結果適當ト認メサルトキハ不下付處分ヲ爲スコトヲ得ヘシ

鍼術營業者ハ瀉血、切開其ノ他外科手術ヲ行ヒ電氣烙鐵ヲ用ヒ又ハ藥品ヲ授與シ若クハ之レヲ指示スルコトヲ得ス又按摩術鍼術者ハ手指、鍼及手術ノ局部ヲ消毒セサルヘカラス而シテ是等ノ營業者ハ何等ノ名義ヲ以テスルヲ問ハス業務ノ流派名又ハ卒業シタル學校講習所ノ名稱若クハ修業證書ヲ與ヘタル敎師ノ氏名ヲ除クノ外技能施術方法又ハ經歷ニ關スル廣告ヲ爲スコトヲ得サルモノトス

其ノ他屆出ノ義務等ハ產婆ト略同一ナリ而シテ規則違反者ハ五十圓以下ノ罰金科料又ハ免許取消、營業停止ノ處分ヲ受クルモノトヌ

第四款　藥劑師、藥種商、製藥業者、賣藥業者

第一　藥劑師

明治四十五年制令第二五號藥品及藥品營業取締令ニ依レハ藥劑師トハ醫師ノ處方箋ニ據リ藥劑ヲ調合スル者ヲ謂ヒ藥劑師ハ藥品ノ製造及販賣ヲモ爲スコトヲ得ル旨ヲ規定セリ而シテ藥劑師タルニハ朝鮮總督ノ下付シタル藥劑師免許證又ハ內務大臣ノ下付シタル藥劑師免狀ヲ有スルモノナルコトヲ要ストセリ又藥劑師免許證ヲ受ケントスル者ハ年齡二十年以上ニシテ(一)朝鮮總督ノ定ムル藥劑師

試驗ニ及第シタル者(二)內地ニ於テ藥劑師タルコトヲ得ル資格ヲ有スル者(三)外國ニ於テ藥劑師タル資格ヲ有スル者ニシテ之レカ免許證ヲ受クル者ハ下付ノ際手數料金三圓ヲ書換又ハ再下付ヲ請フトキハ金一圓ヲ納ムヘキモノトス藥劑師營業ノ開廢ハ一定ノ期日內ニ之レヲ警務部長ニ届出ツル義務ヲ有ス

藥劑師ハ醫師ノ處方箋ニ依リ調劑スヘキモノニシテ若シ處方箋中疑ハシキ點アルカ又ハ處方箋ニ掲ケタル藥品ナキトキハ一ニ醫師ノ指示ナキ限リ調劑スルコト能ハサルモノニシテ醫師ノ處方箋ヲ受ケタルトキハ正當ノ事由ナクシテ調劑ヲ拒ムコトヲ得サル規定アリ又藥劑師ニシテ規則ニ違反シタル行爲アルトキハ三ケ月以下ノ禁錮又ハ五百圓以下ノ罰金ニ處セラレ尙ホ其ノ業務ニ關シ犯罪又ハ不正ノ行爲アリテ必要アリト認ムルトキハ朝鮮總督ハ其ノ業務ノ禁止又ハ停止ヲ命スルコトヲ得ルモノトス

第二　藥種商、製藥者、賣藥業者

明治四十五年制令第二二號藥品及藥品取締令ノ定義スル所ニ依レハ藥種商トハ藥品ヲ販賣スル者ヲ謂ヒ製藥者トハ藥品ヲ製造シテ販賣スル者ヲ謂ヒ賣藥業者

トハ賣藥ヲ調製移入又ハ輸入シテ販賣スル者ヲ謂フトセリ
藥種商、製藥者又ハ賣藥業者タラントスル者ハ規則所定ノ事項ヲ具シタル書面ニ調製品若クハ賣藥ノ見本等ヲ添ヘテ警務部長ニ願出其ノ許可ヲ受ケサルヘカラス又賣藥ヲ請賣セントスル者ハ所定ノ事項ヲ具シタル書面ニ賣藥ノ見本ヲ添ヘ所轄警察署ニ願出テ其ノ許可ヲ受ケサルヘカラス賣藥ノ行商ヲ爲サントスル者モ亦警察署ニ願出テ行商許可證ヲ受ケサルヘカラス是等營業者ニ對スル業務ノ禁止、停止其ノ他處罰等詳細ハ制令及府令ノ規定ニ就キテ知ラルヘシ

第五款　藥品取扱

藥品ノ販賣授受ニ關シテハ原則トシテ日本藥局方又ハ外國藥局方ノ規定ニ適合セサルヘカラス例外トシテ何レノ藥局方ニモ記載ナキ新規ノ藥品ハ官立衛生試驗所ノ檢査ヲ經其ノ試驗成績ヲ記シタルモノニ限リ之ヲ販賣授受スルコトヲ得而シテ以上ノ藥品ハ官立衛生試驗所ノ試驗ヲ經封緘アルモノニアラサレハ販賣又ハ授與スルコトヲ得サルモノトス毒藥劇藥ハ醫師ノ處方箋ニ依リ醫師又ハ藥劑師カ患者ニ與フルモノヲ除クノ外販賣授受又ハ所持スルコトヲ得ス但シ學術

工業又ハ營業及傳染病豫防ノ爲メ消毒用等ニ供スルトキ及醫師、藥劑師、藥種商、製藥者ハ例外トシテ此等ノ場合ニハ藥品及藥品營業取締令及同令施行規則ノ手續ヲ了シ販賣授受スルコトヲ得其ノ他詳細ハ同令施行規則並明治四十五年總督府令第六六號毒藥劇藥ノ品目、大正二年總督府令第七四號藥品巡視規則明治四十五年警務總監部訓令甲第五三號賣藥檢査規程等ニ就テ知ラルヘシ

第五章　救恤行政

第一節　救恤行政ノ觀念

生活ノ資料ハ各個人ノ努力ニヨリテ之レヲ得サルヘカラス國家ノ干渉ヲ容ルヘキモノニアラス然レトモ天災其ノ他ノ事由ニ依リ過失ナキ私人カ自己ノ力ニ依リテハ生活ヲ持續スル能ハサルニ至ルコトアリ斯ル場合ニ之レヲ救恤スルハ國家當然ノ義務ト云フヘシ且ツ社會ニ貧民ノ存在スルハ一般ノ不幸ト云フヘキノミナラス貧民ニシテ生活ノ資料ヲ得ル方法ヲ有セス困難ナルニ際シテハ往々犯罪ヲ敢行スル虞アリ之レ救助ノ制度ヲ必要トスル所以ナリ卽チ內地ニ於テハ主

トシテ老幼者不具癈疾者重病ノ如キ公共ノ安寧秩序ニ對シ比較的危險ノ少ナキモノヲ救恤スルノ制度ニシテ外國ニ比スレハ頗ル簡單ナリ更ニ我朝鮮ニ於テハ是等ニ關シ未タ何等ノ成文アルヲ見サル所以ノモノハ貧富ノ懸隔甚シカラサルノミナラス家族制度ノ發達シアル關係上血族又ハ鄕人ノ同情ニ依リ救助セラルルコト多ク詳細ナル規定ヲ必要トセサルニヨルモノナランカ

國家ノ救恤ヲ要スルハ之レニヨルノ外ハ全ク生活ヲナシ能ハサル者ナラサルヘカラス故ニ全ク生活能力ナキ者ト雖モ扶養義務者ノ存在スル以上ハ之レヲ救恤スルノ必要ナシ又救恤ヲ要スル窮民ハ其ノ困窮カ自己ノ力ニヨリテ除去スルコト能ハサル者ナラサルヘカラス救恤行政トシテ爰ニ述ヘントスルハ窮民及罹災救助、行旅病人救護死亡人取扱及特別慈惠的機關ニ付キ之レヲ略說セントス

第二節　窮民及罹災救助

第一　社還米

朝鮮ニ於テ窮民及罹災救助ニ關スル法令ハ舊韓國開國五百四年度支部令第三號

社還條例ニ依リ從前各地ニ駐在セル軍隊ノ食料トタル還穀ヲ社還ト改稱シ各面ニ分置シ該面ノ分穀トシ窮節貧民ニ賑貸スルモノトセリ其ノ賑貸ノ方法ハ歉荒天災ノ歳ニ當リ貧民自力ヲ以テ支保シ難キ場合ニ該穀ヲ貸給シ或ハ年賦ヲ以テ納還セシメ或ハ歳ヲ限リ納還セシムルモノニシテ平年ハ一般人民ノ所願ニ依リ春糶秋糴一石ニ五升宛ヲ剩納セシメ雜費及量リ減ニ補充セシムル規定ナリ要スルニ各面ニ於テ公穀ヲ貯蓄シ凶年ノ際貧民ニ賑貸スル制ニシテ無償讓與ヲ爲シテ救恤スル制ニアラストモ救恤ノ精神ニ至リテハ同一ナリトス之レカ取扱方法等詳細ハ該條例ニ付テ知ラルヘシ

第二　臨時恩賜金

明治四十三年日韓併合ニ當リ帝國政府ハ臨時恩賜金トシテ千七百三十九萬八千圓ノ國帑ヲ朝鮮各道各府郡ニ配與セラレタリ同年總督府訓令第四六號ニ依レハ該恩賜金ハ地方長官之レヲ管理シ之レヲ基本金トシテ土民ニ產業ヲ授ケ其ノ教育ノ發展ヲ補助シ凶歉アルニ際シテハ之レカ救濟ノ資ニ充ツヘシトアリ而シテ此ノ恩賜金タル基金ハ明治四十三年總督府令第二六號臨時恩賜金管理規則ニ依

リ費消スルコトヲ得ス唯之レヨリ生スル利子ノ五分ノ三ハ授産ニ五分ノ一、五ハ教育ニ、五分ノ〇、五ハ之レヲ凶歉ノ救濟費ニ充ツヘキモノトセラレ特ニ凶歉救濟ニ關シテハ最モ其ノ使用管理方ノ採擇ヲ愼重ニシテ罹災者ヲシテ賑恤ノ實ヲ得セシメ苟モ其ノ給與ヲ濫リニシ爲メニ窮民ヲシテ恩ニ狃レ、勤勞ヲ厭フノ弊風ヲ生セシメ惠撫慈養ノ本義ニ悖ルカ如キコトナク力メテ生業扶助又ハ現物給與等時宜ニ適應スル工夫ニ出テンコトヲ要スト訓令アリ

又此ノ臨時恩賜金ニ依ル授産ハ兩班儒生ノ如キ恒産ナキ者ニ對シ產業ヲ授ケ惠恤スルノ趣旨ヲ以テセラレタルモノニシテ其ノ事業ハ漉紙及養蠶等已ニ地方ニ素地アリテ奏功確實著手容易ナルモノヲ選擇スヘシト訓令アリ

以上ハ窮民ニ關スル救助規定ニシテ罹災民救助ニ關シテハ社還條例及臨時恩賜金ニ關スル訓令ニ於テモ言及スル所ナキカ如シ惟フニ恒産ナキ罹災民ハ窮民トシテ之レカ救助ニ浴スルコトヲ得ルモノナルヘシト雖モ窮民ナル條件ハ如何ナル事項ニ該當スル者ナルヤ疑ナキ能ハス一般人ノ視線ニシテ自活ノ途ナキ程度ト認ムルモノヲ標準トスヘキナリ而シテ窮民救助ノ方法ヲ定ムルハ容易ノ業ニ

アラスシテ之レカ目的ハ窮民ニシテ相當ノ生活ヲ為サシメ疾病者ニハ治療ヲ與ヘ一時ノ危急ヲ救ヒ尚ホ將來自活ノ方法ヲ計ルニ止メ窮民ヲシテ永ク官ノ救助ニ馴レシメ却テ遊惰ノ弊風ニ陥ラサラシメンニハ更ニ適當ナル方法ヲ講セサルヘカラス從テ救助方法ノ範圍ハ極メテ狹小ナラシムルハ政策上最モ必要ナルコトナルヘシ

社還條例ハ舊韓國法規ナルヲ以テ其ノ效力ハ當然朝鮮人ニノミ限ル又臨時恩賜金ハ其ノ訓令ノ明示スル所ノ如ク「政府ハ府郡士民カ多年積弊ノ餘孽ヲ受ケ多ク流離困頓ノ窮境ニ在ルヲ憫ミ資金ヲ府郡ニ配與シ」トアルヨリ見ルモ朝鮮ヲ救助スル趣旨ニ依ラレタルモノナルコトヲ推知スルニ足ル即チ朝鮮人ニシテ朝鮮總督ノ管轄內ニ居住（本居寄留ヲ含ム）スル者ニ限ラレ內地人ハ例令ヘ朝鮮ニ居住スルモ此ノ恩典ニ繫ルコト能ハサルナリ等シク帝國臣民ニシテ朝鮮在住ノ內地人ハ罹災及窮困救助ノ規定ナク殊ニ親族故舊ト遠隔シタル孤獨又ハ癈疾不具重病老幼年ニ產シテ業ヲ營ム能ハサル者ニ於テ憫然ヲ感セサルヲ得ス將來法規制定ノ機運ニ至ルコトヲ欲スルモノナリ

次ニ貧民窮民ハ救助ヲ國家ニ對シ請求スルコトヲ得ルヤ反言スレハ國家ハ窮民ニ對シ救助ヲ與ヘサルヘカラサルモノナリヤハ救恤制度ノ根本問題ニシテ之レヲ外國ノ例ニ見ルニ英國ハ救恤ハ單純ナル慈惠ニアラスシテ眞正ナル債務ノ履行ナリ國家ハ一方ニ社會窮民ヨリ生スル害惡ヲ懲罰スルノ權アリトセハ他方ニ窮民ヲ救恤スルノ義務ナカルヘカラストノ主義ヲ採リ救貧税ヲ賦課セリ之レニ反シテ佛國ハ社會ハ窮民ヲ救助スルノ道德上ノ義務アルモ窮民ハ救助ヲ受クルノ權利アルモノニアラストノ主義ヲ採レリ我内地ニ於テハ非義務主義ヲ採リ朝鮮ニ於テモ法文上何等救助セラルヘキ權利ヲ與ヘタルモノナキヲ以テ窮民ニハ救助ヲ要求スヘキ權利ナシトス因テ窮民タル場合ハ是等ノ者ヨリ願出ツルカ又ハ所轄官廳ニ於テ救助ノ必要ヲ認メテ救恤ヲ決定スヘキモノトス

次ニ救恤行政中防貧行政トモ稱スヘキハ豫メ人民ノ貧窮ニ陷ルヲ防キ且ツ貧民ヲシテ其ノ境遇ヨリ脱セシムル作用ナリ之レカ方法トシテハ別ニ規定スル所ナキモ幼者ニ對シテハ養育義務者ヲ督勵シ其ノ他ノ者ニシテ平時ニ於テ保險貯蓄ヲ奬勵シテ失業ノ場合ニ備ヘシメ又ハ賭博飮酒ヲ禁シ又ハ相當ノ職業ヲ得セシ

ムル等ニ依ル外ナカルヘシ

第三節　行旅病人救護及死亡人取扱

行旅病人トハ内外國人ヲ問ハス歩行ニ堪ヘサル行旅中ノ病人ニシテ療養ノ途ヲ有セス且ツ救護者ナキモノヲ云フ行旅死亡人トハ行旅中死亡シ引取人ナキモノヲ謂フ朝鮮ニ於テハ行旅病人ノ保護死亡人取扱ニ關シ未タ法令ノ規定ナク又内地人ニ於ケル明治三十二年法律第九三號行旅病人死亡人取扱法ヲ施行スヘキ勅令モナシト雖モ大正二年官通牒第九八號ハ行旅病人死亡人及其同伴者ノ取扱費ハ從來總督府ヨリ國費ヲ支給シアリタルモ大正二年度ヨリハ各道ニ於テ取扱フヘシト政務總監ヨリ通牒セラレ地方費ヲ以テ費用ノ支出規定アルヨリ見ルトキハ之レヲ救護スヘキ主旨ナルコトハ明カナリ而シテ飢餓ニ迫リ歩行ニ堪ヘサル行旅者歩行ニ堪ヘサル行旅中ノ妊婦産婦ニシテ手當ヲ要スルモ其ノ途ヲ有セサル者及行旅者又ハ住所居所ナク若クハ不明ナル者ニシテ引取人ナク官憲ニ於テ救護ノ必要アリト認ムル者ハ規定ナキモ風教上之レヲ看過スルコト能ハサルハ

國家當然ノ義務ナリ故ニ是等ハ行旅人ニ準シテ取扱フヲ至當トス
救護官廳タル府尹郡守ハ行旅病人(死亡人)及其ノ同伴者ヲ救護シタルトキ遲滯ナク扶養義務者又ハ家族ニ對シ引取ヲ爲ス期間且ツ救護狀況ヲ具シテ通知スヘキモノトス而シテ救護費用ハ地方費ヲ以テ支辨スト雖モ是レ所謂立替支辨ナルカ故ニ被救護者ニ對シテ辨償セシムルモノトシ若シ被救護者ニ於テ辨償スルコト能ハサルトキハ其ノ扶養義務者ニ於テ之レヲ負擔スヘキモノトス扶養義務者資力ナク又全ク扶養者所在セサルトキハ地方費ノ支出缺損トナルヘシ

外國人ノ行旅病人ヲ救護シ又ハ其死亡者ノ取扱ヲナシタルトキハ道長官ヲ經テ朝鮮總督ニ報告スルヲ順序トスヘク又其ノ國籍分明ナルトキハ所屬國領事及帝國ニ居所ヲ有スル扶養義務者親族等アル場合ニハ各關係者ニ通知ノ手續ヲ爲スモ可ナルヘシ
救護又ハ取扱費用ニ關シテハ被救護者ヨリ辨償ヲ受ケサルトキ又ハ遺留金品ヲ以テ之レニ充ツルモ仍ホ不足ナルトキハ地方長官ヲ經テ各扶助義務者又ハ相續人ニ對シ地方費徵收ニ關スル例ニ依リ其ノ辨償ヲ請求スヘキモノナリ

第四節　慈惠機關

階前千里ノ政治ヲ施シテ標榜的仁政ヲ吹鼓シタル舊韓國政府ニシテ何等慈惠的施設ノ遺物ナキハ頗ル怪訝ノ感ナクンハアラス現今朝鮮ニ慈惠機關トシテ特種ノモノ唯一アリ卽チ明治四十五年勅令第四號ニ依ル朝鮮總督府濟生院ニシテ同院官制ニ依レハ同院ハ孤兒ノ養育及盲啞者ノ敎育ニ關スル事務ヲ掌ルモノトシ更ニ大正二年濟生院規則ニ依レハ養育部ニ於テハ扶養者ナキ孤兒ヲ敎養保育シ生活ニ必要ナル智識技能ヲ授ケ自活ノ途ヲ得セシムルヲ以テ目的トシ尙ホ其ノ養育方法等ヲ規定セリ其ノ他朝鮮總督府醫院各道慈惠醫院ニ於テ無資力者ニ對シ施療ヲ爲スコトアリト雖モ此ハ慈惠ヲ主トスル機關ニアラサルナリ

第六章　宗敎行政

第一節　宗敎行政ノ觀念

宗敎ト國家トノ關係ニ付テハ國敎主義公認主義各宗平等主義ノ三アリ

(一)國教主義トハ特ニ一ノ宗教ヲ選テ國教トナシ其ノ事務ヲ國ノ行政ノ一部トシテ取扱フモノナリ從テ寺院ハ國ノ營造物トナリ之ヲ取扱フ者ハ官吏ナリ

(二)公認主義トハ特ニ二三ノ宗教ヲ選ヒテ之ヲ公認シ公認シタル宗教團體ヲ公法人トシテ之ニ種々ノ特權ヲ附與スルモノナリ

(三)各宗平等主義トハ各宗教ヲ同一ニ待遇スルモノニシテ或ハ政教分離主義トモ稱ス此主義ヲ採用スル國ニ於テハ宗教團體ヲ一般ノ私法人トシテ取扱フモノナリ

我國ハ第三主義ヲ採リ安寧秩序ヲ妨ケス及臣民タルノ義務ニ背カサル限リハ信教ノ自由ヲ認メ宗派ニ依リ法令上敢テ差異ヲ設クルコトナシ所謂信教ノ自由トハ單ニ心理上ノ信仰ノミヲ謂フニアラス禮拜其ノ他宗教上ノ儀式ヲモ自由ナリト云フコトニテ轉宗ヲ强制又ハ禁止シ特殊ノ宗教ヲ以テ公私權利享有ノ標準トナシ又ハ結婚ノ要件トナスコトナキヲ云フナリ朝鮮ニ於テモ勿論此ノ平等主義ヲ以テ各宗ヲ同一ニ待遇シ一ノ宗教ニ特權ヲ與フルカ如キコトナシ從テ現今朝鮮ニ行ハルル宗教ハ頗ル多種多樣ナリ

第二節　宗教ノ種類

第一　朝鮮固有ノ宗教　朝鮮固有ノ宗教トシテハ佛教ナルヘシ佛教ノ由來ハ距今千五百四十餘年前即チ高句麗ノ小獸林王二年秦ヨリ傳來シ百濟ニ入リ新羅ニ傳播シ高麗及ヒ李朝興ルニ及ヒ儒教ヲ以テ教旨ニ採用シ佛教ハ建國ノ經營ニ害アリト爲シ極力之カ排斥ニ努メ距今二百三十餘年前肅宗ノ朝ヨリハ僧侶ノ城内ニ入ルサヘ禁止シタル結果サシモ隆盛ヲ極メシ佛教ハ今日朝鮮人ノ人心ニ慰安ヲ與フル宗教タラス所在宏壯ナル寺院ハ徒ラニ昔日ヲ偲ハシムル殘骸ニ過キサルナリ故ニ朝鮮人ニハ眞ニ宗教ナル觀念ナク僅カニ時代ノ好奇心ニ驅ラレテ耶蘇教ニ衒ヒ又ハ最近野心家カ政治ニ利用セントシテ變名シタル所ノ(一)天道教(二)大極教(三)檀君教(大倧教トモ云フ)(四)大宗教(五)敬天教(六)待天教ナル名稱存在スルモ何等宗教上ノ價値アルモノニアラサルナリ

第二　儒教　孔孟ノ學ヲ講スル儒教アルモ此ハ宗教ト云ヒ得ルヤ否ヤ疑ナキ能ハス即チ之レヲ主宰セシムル爲メ明治四十四年總督府令第七三號ヲ以テ經學

院規程ヲ制定シ經學院ハ經學ノ講究ヲ爲シ風敎德化ヲ裨補スルコトヲ目的トストアリト雖モ宗敎トシテ敎派ヲ標榜スルモノニアラサルナリ

第三　耶蘇敎　耶蘇敎ニハ舊敎トシテハ(一)天主敎(二)露國正敎會アリ新敎トシテハ(一)米國ノ北長老敎及同南長老派(二)濠洲長老派(三)加奈陀長老派(四)米國北美以派同南美以派(五)朝鮮聖公會(六)降臨布敎會(七)英國福音敎會(八)德國聖芬道會(九)救世軍(一〇)英國聖公會(一一)東洋宣敎會アリ又内地人ノ布敎スルモノニハ(一)日本聖公會(二)日本基督敎會(三)日本美以敎會等アリ

第四　神道　神道ハ殆ント在住内地人ノ爲メニシテ(一)神道(二)黑住敎(三)天理敎(四)金光敎(五)大社敎(六)扶桑敎(七)御嶽敎等アリ

第五　佛敎　玆ニ述ヘントスル佛敎モ内地人ノ手ニ依リ布敎セラルルモノニシテ(一)天台宗(二)眞言宗(三)淨土宗(四)淨土眞宗(五)臨濟宗(六)曹洞宗(七)黃檗宗(八)眞宗(九)日蓮宗(一〇)時宗(一一)融通念佛宗(一二)法相宗(一三)華嚴宗等アリ主トシテ在住内地人ノ信仰ニ資スルモノニシテ耶蘇敎ノ如ク朝鮮人ヲ敎化スル程度ニ活動シアラス

第三節　布敎及社寺廟宇

第一　布敎　帝國ニ於ケル神道佛敎其ノ他宗敎ニ屬スル敎宗派ニシテ布敎ニ從事セントスル者ハ明治三十九年統監府令第四五號宗敎宣布ニ關スル規則ニ依リ當該管長又ハ之ニ準スヘキ者朝鮮ニ於ケル管理者ヲ撰定シ履歷書及布敎ノ方法、布敎者ノ監督方法ヲ記載シタル書面ヲ提出シテ總督ノ認可ヲ受ケサルヘカラス、又內地人ニシテ宗敎ノ宣布ニ從事セントスルトキハ宗敎ノ名稱及布敎ノ方法ニ關スル履歷ヲ添ヘ警務部長ヲ經テ總督ノ認可ヲ受ケサルヘカラサルモノトス

第二　寺院　內地人ニシテ朝鮮寺刹管理ノ委囑ニ應セントスルトキ又ハ宗敎ノ用ニ供スル爲メ寺院、堂宇、會堂、說敎所又ハ講義所ヲ設立セントスル者ハ敎宗派ノ管理者又ハ布敎者ハ(一)其ノ名稱及所在地(二)宗敎ノ名稱(三)管理及維持ノ方法ヲ記シタル書面ヲ以テ警務部長ノ認可ヲ受ケサルヘカラス又敎宗派ノ管理者及布敎者ハ所屬布敎者ノ氏名資格ヲ警務部長ニ屆出ツヘキモノトス

第三　寺刹　舊來朝鮮ニ存在スル寺刹ニ付テハ明治四十四年制令第七號寺刹令ニ依リ其ノ併合、移轉又ハ廢止シ基址又ハ名稱ヲ變更セントスルトキハ總テ朝鮮總督ノ許可ヲ受ケサルヘカラサルモノトセリ蓋シ寺刹令ヲ制定シタル所以ハ在來寺刹ノ頽廢ヲ防キ其ノ維持存續ヲ保障スル爲メニ取締ヲ爲ス趣旨ニシテ新ニ寺刹ノ建設ニ關スルモノニアラス而シテ同令ニ依レハ寺刹基址及伽藍ハ地方長官ノ許可ヲ受クルニアラサレハ一定ノ目的以外ニ使用シ又ハ使用セシムルコトヲ得ス且ツ寺刹ニハ住持卽チ住職ヲ置クコトヲ要ス住持ハ其ノ寺刹ニ屬スル一切ノ財產ヲ管理シ寺務及法要執行ノ任ニ當リ寺刹ヲ代表スルモノトセラレ寺刹ニ屬スル土地、森林、建物、佛像、石物、古文書、古書畵其ノ他貴重品ハ朝鮮總督ノ許可ヲ得ルニアラサレハ之レヲ處分スルコトヲ得サルモノトス若シ許可ナクシテ任意ニ此等ノ處分ヲ爲シタルトキハ刑罰ヲ科スル規定アリ本令ニ依ルトキハ寺刹ハ財產ノ主體タル能力ヲ有スルカ如ク規定セラルルヲ以テ一種ノ法人トシテ權利義務ノ主體ナリト思惟セラルルモ行政法規中寺刹ヲ法人トシタル明文ナキノミナラス寺刹令モ決シテ法人トシテノ規定ニアラサルヘシ唯便宜上法人ト同樣ニ取扱ヲ爲スモノナルヘシ其ノ他明治四十四年總督府令第八四號寺刹令施行規則ハ住持ヲ定ムル方法、住持ノ交替手續、任期、本寺末寺ノ關係、寺法ニ關スルコト等種々アルヲ以テ就テ見ラルヘシ

第四　神社廟宇　以上ノ外所々ニ内地人ノ建設シタル神社アリト雖モ神社ハ宗敎ト全ク關係ナク又内地ノ如ク官、國幣社、府縣社ノ如ク社格アルモノナク何レモ鄕社以下ニ相當スルモノニシテ是等ニ關スル法規モ未タ散見セス又隆熙二年勅令第五〇號享祀釐正ニ關スル件ハ朝鮮在來ノ或ル特別ナル壇、廟、社、殿、宮、陵祠園、墓ノ祀典及所管理方法等ヲ定メタルモノナルヲ以テ就テ見ラルヘシ要スルニ朝鮮ニハ半島民ノ擧ケテ敬虔尊信スル社廟ナク民心ノ歸一ヲ圖ル點ニ於テ遺憾ナリト云フヘシ

第五　紀念碑　次ニ公園其ノ他公ノ場所ニ紀念碑又ハ形像ヲ樹ツルコトハ近來著シク流行スルノ傾アリ此ノ事タル多クハ美擧ニ屬シ敢テ行政權ノ干涉ヲ加フル必要ナキカ如シト雖紀念碑又ハ形像ノ種類如何ニ依リテハ動モスレハ心靈界ヲ支配スルノ具タルノミナラス風敎上決シテ看過スヘカラサル場合ナシ

トセス殊ニ新附ノ民ヲ治スル朝鮮ニ於テハ之ヲ取締ル必要アリト雖モ未タ其ノ法令ノ發布ヲ見ス

終リニ國家又ハ公共團體ノ費用ヲ以テ建設維持スル神社、廟宇等アリトセムニ此ハ營造物ナリヤ否ヤ疑ナキ能ハス其ノ廣ク祭禮、禮拜ノ用ニ供セラレ其ノ神職、廟主ハ國家又ハ公共團體ノ祭祀ニ從事シ個人ハ之レヲ尊敬シテ無形ノ祝福ヲ祈ル點ヨリ見ルトキハ恰モ人ハ神社、廟宇ヲ利用スルカ如シト抑モ人ノ神社ヲ祭リ之ヲ禮拜スルハ神社、廟宇其ノ物ヲ尊崇スルノ行爲ニシテ之レヲ利用スルモノニアラス神ハ尊敬スヘキモ利用スヘキモノニアラス故ニ營造物ノ要素タル公共ノ用ニ供スルト云フ一條件ヲ具備セサルト云フヘシ要スルニ神社、廟宇ハ營造物ヨリ分離シテ別ニ神社、廟宇トシテ之レヲ論スルヲ以テ其ノ建立ノ趣旨ニ適合スルモノト謂ハサルヘカラス

第七章　教育行政

第一節　教育行政ノ觀念

朝鮮法系ノ法則ニ在リテハ兒童ノ教育ハ其ノ父母ノ自由ニ一任セリ然ルニ我國ニ於テハ明治三十三年勅令第三四四號小學校令ノ發布ト同時ニ義務教育ノ制ヲ實施シタルヲ以テ朝鮮ニ於テモ在住內地人ノ兒童ニ付テハ內地ト同シク義務教育ノ制度ヲ採用スヘキモノナリト雖モ內地人集團ノ稀薄ナル地方ニ於テハ學校ヲ設立スルコト困難ナルヲ以テ未タ之レヲ勵行スルノ時機ニ至ラス又朝鮮人ニ付テハ其ノ民度未タ義務教育制ヲ施行スルノ尙ホ早キモノアルヲ以テ何レモ父兄ノ自由ニ一任シアリト雖モ近時學制ヲ發布シテ學校ヲ設ケ漸次義務教育ノ氣運ニ誘導シツヽアリ而シテ一言スヘキハ一般ノ學校ト宗教トハ全ク之レヲ分離シ道德上ノ教育ハ專ラ教育勅語其他倫理上ノ教訓ニ依ルモノトシ之レヲ教育制度ノ基本的觀念トセラレ學校ハ課程ノ內外ヲ問ハス宗教上ノ教育ヲ施シ又ハ宗教上ノ儀式ヲ行フコトヲ得サルモノトス

教育ト國家トノ關係ニ付テハ放任主義、獨占主義、折衷主義ノ三アリ放任主義トハ教育ヲ以テ全ク私人ノ事業トナシ國家ハ只必要ナル監督ヲ爲スニ止マルモノヲ云フ獨占主義トハ教育事業ヲ國家又ハ公共團體ノ直接ノ事務トシテ私人ノ之ニ從事スルヲ許ササルモノヲ云フ折衷主義トハ敎育ヲ國家ノ事業トスルト同時ニ一方私人ノ自由事業ヲモ許スコトナリ我內地ニ於テハ此ノ主義ヲ採用ス朝鮮ニ於テハ原則トシテ內地人ニ對スル初等敎育ハ國家又ハ公共團體ノ獨占業ト爲スモ朝鮮人ノ初等敎育ハ國家又ハ公共團體ハ勿論一私人ニモ之レカ經營ヲ許シ所謂折衷主義ヲ採レリ而シテ中等敎育以上ニ在リテハ何レモ折衷主義ヲ採用シ認可ニ依リ私立學校ヲ設立スルコトヲ許セリ又內地人ノ兒童ト朝鮮人ノ兒童トノ敎育ニ付テハ全然隔離スルノ主義ヲ採レリ卽チ內地人兒童ノ爲メ一ハ小學校ヲ設ケ朝鮮人兒童ノ爲メニハ普通學校ヲ設ケアリ

第二節　官公立學校

第一款　內地人敎育

第一　公立小學校

明治四十五年總督府令第四四號朝鮮公立小學校規則ニ依レハ小學校ハ專ラ內地人ノ兒童ヲ敎育スル所ニシテ兒童ノ身體ノ發達ニ留意シテ道德敎育及國民敎育

ノ基礎並其ノ生活ニ必須ナル普通ノ知識技能ヲ授クルコトヲ以テ本旨トス小學校ヲ分テ尋常高等ノ二トシ尋常ハ六年高等ハ二年ヲ以テ修業年限トスルコトハ内地ト異ナル所ナシ

朝鮮ノ小學校ニ關シ内地ト異ナルモノ二アリ曰ク就學義務及學校設立是レナリ

(一)就學義務　内地ニ於テハ兒童滿六歲ニ達スレハ學齡兒童ト稱シ之レカ保護者ハ尋常小學校ノ教科ノ卒業迄ハ或ル特種ナル事情ヲ認メサル限リハ必ラス就學セシムルノ義務ヲ負フヘキモノトス之レヲ就學義務ト云フ就學義務ハ兒童ノ義務ニアラス保護者ノ義務ナリトス而シテ此ノ義務教育違反者ニ對シテハ現行法規上制裁ナシト雖モ教育ハ國家ノ發達及存立ノ要件ナレハ保護者トシテ國家ニ對スル公法上ノ義務トシテ規定セラレタルモノナリ然ルニ朝鮮ノ現狀ニ於テ内地人ハ遠ク鄕關ヲ離レ諸種ノ生業ヲ以テ各地ニ散在シ市邑ヲ爲ササル僻地ニ居住スル者モ鮮カラス從テ義務教育ヲ強ユルモ事實上不可能ノ場合アルヲ以テ朝鮮公立小學校規則ハ内地ノ如ク就學義務ヲ強要スル規定ナキハ已ムヲ得サルニ出テタルモノナルヘシ

尋常小學校ヲ以テ義務敎育トスルトキハ授業料ノ徴收ニ付テハ議論アリ余輩ハ徴收セサルヲ可ト爲スノ説ニ賛ス何トナレハ義務敎育ハ一定ノ期間兒童ノ身體ヲ私生活ニ利用スルコトヲ得サル强制負擔ナルニ其ノ上尙ホ金錢上ノ出資ヲ强制スルハ酷ニ失スルノ感アレハナリ而シテ義務敎育ノ制ナキ朝鮮ニ於テハ各學校組合ニ依リ徴收額ニ差アルモ一般ニ之レヲ負擔セシメアリ

(二)設備義務　內地ニ於テ市町村ハ其ノ區域內ノ學齡兒童ヲ收容スルニ足ルヘキ尋常小學校ヲ設置スルノ義務ヲ負フ此ノ義務ハ一市町村カ單獨ニテ負擔スルコトアリ他ノ市町村ト合同シテ負擔スルコトアリ然ルニ朝鮮ニ於テハ學校組合令及小學校規則ニ依リ學校組合ニ於テ設置スルモノトセラレ卽チ設立ニ付キ獨占主義ヲ採リ之レカ設置ハ朝鮮總督ノ許可ヲ受クヘキ規定ナリ而シテ學校組合令ニ依レハ淸津府以外ノ府ハ其ノ行政區劃內ニ於テハ學校組合ヲ設置スルコトヲ强要セラレアリト雖モ其ノ他ノ土地ニ於テハ組合ヲ設置スルト否ヤハ在留住民ノ任意ニシテ干渉主義ヲ採ラサルナリ從テ組合ノ設置ニ隨伴シテ設立セラルヘキ小學校ハ內地ノ如ク强要セラルルコトナシ而シテ之レカ費

ハ組合員ヨリ徴收シ不足アルトキハ國庫又ハ地方費ヨリ補助スルモノトス
尙ホ小學校設立及其ノ他兒童敎育方針等ニ付テハ學校組合令及公立小學校規則竝ニ內地ニ於ケル小學校令同令施行規則(明治三十三年文部省令第一四號)ト併セテ參照セラルヘシ又朝鮮公立小學校兒童及卒業者ハ他ノ學校ニ入學、轉學ニ付小學校令ニ依ル市町村立小學校ノ兒童及卒業者ト同一ノ取扱ヲ受クルモノトス

第二　公立高等女學校

明治四十五年總督府令第四五號朝鮮公立高等女學校規則ニ依レハ高等女學校ハ內地人ノ女子ニ須要ナル高等普通敎育ヲ爲スコトヲ目的トス之レカ設立ニ付テハ學校組合ニ於テ一定ノ事項ヲ具シ朝鮮總督ノ認可ヲ受クヘキモノトセラレ公共組合ノ獨占主義ヲ採レリ現今公立ノ高等女學校ノ設ケアル地ハ京城、仁川、釜山、平壤ノ四ケ所トス

高等女學校ニ於ケル生徒敎育ノ方針修業年限其ノ他ニ關シテハ內地ニ於ケル高等女學校ト異ナルコトナシ

第三　公立實業專修學校及簡易實業專修學校

實業專修學校ハ明治四十五年總督府令第四六號朝鮮公立實業專修學校及朝鮮公立簡易實業專修學校規則ニ依リ內地人ノ子弟ニシテ農業、商業、工業等ノ實業ニ從事セントスル者ニ須要ナル敎育ヲ爲スコトヲ目的トスルモノナリ之レカ設立ハ學校組合タル公共團體ニ於テ設立スルモノニシテ設立ニハ一定ノ事項ヲ具シタル書面ヲ以テ朝鮮總督ニ願出テ認可ヲ受ケサルヘカラス實業專修學校ノ種類ハ農業專修學校、水產專修學校、商業專修學校、工業專修學校、商船專修學校トス生徒敎育ノ方針其ノ他詳細ハ本規則及內地ニ於ケル實業學校及工業、農業、水產、商業、商船ノ各種學校規程ニ依ルモノトス

朝鮮ニ於ケル各種公立實業專修學校及同簡易實業專修學校ノ生徒及卒業者ハ、他ノ學校ヘ入學又ハ轉學ニ付キ明治三十二年勅令第二九號實業學校令ニ依リ設置シタル相當實業學校ノ生業及卒業生ト同一ノ取扱ヲ受クヘキ旨明治四十五年文部省令第一四號ヲ以テ公布セラレタリ特ニ釜山公立商業專修學校ハ徵兵猶豫及文官任用令上ノ特典ヲ享ク

以上述ヘタル公立ノ小學校、高等女學校、實業專修學校ハ學校設置區域ナル公共組

令ノ設立セル營造物ニシテ組合員ハ府郡面又ハ數ケ面ニ居住スル內地人トス從テ其ノ營造物ノ維持費用ヲ組合區域ノ住民タル內地人カ負擔スルハ當然ナリ其ノ他此等學校ノ設置區域ハ公法人ニシテ國家ノ監督權ニ服スルコト及監督權ノ內容學校ノ財政等ハ總テ他ノ公法人ト同一ナルヲ以テ此ノ觀念ヲ以テ條文ニ接スルトキハ何人モ直チニ理解スルコトヲ得ヘキヲ以テ茲ニハ單ニ以上三種公立學校ハ設置區域ナル公共組合ノ設立スル營造物ナルコトヲ一言スルニ止マル尙ホ之レニ要スル經費ハ公共組合ニ負擔ノ外此地方ノ狀況ニ依リ政府ハ別ニ補助金ヲ交付シテ之レカ普及改善ヲ圖ルコトハ前述ノ如シ

第四、官立中學校

朝鮮ニ於テ中學校ハ京城及釜山ニ官立ノモノ各一校アリ其ノ目的ハ內地人男子ニ須要ナル高等普通敎育ヲ授クルニアリテ內地ト同シク中學校令ニ準據シテ制定シタル明治四十三年統監府令第九號朝鮮總督府中學校規則アリ詳細ハ之レニ付テ知ラルヘシ又私立中學校モ認可ニ依リ設立ヲ妨ケス

京城中學校ニハ附屬臨時小學校敎員養成所ヲ設ケ內地人小學校ノ敎員タルヘキ

者ヲ養成ス其ノ修業年限ハ一ケ年ニシテ中學校ヲ卒業シ又ハ之レト同等ノ學力ヲ有スト認メタル者ヲ入學セシメ一定ノ學資ヲ支給セラル尚ホ卒業者ハ六週間現役兵ニ服スルコト及文官任用令上ノ特典ヲ享ク詳細ハ大正二年總督府令第三二號同所規則ニアリ尚ホ一言スヘキハ中學校及附屬臨時敎員養成所ハ國家ノ營造物タル點ニ於テ公共組合ノ營造物タル他ノ公立學校ト異ナル又附屬敎員養成所ハ授業料ヲ徵收セサルハ營造物使用ノ手數料ヲ徵收セサルモノニシテ一般營造物行政ノ例外ヲ爲スモノナリ

第二款　朝鮮人ノ敎育（内鮮人共通敎育ヲ含ム）

第一　普通學校

普通學校ハ明治四十四年勅令第二二九號朝鮮敎育令ニ基キ朝鮮人兒童ニ對シ普通ノ知識技能ヲ授ケ特ニ忠良ナル國民タルノ性格ヲ涵養シ國語ヲ普及セシムル目的ヲ以テ設立スルモノニシテ敎育ノ本旨ハ小學校ト異ナルコトナシ而シテ朝鮮人現下ノ狀態ニ於テハ前述ノ如ク未タ義務敎育ヲ强制スル民度ニ進ミアラサルヲ以テ就學セシムルト否ヤハ父兄ノ任意トス朝鮮敎育令及明治四十四年總督

府令第一一〇號普通學校規則ニ依レハ普通學校ヲ設置セントスルトキハ一定ノ事項ヲ具シ朝鮮總督ニ申請シ其ノ認可ヲ受クヘシトアリテ之レカ設置ハ折衷主義ヲ採リ公共團體タルト一私人タルトヲ問ハス認可ヲ條件トシテ自由ニ設立スルコトヲ得ルナリ而シテ公立ノ普通學校ニ於ケル費用ハ明治四十四年制令第一二號公立普通學校費用令ニ依リ臨時恩賜金利子、鄉校財產收入基本財產收入、授業料、國庫補助金、地方費補助金ヲ以テ支辨スルモノトセリ●

普通學校ニ入學スル兒童ハ年齡八年以上ノ者トシテ最長限ヲ規定シアラス其ノ修業年限ハ四年トスルモ土地ノ狀況ニ依リ一年ヲ短縮スルコトヲ得トセリ其ノ他兒童敎育ノ方針方法等詳細ハ敎育令普通學校規則公立普通學校費用令、同令施行規則ニ付キテ研究セラルヘシ

第二　高等普通學校

高等普通學校ハ朝鮮敎育令ニ基キ朝鮮人タル男子ニ高等ノ普通敎育ヲ爲ス所ニシテ常識ヲ養ヒ國民タルノ性格ヲ陶冶シ其ノ生活ニ有用ナル知識技能ヲ授クルヲ以テ本旨トシ其ノ修養年限ハ四ヶ年ニシテ之レニ入學スルコトヲ得ル者ハ年

齡十二年以上且ツ修業年限四ヶ年ノ普通學校ヲ卒業シタル者又ハ之レト同等ノ學力ヲ有スル者ナルコトヲ要ス高等普通學校ノ設立ハ折衷主義ヲ採リ公立又ハ私立ニ在リテハ其ノ設立廢止ニ關シ規則所定ノ事項ヲ具シ朝鮮總督ニ申請認可ヲ受クヘキモノトス官立高等普通學校ニハ師範科又ハ敎員速成科ヲ置キ普通學校ノ敎員タルヘキ朝鮮人ニ必要ナル敎育ヲ施スモノトス師範科ノ修業年限ハ一年ニシテ高等普通學校ヲ卒業シタル者ニ限リ入學セシメ敎員速成科ノ修業年限ハ一年以内ニシテ年齡十六年以上且ツ高等普通學校二學年ノ課程ヲ修了シタル者又ハ之レト同等ノ學力ヲ有スル者ヲ入學セシム現今官立ノ高等普通學校ハ京城及平壤ノ二ヶ所ニ在リ又京城高等普通學校ニハ附屬臨時敎員養成所アリ其ノ第一部ハ朝鮮人第二部ハ内地人ニシテ普通學校ニ敎員タルヘキモノヲ養成ス第二部ニ入學スルニハ中學校ヲ卒業シタル者又ハ之レト同等ノ學力アル者タルコトヲ必要トス而シテ其ノ第二部ヲ卒業シタル者ハ文官任用令上ノ特典ヲ受ク敎育方針學費支給其ノ他明治四十四年總督府令第一一一號同校規則及大正二年總督府令第三三號京城高等普通學校附屬臨時敎員養成所規程ニ就テ知ラルヘシ

第三　女子高等普通學校

女子高等普通學校ハ朝鮮敎育令ニ依リ朝鮮人タル女子ニ高等ノ普通敎育ヲ爲ス所ニシテ婦德ヲ養ヒ國民タルノ性格ヲ陶冶シ其ノ生活ニ有用ナル知識技能ヲ授クル所ニシテ修業年限ハ三年ナリ女子高等普通學校ニ入學スルニハ年齡十二年以上ニシテ修業年限四ケ年ノ普通學校ヲ卒業シタル者又ハ之レト同等以上ノ學力ヲ有スルモノトス又該普通學校ニハ技藝科ヲ置キ裁縫及手藝ヲ專修セシムルコトヲ得而シテ官立女子高等普通學校ニハ師範科ヲ置キ普通學校ノ女子敎員タルヘキ者ヲ養成スルコトヲ得其ノ修業年限ハ一年ニシテ女子高等普通學校ヲ卒業シタル者ニ限リ入學ヲ許ス本校ノ設立モ亦折衷主義ヲ採リ官公私共ニ之レヲ設クルコトヲ得ヘシ敎育方針其ノ他ニ付テハ明治四十四年總督府令第一一二號女子高等普通學校規則ニ就テ知ラルヘシ

第四　實業學校及簡易實業學校

實業學校ハ朝鮮敎育令ニ基キ朝鮮人ノ子弟ニシテ農業、商業、工業等ノ實業ニ從事セントスル者ニ須要ナル敎育ヲ施ス所ニシテ之レカ設立モ亦折衷主義ヲ採リ其

ノ修業年限ハ二年乃至三年トス敎育方針入學資格等ハ朝鮮敎育令及明治四十四年總督府令第一一四號實業學校規則ニ就テ知ラルヘシ

第五　專門學校

專門學校ハ朝鮮敎育令ニ基キ朝鮮人ニ對シ高等ノ學術技藝ヲ敎授スル所ニシテ其ノ修業年限ハ三年乃至四年トシ年齡十六年以上ニシテ高等普通學校ヲ卒業シタル者又ハ之レト同等ノ學力ヲ有スル者ニアラサレハ入學スルコトヲ得ス大正四年總督府令第二六號專門學校規則ニ依レハ其ノ設立ハ折衷主義ヲ採リ官公私共ニ之レカ經營ヲ爲スヲ妨ケスト雖モ私立學校令ニ依レハ專門敎育ヲ爲ス私立學校ノ設立ハ其ノ學校ヲ設立維持スルニ足ルヘキ財團法人ニ限ルモノトセラル而シテ公立私立ニ在リテハ之レカ設立廢止ニ付朝鮮總督ノ認可ヲ受クヘキモノトス現今朝鮮ニ官立ノ專門學校ハ京城專修學校、醫學講習所、工業傳習所等アリテ近ク是等ニ對シ組織ノ改正ヲ加フル計畫アリト云フ

左ニ現在各種專門學校ノ概況ヲ述ヘン

(一)京城專修學校

明治四十四年總督府令第七八號京城專修學校規則ニ依レハ京城專修學校ハ朝鮮人ニ法律經濟ニ關スル知識ヲ授ケ公私ノ業務ニ從事セントスル者ヲ養成スル所ナリ而シテ其ノ修業年限ハ三年ニシテ入學資格ハ年齡十六年以上且ツ高等普通學校ヲ卒業シタル者又ハ之レト同等以上ノ學力ヲ有スル者ナルヲ要ス

（二）醫學講習所

明治四十四年總督府令第一一九號朝鮮總督府醫院附屬醫學講習所規則ニ依レハ醫學講習所ハ總督府醫院ニ附屬セラレタルモノニシテ醫科助産婦科、看護婦科ヲ置キ醫科ハ四年、助産婦科ハ一年看婦科ハ一年半ノ修業年限トセリ而シテ醫科生徒ハ朝鮮人ニシテ高等普通學校ヲ卒業シタル者助産婦科及看護婦科生徒ハ內地人又ハ朝鮮人ニシテ尋常小學校又ハ普通學校ヲ卒業シタルモノハ無試驗入所ヲ許スコトヲ得ヘク其ノ他ハ試驗ノ上入所セシムルモノトス聞ク所ニ依レハ總督府ハ近ク本講習所ヲ醫學專門學校ニ改正シテ醫科ニハ內地人男子ヲモ入學セシムル計畫ナリト云フ

尙ホ大正二年總督府令第九四號朝鮮總督府慈惠醫院助産婦及看護婦養成規程

ニ依リ各道慈惠醫院ニ於テモ助産婦科、看護婦科及速成助産婦科ヲ置ク又是等修業ノ生徒ニ對シテハ學費給與ノ制アリ

(三)工業傳習所

工業傳習所ハ中央試驗所ニ附屬セラレタルモノニシテ內地人及朝鮮人ノ子弟ニ工業ニ關スル技術ヲ傳習スル所ナリ本所ニハ本科、專攻科、實科ノ三科アリ本科ハ修業年限二ケ年專攻科、實科ハ一年以內ニシテ本科ノ課程ハ染織科、陶器科、金工科、木工科、應用化學科、土木科ニ分別ス內地人ハ尋常小學校朝鮮人ハ普通學校卒業又ハ之レト同等以上ノ學力ヲ有スル者ヲ入學セシム詳細ハ工業傳習所規則ニ付テ見ルヘシ

次ニ大正四年總督府令第一三號朝鮮總督府工業傳習所特別規程ニ依レハ工業傳習所ニ特別科ヲ置キ高等普通敎育ヲ受ケタル者ニシテ工業ニ從事セントスル者ニ必要ナル學術及技藝ヲ授クルモノトセリ其ノ學科ハ染織科、窯業科、應用化學科ノ三科ニシテ入學志願者ハ內地人ニ在リテハ中學校朝鮮人ニ在リテハ高等普通學校卒業又ハ之レト同等以上ノ學力ヲ有スル者タルトヲ要ス其ノ修業

年限ヲ三ケ年トセリ即チ内地ニ於ケル高等工業學校程度ノモノナリ詳細ハ該規則ニ就テ知ラルヘシ

(四)農林學校

農林學校ハ朝鮮總督府勸業模範場ニ附屬シタルモノニシテ朝鮮人ニ農林ニ關シ必要ナル知識技能ヲ教授シ兼テ德性ヲ涵養スルヲ目的トス本科ノ修業年限ハ三年ニシテ普通學校ヲ卒業シタル者ナルコトヲ要ス卽チ本校ハ專門學校ニ屬セスト雖モ朝鮮ニ於テ農林學教育ノ唯一ノ官立學校ナルヲ以テ特ニ之レヲ掲記ス詳細ハ明治四十三年總督府令第六一號朝鮮總督府農林學校規則ニ就テ知ラルヘシ

本款及前款ニ於テ述ヘタル官公立學校及講習所、傳習所ハ何レモ國家又ハ公共組合ノ營造物ニシテ其ノ職員ハ官制ニ依テ官吏タル資格ヲ有ス又國庫ヨリ俸給ヲ受ケサル内地人職員ハ公立學校職員退隱料及遺族扶助料支給ノ特典ヲ有ス此外總督府訓令ヲ以テ規定シ巡査巡査補ヲ教養スル警官練習所、遞信事務員、技術員ヲ養成スル遞信業務傳習生養成所及鐵道業務員養成所等アルモ說明ヲ省ク

第三節　內地留學生

內地ニ留學スル朝鮮人ニハ官費留學生ト私費留學生ノ二種アリテ明治四十四年總督府令第七六號朝鮮總督府留學生規程ニ依レハ官費留學生ハ特ニ內地留學ヲ必要トスル學術技藝ヲ履修セシムル爲メ朝鮮總督ノ指定スル官立若クハ公立ノ學校又ハ講習所傳習所ノ卒業者ニシテ校長又ハ所長ノ推薦ニ係ル品行方正、學力優等身體健全ナル者ニ付キ朝鮮總督之レヲ命ストアリ尙ホ必要ノ場合ニ總督ハ此以外ノ者ニ就キ品行學力體格ノ檢定ヲ行ヒ官費留學生ヲ命スルコトヲ得ルモノトス而シテ官費留學生ヲ命セラレタル者ハ一定ノ旅費支度料學費ヲ支給セラル、モノニシテ卒業歸鮮ノ上ハ一定ノ期間朝鮮總督ノ指定スル職務ニ服スヘキ義務アルモノトス在留學中ハ內地ニ設置シアル該留學生監督ノ保護監督ヲ受クルモノトス私費ヲ以テ內地ニ留學セントスル朝鮮人ハ留學生規程ニ依リ豫メ其ノ履修學科入學スヘキ學校、入學及出發ノ時期ヲ具シ履歷書ヲ添付シ地方長官ヲ經由シテ朝鮮總督ニ屆出ツヘク又內地到著ノ上ハ其ノ居所履修學科、入學スヘキ時期履歴書及面長ノ證明シタル學資支辨ノ責ニ任スヘキ保證人連署ノ保證書ヲ添付シ留學生監督ニ屆出ツヘク留學生監督ハ之ヲ適當ト認メタルトキハ其ノ入學スヘキ學校長ニ對シ入學ノ手續ヲ爲スヘキモノトス而シテ私費留學生學校ヲ卒業シタルトキハ履歴書卒業成績表ヲ添付シテ留學生監督ニ屆出ツヘキ規定アリ

第四節　私立學校

朝鮮ニ於テ內地人ヲ敎育スル私立學校ニハ專門學校トシテ東洋協會專門學校京城分校及商業技藝又ハ普通學ヲ敎育スル各種學校六箇アリ

朝鮮人ヲ敎育スル私立學校ニ付テハ明治四十四年總督府令第一一一號私立學校規則アリテ之レニ依ルトキハ私立學校ヲ設置セントスル者ハ一定ノ事項ヲ具シ朝鮮總督ノ認可ヲ受クヘキモノニシテ之レカ監督ハ特別ノ規定アルモノヲ除クノ外道長官ノ監督ニ屬ス又其ノ敎科課程ハ敎育ノ種別ニ依リ普通學校、高等普通學校、女子高等普通學校、實業學校、專門學校等ノ各其ノ規則ニ準シテ之ヲ定ムヘキモノトス其ノ學則制定、敎員資格及敎員ノ解雇、學校ニ對スル閉鎖命令設立許可ノ取

消設備變更等其ノ他詳細ニ就テハ私立學校規則ノ外ニ大正四年三月總督府令第二五號、私立學校敎員試驗規則アリ就テ知ラルヘシ

第五節　書堂、私設講習會及學會

第一　書堂

書堂ハ舊制ニ屬スル一種ノ私設學校ニシテ其ノ沿革久シキモ單ニ漢文學ノ肆習ヲ事トシ世上必須ノ智識技能ヲ與フルコトヲナサス頗ル尙古ノ風ニ泥ミタルモノニシテ之カ廢止ヲ絕叫スルモノアリト雖モ朝鮮人ノ敎育上多數ノ書堂ヲ一時ニ廢止スルハ普通學校ノ設ケナキ僻陬地ニ於テハ許多ノ兒童ヲシテ修學ノ途ヲ失ハシムル虞アルヲ以テ現狀ノ儘之カ存在ヲ認メ努メテ文明ノ敎育ヲ施サシムル如ク誘導スル爲メ隆熙二年舊韓國政府ハ學部訓令第三號ヲ以テ之カ管理ニ關シ地方長官ニ對シ指示セル所アリ爾來多少ノ面目ヲ改メタルモノナキニアラスト雖モ未タ學童ノ體育規律風儀ニ關シテ改良スルコトヲ爲サヽルモノ多キノミナラス狹隘ノ室內ニ多數ノ學童雜居シテ黎明ヨリ日沒ニ至ルマテ端座音讀スル

ヲ見テハ到底現代ノ趨勢ニ伴フコト能ハサルモノナルコトハ明カニシテ早晩廢滅ノ機アルヘキハ明カナリ要スルニ書堂ハ一種特別ノモノニシテ私立學校規則ニ支配セラレサル私塾ナリ

第二　私設講習會

私人ニシテ學術研究ノ爲メ講習會ヲ開催セントスルトキハ大正二年總督府令第三號私設學術講習會ニ關スル規定ニ依リ一定ノ事項ヲ具シ道長官ノ認可ヲ受ケサルヘカラス道長官ハ之レカ監督官廳トシテ講師ノ選定認可ノ取消又ハ認可ヲ受ケ開催シタル講習會ノ閉鎖處分權ヲ有ス

第三　學會

隆熙二年勅令第六二號學會令ナルモノアリテ現ニ朝鮮人ニ之ヲ適用セラル同令ニ依ルトキハ學會ト稱スルハ名稱ノ如何ヲ問ハス教育學藝ノ普及及發達ヲ圖ルヲ目的トスル團體ヲ謂フ學會ヲ設立セントスル者ハ請願書ニ一定ノ事項ヲ具シタル會則ヲ添附シ朝鮮總督ノ認可ヲ受ケサルヘカラス而シテ學會ハ營利事業ヲ爲シ又ハ政治ニ關渉スルコトヲ得サルモノニシテ之レカ監督ハ地方長官ニ屬ス

雖モ認可取止又認可ヲ受ケ學會事業ヲ爲ス者ノ禁止處分權ハ朝鮮總督ニ屬ス而シテ府郡教育會ノ如キハ學會令ニ依リ認可ヲ受クヘキ一例ナリ

終リニ教育ニハ關係ナキモ朝鮮ノ舊慣ニ依リ各地ニ文廟ナルモノアリ往時學藝ニ關スル祭祀ヲ爲シタル所ナリシカ明治四十四年總督府令第一二七號文廟直員ニ關スル件ニ依レハ府郡ニ於ケル文廟ニ直員一人ヲ置キ直員ハ名譽職ニシテ府尹郡守ノ監督ヲ承ケ文廟ヲ直守スルモノトス此ハ明治四十四年總督府令第七三號經學院規程ニ依ル經學院ト共ニ朝鮮特異ノ制ナリト云フヘシ

第六節　教科用圖書

普通學校、高等學校、女子高等普通學校、實業學校、專門學校又ハ私立學校ノ教科ニ供スル生徒用教師用圖書ハ朝鮮總督府ニ於テ出版スル圖書又ハ朝鮮總督府ニ於テ檢定シタル圖書ヲ以テスルヲ原則トス此明治四十五年總督府令第一一二號教科用圖書檢定規程及同年總督府令第一一〇號朝鮮總督府出版教科用圖書發賣規程ニ付キ知ラルヘシ玆ニ注意スヘキハ教科用圖書ノ檢定ハ警察取締ニ屬スル出版物ノ檢閲トハ其ノ目的ヲ異ニスルモノニシテ一ハ治安及風敎ニ害ナキヤヲ檢閲シ一ハ敎育用トシテ適當ナリヤ否ヤヲ認定スルモノトス

小學校高等女學校、中學校等ノ敎育ニハ總テ內地ニ於ケル國定敎科用圖書又ハ檢定圖書ヲ用ユルモノトス

第八章　經濟行政

第一節　經濟行政ノ觀念

經濟行政トハ國民ノ經濟的方面ニ對スル行政作用ナリ國民ノ經濟的動作ハ素ト個人ノ行爲ニ屬シ其ノ關係ハ私法ノ定ムル所ナレトモ近世進步シタル國家ニ於テハ行政權ヲ以テ其ノ助長事務ノ上ニ加ヘ或ハ之レニ警察力ヲ用キルモノ甚タ多シ我國亦然リトス而シテ朝鮮ニ於テハ最モ之レカ必要アリ何トナレハ朝鮮ハ經濟的方面ニ於テ國利民福ニ資スルモノ少ナカラサルノ點ニ於テ朝鮮統治ノ眞價値存在スルヲ以テナリ故ニ此ノ方面ニ對シテハ助長的施設ヲ爲シ且ツ保護政策ヲ採用シテ諸多ノ法規ヲ定メラレタルヲ見ル

爰ニ經濟行政ト云フハ其ノ範圍甚タ廣汎ニシテ水利行政、救恤行政ノ如キモ之ヲ包含スト謂ハサルヘカラス然レトモ本節ニハ此等ノ事項ヲ除キ單ニ農工商及土地等ニ關スル事項ヲ說カントス

第二節　農業

第一款　害蟲驅除

農作物ニ有害ナル害蟲ヲ驅除スルハ農業上最モ必要ナルコトニ屬ス大正二年總督府令第一號害蟲驅除豫防規則ニ基キ其ノ驅除スヘキ害蟲ノ種類及驅除方法ハ同年總督府告示第九號ニ定メラレタリ

害蟲田畑森林ニ發生シ又ハ其ノ發生ノ虞アルコトヲ知リタル該地ノ耕作人、所有者ハ直ニ口頭又ハ書面ヲ以テ面長ニ屆出ツヘク面長ハ順序ヲ經テ地方長官ニ急報スヘキモノトス地方長官ハ耕作人又ハ所有者ヲシテ驅除豫防ヲ行ハシム耕作人又ハ所有者若シ其ノ命令事項ヲ履行セサルトキハ地方長官ハ地方費ヲ以テ代執行ヲ爲シ其ノ使用ヲ耕作人又ハ所有者ヨリ徵收スルコトヲ得ルモノトス而シ

テ害蟲蔓延シ又ハ其ノ虞アルトキハ一定區域內ノ驅除豫防ヲ地方費ヲ以テ行フコトヲ得此ノ場合ハ夫役ヲ賦課スルコトヲ得又地方長官ハ驅除豫防ノ爲メ必要ナルトキハ土地ニ對スル適宜ノ制限物件ニ對スル處分權ヲ有スルノミナラス土地所有者管理者ハ官吏及其ノ指揮ヲ承クル者ノ其ノ地ニ入リ驅除豫防ニ從事スルコトヲ拒ムコトヲ得サルモノトス若シ之ヲ拒ミ又ハ驅除豫防命令ヲ受ケタルニモ拘ハラス其ノ履行ヲ爲サヽルトキハ拘留又ハ科料ニ處セラル

農業ハ朝鮮主要ノ生業ナルヲ以テ總督府ハ專ラ之レカ改良發達ヲ督勵シツヽアリテ夙ニ水原ニ勸業模範場ヲ各地ニ之レカ支場ヲ設ケテ試驗及指導スルコトニ從事セシム

第二款　棉、米、蠶、種苗、土地改良

第一　棉

朝鮮ノ風土ハ其ノ大半ニ亙リテ殆ント棉花ノ栽培ニ適スト雖モ在來播種ノ品質良好ナラサリシヲ以テ當局ハ最近銳意之カ改良ヲ圖リ勸業模範場木浦支場ハ專ラ陸地棉ノ試驗調査ヲ爲シ各地ニ棉採種圃ヲ增加シ栽培法ノ傳習ヲ爲ス等內地

ノ需用ニ應スル繰綿ヲ補充スルト同時ニ朝鮮農民ノ利益ヲ增進シ外國輸入ヲ防キ延テ國家經濟ノ伸張ニ資セントシテ之レカ奬勵普及ニ力メツツアリ

第二　米

米ハ朝鮮農產ノ首位ヲ占メ本土一般ノ需用ヲ充タスノ外內地ニ移出シ外國ニ輸出スル量額少ナカラス然ルニ農民ハ古來天惠ニ依賴シテ人力ニ依ル利用ノ方法ヲ爲サス之レカ改善ハ頗ル急務ナルヲ以テ優良米種ノ普及乾燥調製ノ改良、灌漑水ノ供給施肥ノ奬勵等ニ付當局者ハ鋭意指導ノ方法ヲ採レリ

大正四年總督府令第四號米穀檢查規則ハ朝鮮米ノ改良ヲ圖ル爲メ地方長官ハ管內ヨリ輸出又ハ移出セントスル朝鮮米ニ付テ檢查ヲ行フコトヲ得其ノ下格米ハ總督ノ認可ヲ得テ輸移出制限ヲ爲スコトヲ得ルモノトセリ

第三　蠶業

朝鮮ニ於ケル蠶業ハ未タ幼稚ノ域ニ在リテ其ノ產額微々タリト雖モ土質ハ桑樹ノ栽培ニ適シ乾燥セル氣候ハ最モ養蠶ニ可ナルヲ以テ當局者ハ之カ改良ト奬勵ニ努ムル爲メ各地ニ蠶業傳習所ヲ設ケ優良蠶種ノ普及產繭販賣ノ斡旋等ヲ爲シ

指導シツヽアリ

第四　種苗

明治四十五年總督府訓令第三四號道種苗所設置並道種苗場補助費交付規定ニ依リ各道ニ種苗場ヲ設ケ地方費及國庫補助金ヲ以テ之レヲ維持シ種苗種畜ノ繁殖改良ヲ爲シ且ツ種苗、蠶種、種卵、種禽及種豚ノ配付又ハ種畜ノ種付ヲ爲ス其ノ配付ハ無償又ハ有償ナルコトアリ

第五　土地改良

明治四十五年總督府訓令第三三號土地改良奬勵補助費交付規程ニ依レハ土地改良ト稱スルハ耕地ニ灌漑水ノ供給ヲ爲ス工事ヲ謂フトアリテ土地改良ヲ奬勵スル爲メ地方費中土地改良補助費ニ對シ補助金ヲ交付スル規定アリ

朝鮮ニハ未タ內地ノ如ク耕地ノ利用ヲ增進スルヲ目的トスル耕地整理法ノ如キモノナク又肥料ノ取締ニ關スル法令ナシ此ハ朝鮮ノ民度進步ノ程度上其ノ必要ナキニ由ルモノナルヘシト雖モ將來規則ノ發布ヲ爲シ此ノ種改良ノ要アルハ勿論ナリ

第三節　牧畜

牧畜ニ關スル法規ハ家畜ノ改良ニ關スルモノト衛生ニ關スルモノトノ二アリ

第一　家畜改良

改良ニ關シテハ法規トシテ明定セラレタルモノナシト雖モ畜牛ハ朝鮮ノ農業組織上缺クヘカラサル要素ナルノミナラス輸移出品中頗ル重要ノ位置ヲ占ムルヲ以テ明治四十五年總督府訓令第九號ハ畜牛ノ改良增殖ニ關スル件ヲ以テ種牡牛ノ選擇、種牡牛ノ配付及種付竝之レカ保護牝牛ノ貸付、飼料ノ供給方法去勢奬勵姙牛屠殺ノ取締等ニ付訓告スル所アリ

第二　獸疫豫防

大正四年制令第一號獸疫豫防令ニ依レハ牛、馬、羊、山羊、豕、犬等ノ家畜ニ關シ獸疫(獸疫トハ牛疫、炭疽、氣腫疽、鼻疽、皮疽、流行性鵞口瘡、豕虎列刺、豕羅斯疫、狂犬病ノ九種ヲ云フ)ニ罹リタルトキ又ハ其ノ疑アルトキハ所有者管理者又ハ獸醫ハ直ニ之レヲ警察官憲兵、警察獸醫又ハ檢疫委員ニ屆出ツヘキ義務ヲ命シ且ツ其ノ所有者管理

ハ當該官吏又ハ吏員ノ指揮ニ從ヒ撲殺スヘキ義務アルモノトス而シテ是等ノ者其ノ指揮命令ニ從ハサルトキ又ハ現場ニ在ラサルトキハ當該官吏吏員ハ直ニ獸類ヲ殺スコトヲ得ルノミナラス、獸疫ノ病毒ニ汚染シ又ハ其ノ疑アル場所ニハ期間ヲ定メ交通遮斷ヲ爲スコトヲ得疾病ニ罹リ斃死シタル獸類ノ屍體ハ當該官吏ノ指揮ニ從ヒ之レヲ燒棄又ハ埋沒スヘキモノトス其ノ他同令及同令施行規則ハ獸疫豫防上必要ナル物件ノ處分使用ノ制限消毒方法及輸出又ハ移出スル畜牛ニ付テ檢疫ヲ行フコト、手當支給竝獸疫豫防令違反ノ場合ノ罰則ヲ規定ス

終リニ內地ニ在リテハ獸醫蹄鐵工ハ免許又ハ免狀ヲ有スル者ニアラサレハ業ヲ營ムコトヲ得ス朝鮮ニ於テハ未タ其ノ規定ナキモ內地人タル是等ノ開業者ハ內地ニ於ケル資格ヲ有セサレハ公認セラレサルカ如シ

第四節　森林

森林ハ水害ノ豫防水源ノ涵養ノ爲メ又ハ國家ノ財源トシテ重要ノモノナリ森林ハ其ノ所有者ニ依リ御料林、國有林、公有林、社寺林及私有林ニ區別シ朝鮮總督ハ林

政上必要アリト認ムルトキハ公有林、社寺林、私有林ノ所有者。占有者ニ對シ營林方法ヲ指定シ又ハ造林ヲ命スルコトヲ得、受命者ニシテ之レニ從ハサルトキハ行政官廳自ラ造林シ其ノ費用ヲ義務者ヨリ徵收スルコトヲ得ヘシ次ニ森林保護ニ關スル規定ニ付之レヲ述フヘシ

第一　保安林

明治四十四年制令第一〇號森林令ニ依レハ朝鮮總督ハ國土保安(土砂扞止林飛砂防止林)危害防止(水害防備林、防風林、潮害防備林、頽雪防止林、墜石防止林)水源ノ涵養(水源涵養林)航行ノ目標(目標林)公衆衛生(衛生林)魚付(魚付林)又ハ風致(風致林)ノ爲メ必要アリト認ムルトキハ公有林、社寺林、私有林ノ森林ヲ保安林ニ編入ノ行政處分ヲ爲スコトヲ得保安林ニ編入セラレタル森林ハ地方長官ノ許可ヲ受ケサレハ森林ノ手入ニ非サル木竹ノ伐採、開墾、落葉切芝土石樹根ノ採取若クハ採掘ヲ爲シ又ハ放牧ヲ爲スコトヲ得サル制限アリ朝鮮總督ハ保安林ノ原因消滅シ又ハ公益上特別ノ事由發生シタルトキハ保安林ノ全部又ハ一部ヲ解除スルコトヲ得

第二　國有林

森林ノ國有民有ノ區別ハ未タ之レカ規則發布セラレスト雖モ公有、社寺及私有トシテ所轄官廳ニ登記アルモノヲ除ク外ノ森林ハ總テ國有ナルヘシ又民有タルニハ明治四十四年一月二十三日限リ地籍届ヲ爲シ之レヲ證明スヘキ確證アルモノニアラサレハ之レヲ登記セサル規定アリ尚ホ國有森林ニハ左ノ規定アリ

(一)國有森林ニシテ國土保安ノ爲メ又ハ森林經營ノ爲メ國有トシテ保存スルノ必要アルモノハ公用又ハ公益ノ爲ニスル場合ヲ除クノ外、之レヲ賣却、交換又ハ讓與スルコトヲ得ス

(二)造林ヲ目的トシテ國有森林ノ貸付ヲ受ケタル者ニ對シ事業成功シタル場合ニ於テ朝鮮總督ハ特ニ其ノ森林ヲ讓與スルコトヲ得

(三)國有森林ニ入會ノ慣行アル地元住民ハ慣行ニ從ヒ其ノ森林ノ副産物ヲ採取シ又ハ之レニ放牧ヲ爲スコトヲ得ヘク朝鮮總督ハ其ノ入會區域ヲ指定シ又ハ變更スルコトヲ得

茲ニ所謂入會慣行トハ地元住民ノ全部又ハ大部分カ國有森林ノ一定ノ區域ヲ限リ永年部落用又ハ自家用ニ供スヘキ産物ノ採取又ハ放牧ノ用ニ供シタル慣

行ヲ謂フ

（四）國有森林ノ地元住民ニシテ之レカ保護ヲ命セラレタル場合ニ朝鮮總督ハ報酬トシテ其ノ産物ノ一部ヲ之レニ讓與スルコトヲ得、而シテ地元住民ハ盜伐及火災ノ豫防有害動物ノ驅除豫防標識ノ保存、稚樹ノ保育義務及保護スヘキ森林又ハ立木ニ異狀ヲ生シタルトキハ屆出ノ義務ヲ有スルモノトス

森林ノ産物ハ之レヲ主産物及副産物ニ分ツ主産物トハ生立木竹、枯損木竹及根株ノ類ヲ云ヒ副産物トハ樹皮、樹實、落枝、落葉、灌木、雜草、土石、菌蕈類其ノ他工藝的諸製造品ヲ謂フ

（五）國有森林ノ讓與ハ公用若クハ、公益事業又ハ移民團體ノ爲メ必要ナルトキニ限ル而シテ讓與ノ條件ニ違反シタルトキハ之レヲ返還セシムルコトアルヘク此ノ場合ニ其ノ森林ノ上ニ設定シタル第三者ノ權利ハ消滅スルモノトス

（六）國有森林産物ノ讓與ハ公益又ハ公益事業又ハ非常ノ災害ノ際罹災者ニ建築修繕ノ材料又ハ燃料ヲ供給スル爲メ必要ナルトキニ限ルモノニシテ此ノ外森林地元住民ヲ森林手入ノ爲メ使用シタルトキ報酬トシテ其ノ採取シタル産物ヲ

讓與スルコトアリ

第三　民有林（公有林、社寺林私有林ヲ稱ス）

民有林ニ付テハ保安林ニ編入スル場合ノ外何等ノ制限ナキモ地方長官ハ森林ノ使用收益ニ關スル弊害ヲ矯正シ又ハ害蟲ヲ驅除若ハ豫防スル爲メ公益上必要ナル命令ヲ發スルコトヲ得、又朝鮮總督ハ森林ノ所有者若ハ占有者又ハ國有林ノ地元住民ヲシテ共同シテ森林ノ保護又ハ造林ニ從事スヘキ命令ヲ發スルコトヲ得

第四　森林ノ火入

國有林タルト民有林タルトヲ問ハス森林又ハ之レニ接近スル土地ニ火入ヲ爲スニハ警察又ハ憲兵官署ノ許可ヲ受クルニアラサレハ爲スコトヲ得サルモノトス

（火入ハ多ク火田ヲ耕作スル爲メニ爲スモノナリ）

第五　森林令違反者ニ科スル罰則

森林令ニ於ケル罰則ハ特別刑法トモ見ルヘキモノニシテ森林ニ對スル放火、失火冒墾竝ニ其ノ産物ノ窃盜、森林標識ノ移轉汚損毀損等普通刑法ノ規定ニ適合スル犯行ヲ特別ニ處罰スヘキ明文アリ又其ノ以外ノ同令ニ於ケル特種事項ノ違反者

ニ對シテモ科罰ノ規定アリ
其ノ他詳細ハ森林令明治四十四年總督府令第七十四號森林令施行規則同年總督府訓令第七三號同令施行手續明治四十五年總督府令第一〇五號國有森林山野保護規則及森林保護員ノ規定竝明治四十五年總督府訓令第三五號地方林業補助費交付規程等ニ就キ研究セラルヘシ

第五節　漁業

凡ソ無主物ナル魚介ヲ先占スルハ原則トシテ各人ノ自由ナレトモ公有水面ニ於テ漁具ヲ定置シ又ハ水面ヲ區別シテ專用ヲナシ其ノ他命令ノ定ムル所ニ相當スルモノハ必ス許可ヲ受ケサルヘカラス又公有水面ト相接セサル私有水面ニ於テ漁獵スルハ土地所有權ノ效果ニ歸シ土地所有者ハ當然其ノ水面ノ魚介ヲ捕漁スルコトヲ得ルナリ明治四十四年制令第六號漁業令ニ於テ漁業ト稱スルハ、公共ノ用ニ供スル水面ニ於テ營利ノ目的ヲ以テ水產動植物ヲ採捕シ又ハ養殖スル業ヲ謂ヒ其ノ漁業權トハ免許ヲ得テ漁業ヲ爲スノ權利ニシテ此ノ權利ハ公權ナリト說ク者アルモ余輩ハ行政處分ニ依リ設定セラレタル一種ノ私權トナス從テ相續、讓渡、共有抵當又ハ貸付ノ場合ニ限リ之レヲ權利ノ目的ト爲スコトヲ得但シ相續ノ場合ノ外ハ朝鮮總督ノ許可ヲ受ケサルヘカラス

漁業令ニ於テハ漁業ヲ三種ニ區別ス届出漁業、許可漁業、免許漁業是レナリ届出漁業ハ一漁船三人以上乘組ノ漁網又ハ延繩其ノ他釣具ヲ使用シテ爲ス漁業其ノ他簡易ナル漁業ニシテ單ニ府尹郡守島司ニ届出ヲ爲シ鑑札ヲ受クヘク許可漁業ハ捕鯨「トロール」潜水器、海獸其ノ他ノ漁業ニシテ届出漁業ヨリハ少シク重大ナル漁業ニシテ朝鮮總督又ハ地方長官ノ許可ヲ得テ行フモノナリ免許漁業トハ一定ノ水面ニ漁具ヲ建設又ハ敷設シ一定ノ漁期間之レヲ定置シテ爲ス漁業又ハ一定ノ水面ヲ區劃シテ養殖ヲ爲スモノ其ノ他最モ重大ナル關係アル漁業ニシテ朝鮮總督ノ免許ヲ得テ始メテ行フコトヲ得ルモノナリ但シ水面專用漁業免許ヲ受ケタル者ト雖モ從來ノ慣行ニ依リ其ノ漁場ニ於テ漁業ヲ爲ス者ノ入漁ヲ拒ムコトヲ得サルモノトス此ノ免許ヲ得タル者ハ漁業權ヲ取得ス

漁業令ハ漁業ノ改良發達ヲ圖ルカ爲メニ一定ノ地域内ニ居住スル漁業者ハ許可

ヲ受ケ漁業組合ヲ設置スルコトヲ得ル旨ヲ規定セリ此ノ組合ハ漁業權ヲ取得シ又ハ漁業權ノ貸付ヲ受ケ組合員ノ漁業ニ關スル共同ノ施設ヲ爲スヲ以テ目的トスル法人ナリ別ニ本令ハ水産業ノ改良發達水産動植物ノ蕃殖保護其ノ他水産業ニ關シ共同ノ利益ヲ圖ル爲メ許可ヲ受ケ水産組合ヲ設置スルコトヲ得ル旨ヲ規定セリ此ノ組合モ亦法人ナリトス

朝鮮總督ハ水産動植物ノ蕃殖保護又ハ一般漁業ノ取締ノ目的トシテ水産動植物ノ採捕販賣ニ關スル制限若ハ禁止、漁具又ハ漁船ニ關スル制限若ハ禁止、免許漁業者保護ノ爲メニスル一定漁業ヲ禁止スル警察命令ヲ發スルコトヲ得ルモノニシテ明治四十四年總督府令第六八號漁業取締規則ハ實ニ此ノ目的ノ爲メニ制定セラレタルモノナリ

右ノ外漁業令ハ自ラ一定ノ制限又ハ禁止ヲ定メタルモノアリ即チ「トロール」漁業又ハ捕鯨業ハ朝鮮總督ノ許可ヲ受クルニアラサレハ之レヲ營ムコトヲ得ス又警察官吏憲兵ノ外海軍艦艇乘組將校、税關官吏、又ハ朝鮮總督ノ特ニ指定シタル官吏ハ漁業監督上必要アリト認ムルトキハ船舶店鋪其ノ他ノ場所ニ臨檢シ帳簿物件

檢査ニ關スル犯罪ヲ檢査スルコトヲ得ルモノトセリ

詳細ハ漁業令同施行規則漁業取締規則明治四十五年總督府令第一三號水産組合規則同年總督府令第一四號漁業組合規則明治四十四年總督府令第八九號漁業ニ關スル手數料ノ件明治四十四年總督府告示第二四五號漁業令施行規則中漁業ノ名稱、許可漁業ノ漁場區域等ニ關スル規定ニ付キ研究セラルヘシ

尚ホ附言スヘキハ水産ニ關シテハ大正二年總督府令第四九號海藻檢査規則アリテ石菜花《テングサ》、海蘿《フノリ》銀杏草、櫻草小凝菜《イギス》、磯草《エゴ》ハ税關ニ於テ輸出又ハ移出申告ノ際檢査ヲ受ケ合格シタルモノニアラサレハ輸移出スルコトヲ得サルモノトシ檢査ヲ受ケントスル者ハ一定ノ手數料ヲ納付スヘキモノトセリ

第六節　狩獵

狩獵トハ無主物ナル野生ノ鳥獸ヲ先占的ニ捕獲シテ其ノ所有權ヲ得ルコトニシテ原則トシテ各人ノ自由ニシテ他人ノ所有地上ニ於テモ之レヲ爲スコトヲ得ルモノトスルモ公共ノ安寧秩序ノ維持ノ爲メ其ノ自由ヲ制限スルモノニシテ唯銃

器張網黐等一定ノ器具ヲ以テ狩獵セントスルトキハ警察官廳ノ許可ヲ受クヘキモノトス又柵圍障若クハ作物植付アル他人ノ所有地ニ於テハ所有者ノ承諾ヲ得ルヲ要ス尚ホ爆發物、毒藥、劇藥、据銃又ハ危險ナル罠若クハ陷穽ヲ以テ捕獲スルコトモ禁止セラル、而シテ許可ヲ得テ爲ス狩獵ト雖モ許可ハ私權ヲ設定シタルニアラス單ニ警察上ノ許可ヲ與ヘシニ止マル故ニ第三者ニ對シ對抗スル效力ナシ

明治四十四年總督府令第四六號狩獵規則ハ鳥獸保獲狩獵ノ場所狩者ノ資格ニ付テ制限アルノミナラス免許ニ付テモ種類アリ少シク之レヲ述フヘシ

一、鳥獸ノ保獲　鳥獸保護ノ爲メニハ鳥獸蕃殖ノ爲メ一定ノ期間狩獵ヲ制限シ或ハ特種鳥獸ノ捕獲及鳥類ノ巢、卵又ハ雛ノ採取ヲ禁止ス其ノ張網若ハ黐ヲ以テ鳥類ヲ又ハ銃器ヲ以テ鳥獸（野生獸類ニ限リ銃器又ハ爆發物毒劇藥据銃危險ノ罠ヲ以テ捕獲スル以外ハ期間場所方法等何等ノ制限ナク自由ナリ）ヲ捕獲シ得ル期間ハ十月一日ヨリ四月三十日（咸南北平南北ハ九月十五日ヨリ翌年四月三十日迄トス）迄トシ此ノ期間外ニ在リテハ該獵具ヲ以テ鳥獸ヲ捕獲スルコトヲ禁ス但シ藥用材料採取ノ爲メ銃器ヲ以テ虎、鹿、熊、其ノ他ノ野生獸類捕獲ノ免許ヲ得タルトキハ期間ニ拘ラサルモノトス而シテ銃器張網又ハ黐ヲ以テ前記期間以外ニ捕獲

ヲ禁止セラレタル鳥類ハ雁、鴨、雉、鶉、鷸、鳩、鷲、鷹、隼、鴉、鵲、雀、外十二種アリ又鶴ハ獵具獵法ノ如何ヲ問ハス別ニ許可ナキトキハ之レヲ捕獲スルコトヲ得ス

二、場所　市街地其ノ他人家稠密ノ場所衆人群衆ノ場所又ハ銃丸ノ達スル虞アル建物、船舶、汽車ニ向テハ銃獵ヲ禁ス禁獵區公園社寺ノ境内ニ於テハ特ニ許可アル場合ノ外狩獵ヲ禁止ス又銃獵ハ日出前日沒後ニ於テハ爲スコトヲ得ス

三、狩獵者ノ資格　年齢滿十七歳以上ニシテ白痴瘋癲者ニアラス又狩獵規則第十五條ノ處罰ヲ受ケタルトキハ滿一年以上ヲ經過シタル者ナルコトヲ要ス

四、狩獵免狀　免狀ニハ左ノ三種類アリテ出獵ノ際ハ之レヲ携帶スヘク他人ニ貸與又ハ他人ヨリ借受クルコトヲ得ス本人ニ限リ使用スルコトヲ得ルモノニシテ當該官吏ノ要求アルトキハ査閲ヲ拒ムヲ得ス

甲種免狀	張網又ハ黐ヲ以テ鳥類ヲ捕獲スル者ニ下付ス	手數料	金三圓
乙種免狀	銃器ヲ以テ鳥獸ヲ捕獲スル者ニ下付ス	手數料	金七圓
特別免狀	藥用材料採取ノ爲メ野生獸類ヲ期間ニ拘ラズ狩獵スル者ニ下付ス一年間有效トス	手數料	金五十圓

學術研究又ハ有害鳥獸驅除ノ爲メ其ノ他特別ノ事由ニ依リ野生鳥獸又ハ鳥類ノ

巣卵若クハ雛ヲ採取スル必要アルトキハ警務部長ハ期間ニ拘ハラス特ニ之レヲ許可シ又ハ規則所定ノ制限禁止ヲ解除スルコトヲ得ルモノトス

第七節 鑛業

第一 鑛業

單ニ鑛業ト稱スルトキハ苟クモ人類ニ有用ナルモノハ何種ノ鑛物ヲ問ハス之レヲ採掘スル事業ナレトモ法令上ニハ其ノ範圍ヲ限定セリ卽チ金、銀、銅、鉛、鐵、錫石炭、石油、硫黃、水銀、其他數種ヲ列記シテ法定鑛物トナシ其ノ試掘採掘及之レニ附屬スル事業ヲ鑛業トナス故ニ此ノ列記以外ノ鑛物ヲ採取スルハ鑛業法規ノ支配ヲ受クルコトナク土地所有者ノ自由ニ屬スルモノナリ而シテ朝鮮ノ現行法ニ於テハ內地ノ如ク試掘ハ之レヲ認メサル規定ニシテ總督府ハ近ク鑛業法ヲ改正スル計畫アリト謂フモ其ノ大體ニ於テハ現行隆煕元年法律第三號鑛業法ト大差ナカルヘキヲ以テ之レニ依リ説明ヲ試ムヘシ

鑛業法ニ依レハ未タ採掘セサル鑛物廢鑛及鑛滓ハ國ノ所有トナシ鑛物所有權ヲ

土地所有權ヨリ獨立セシメタリ之レ所有權ハ地上地下ニ及ホスト云フ原則ニ對スル例外ヲ爲スモノナリ私人カ鑛業權ナル私法上ノ權利ヲ行使スルニ依リテ之レカ所有者トナルヲ得ヘク鑛業權ハ官廳ノ特許ニ依リテ之レヲ受ク故ニ此ノ特許ハ私權ヲ設定スル一ノ行政處分ナリ

鑛業權ハ朝鮮總督ノ許可ニ依リテ附與セラレ許可ハ願書到著日付ノ前後ニ依リテ爲スモノニシテ期間ニ制限ナク永久ニ之レヲ採掘スルコトヲ得ルモノナリ鑛業權ハ物權トシテノ不動產ニ關スル規定ヲ準用ス故ニ相續抵當讓與滯納處分及強制執行ノ目的ト爲スコトヲ得ルモノナリ而シテ鑛業權ノ許可ハ官廳カ公益ニ害アリト認ムルトキハ之レヲ拒ミ又一旦許可シタルモ公益ニ害アルトキ又ハ虛僞錯誤等ニ因リタルトキ一年以上休業シタルトキ正當ノ理由ナク一年以內ニ採掘ニ著手セサル場合ニ在リテハ許可ヲ取消スルコトヲ得ヘシ茲ニ注意スヘキハ朝鮮ノ鑛業法ハ從前韓國時代ニ於テ內外人ニ等シク鑛業權ヲ許容シアリタルヲ以テ內地ニ於ケル鑛業權ノ如ク帝國ノ臣民又ハ帝國ノ法律ニ從ヒ成立シタル法人ニ限リ許可セラレアルモノニアラサルコトナリ

鑛區ト稱スルハ鑛業權ノ登錄ヲ得タル土地ノ區域ヲ謂ヒ鑛業法ハ一鑛區ノ坪數ニ制限ヲ附シ石炭鑛區ハ五萬坪以上百萬坪其ノ他ノ鑛物ハ五千坪以上百萬坪以內トス又鑛區トナスヘカラサル地域ニ付テノ規定アリ

鑛業權者ハ附隨ノ權利トシテ他人ノ土地ヲ使用スルコトヲ得卽チ測量檢査ノ必要アル場合、急迫ノ危險ヲ防ク爲メ必要ナル場合、坑口開穿ノ場合、道路、電線開設ノ場合等ニハ官廳ノ許可ヲ得テ他人ノ土地ヲ使用スルコトヲ得ルナリ

鑛業法ニハ鑛業警察ノ規定アルモ內地ニ於ケル鑛山監督署ノ如キ特別ノ監督官廳ナク總テ朝鮮總督之レヲ所管ス卽チ朝鮮總督ハ建設物及工作物ノ保安、生命衛生ノ保護、危害ノ豫防其ノ他公益上必要ナルトキハ鑛業ニ關スル警察事務ヲ行フコトヲ得ヘク且ツ鑛業權者ニ危險豫防ノ裝置ヲ爲サシメ必要ニ依リテハ鑛業ノ停止ヲ命スルコトヲ得ルナリ

第二　砂鑛

鑛物中砂鑛ノ採取ニ付テハ光武十年法律第四號砂鑛採取法ヲ以テ特別ノ規定ヲ設ク其ノ法令ニ依レハ砂鑛トハ砂金、砂鐵砂錫ヲ云フト稱ス砂鑛ヲ採取セントス

ル者ハ朝鮮總督ノ許可ヲ受クヘク土地所有者ハ自ラ採取スルトキハ他ニ先テ許可ヲ得ル權利ヲ有ス他人ノ所有土地ニ於テ採取セントスルトキハ所有者ノ承諾ヲ得且ツ採取料ヲ支拂フヲ要ス許可ヲ得タル後土地所有者採取ヲ承諾セサルトキハ總督ノ判定ヲ求ムルコトヲ得ルモノトス砂鑛採取ニ對スル許可ハ單純ナル許可ニシテ鑛業權ノ特許トハ全ク異ナル處分ナルモ其ノ取扱方ハ鑛業法ニ於ケル規定ト大異ナシ

第三　土石採取

鑛業法及砂鑛法以外ノ鑛物ノ採取ニ付テハ隆熙二年勅令第五八號國有土石採取規則アリテ國有ノ土地ニ於テ寶石、雲母、燐鑛、石材、泥炭、粘土等ノ土石ヲ採取セントスル者ハ所定ノ事項ヲ具シ朝鮮總督ノ許可ヲ受ケサルヘカラスシテ許可ヲ受ケタル者ハ土石採取料ヲ納附セラルヘカラス採取權ノ相續讓渡抵當ノ目的物トナルコト及之レカ取消等ハ鑛業ニ付テ述ヘタルト略同シ

次ニ鑛業法砂鑛法等違反者ニ對スル處分ハ朝鮮總督之レヲ行ヒ裁判所又ハ即決官署ノ處分ニ依ラサルモノトス

第八節　商業

第一款　質屋業

質屋業ハ民間ニ於ケル小資本ノ融通機關ナレトモ弊害甚タ多ク行政上之レヲ取締ル必要アルモノトス而シテ質屋業ハ免許營業ノ一種ニシテ其ノ取締リニ關シテハ明治四十五年制令第三號質屋ノ取締ニ關スル件ニ依リ內地ニ於ケル質屋取締法ニ依ルヲ原則トス故ニ質屋營業ヲ爲サントスルモノハ行政廳ノ免許ヲ受ケサルヘカラス明治四十四年總督府令第二三號質屋取締ニ關スル制令施行規則ニ依レハ質屋取締法中行政廳ノ職權ハ警察署長（警察事務ヲ取扱フ憲兵官署長ヲ含ム）之レヲ行フトセリ而シテ質屋營業ノ免許ヲ受ケントスル者ハ規則所定ノ事項ヲ具シ願出ツルヲ要ス

朝鮮ニ於ケル質屋業ノ規定ニシテ內地ト異ナルハ利子ノ制限、流質期間、質物處分及滅失毀損ノ場合ニ於ケル損害ノ負擔ニ關スルモノノ外ハ殆ント同一ナリトス又質屋營業ノ禁止停止及其ノ解除ノ處分ハ警務部長之レヲ行フモノトシ禁停止處分ヲ免許處分ヨリ重要視シアルハ至當ノ規定ト云フヘシ尙ホ質屋組合ヲ設ケントスルトキハ警務部長ノ許可ヲ受クヘキモノトセラレタリ詳細ハ同制令及府令ニ就テ知ラルヘシ

第二款　銀行

銀行ノ營業ハ商法ノ一般ノ規定ニ依リ支配セラルヽハ勿論ナレ𪜈國家ノ公益上特別ノ取締ヲ爲スノ必要アリ卽チ朝鮮ニ於テハ大正元年制令第五號銀行令ニ依ルヘク銀行トハ店鋪ヲ公開シ營業トシテ證券ノ割引爲替事業又ハ預金及貸附ヲ併セ爲スモノヲ云フ銀行ノ事業ヲ營マントスル者ハ朝鮮總督ノ認可ヲ受ケサルヘカラス尙ホ朝鮮ニ於テ銀行營業者カ特別ノ取締ヲ受クヘキ事項ノ大要左ノ如シ

(一)朝鮮ニ於テハ銀行營業ヲ營ム會社ノ無限責任社員、取締役及監査役ノ過半數ハ朝鮮ニ居住スル者タルコトヲ要ス

(二)個人ニシテ銀行業ヲ營ム者其ノ商號本店支店ノ所在地資本金額營業科目等ヲ變更セントスルトキ又ハ銀行業ヲ營ム會社ニシテ定款ヲ變更セントスルトキ若ハ內地銀行ニシテ朝鮮ニ支店出張所ヲ設立セントスル場合ニ於テハ朝鮮ニ

於ケル代表者ヲ定メ朝鮮ニ於テ銀行業ヲ營ム個人又ハ會社ニシテ內地ニ支店出張所ヲ設ケントスルトキハ其ノ資本金額ヲ定メ各朝鮮總督ノ認可ヲ受ケサルヘカラス

(三)銀行ハ銀行券其ノ他何等ノ名義ヲ以テスルニ拘ラス通貨ニ類似スル無記名式一覽拂ノ證券ヲ發行スルコトヲ得ス但シ朝鮮銀行及農工銀行ハ其ノ例外ナリ

(四)銀行業ヲ營ム個人又ハ會社ニシテ他ノ事業ヲ兼營スルトキハ各營業ニ付資本ヲ別ニシ且ツ商號ヲ異ニセサルヘカラス

其ノ他朝鮮總督ハ必要ナル制止又ハ命令ヲ發スルコトヲ得又銀行ニシテ同令所定ノ事犯アリタルトキハ營業主、業務執行社員、取締役又ハ代表者ニ過料ノ制裁ヲ科スルコトヲ得ルモノトス

朝鮮ニ於ケル銀行ハ特種銀行トシテ朝鮮銀行、農工銀行アリ普通銀行トシテ內地人ノ經營スルモノハ東洋拓殖會社金融部、京城銀行、密陽銀行、七星銀行、第一銀行、十八銀行、百三十銀行、周防銀行等アリテ京城密陽、七星ノ三銀行ハ朝鮮ニ本店ヲ有スルモ他ハ內地ニ本店ヲ有シ朝鮮ニハ支店又ハ出張所ヲ設クルモノトス又朝鮮人

ノ設立スルモノハ朝鮮商業銀行、漢城銀行、韓一銀行、湖西銀行ノ四行ニシテ內鮮人共同設立ニ係ルモノハ鮮南銀行、龜浦銀行、釜山商業銀行、大邱銀行等アリ而シテ朝鮮銀行及農工銀行ノ外ハ普通銀行令ニ依ルモノナレハ爰ニ說明ヲ省略ス唯朝鮮銀行及農工銀行ハ別ニ法律ヲ以テ定メラレ朝鮮統治及經濟上ニ特種ノ關係ヲ有スルヲ以テ左ニ一言スル所アルヘシ

第一　朝鮮銀行

朝鮮銀行ハ朝鮮ノ經營上朝鮮ニ於ケル產業資本ノ供給金融ノ調和貿易ノ發展ニ資スル所アラシメ且ツ朝鮮ニ於ケル錯綜セル貨幣ノ整理及國庫金ノ出納銀行券ノ發行其ノ他中央銀行ノ業務ヲ取扱ヲ目的トシテ設立シタルモノニシテ一般銀行ノ如ク單ニ或ル特種ノ事業ニ資本ヲ供給スルノミヲ目的トセス其ノ營業廣ク一面商業銀行タルト同時ニ朝鮮ノ中央銀行タル任務ヲ有ス之レ朝鮮ハ內地ト法域ヲ異ニシ商業ニ農業ニ別ニ一區域ヲ爲シ其ノ事業經營者ノ如キ內地人ノミニアラサルヲ以テ此等經營者ニ金融上ノ便宜ヲ與フル爲メ獨立經濟ノ方法ヲ劃シ日本銀行以外ニ中央銀行ヲ設立スルノ要アリ之レ明治四十四年法律第四八號朝

鮮銀行法發布セラレタル所以ニシテ曾テ第一銀行京城總支店ヨリ中央銀行ノ事務ヲ引續キタル韓國銀行ヲ朝鮮銀行ト改稱シタリ

朝鮮銀行ハ株式會社ニシテ其ノ本店ヲ京城ニ支店ヲ大阪、仁川、平壤、大邱、元山ノ五箇所ニ出張所ヲ鎭南浦、木浦、馬山、釜山、城津、羅南、新義州、安東縣ノ九箇所ニ設ケ之レカ存立期間ハ五十年間トシ更ニ政府ノ認可ヲ受ケタルトキハ此ノ期間ヲ延長スルコトヲ得ルモノトセリ銀行ノ資本金ハ一千萬圓(一株百圓ニシテ十萬株ニ分チ)ニシテ之レカ株券ハ記名式トシ政府ハ之レニ對シ特別ノ保護ヲ與フルト同時ニ嚴密ナル監督ヲ加フ卽チ政府ハ三萬株ヲ引受ケテ之レヲ保護シ殘額七萬株ニ就テハ日本帝國臣民ニ非ラサレハ之レカ株主ト爲ルコトヲ得サルモノトシ主務大臣ハ監理官ヲ置キテ同行ノ金櫃、帳簿ヲ檢査シ又其ノ事務ヲ監視セシメアリ

第二　農工銀行

舊韓國政府ハ明治三十九年農工銀行條例ヲ發行シ政府ニ於テモ之レカ株式ノ幾分ヲ引受ケ或ハ無利息貸下金ヲ爲シ各道所在地ニ一箇所ツ、本店ヲ設ケシカ後經濟交通上ニ鑑ミ之レカ併合ヲ行ヒ大正三年制令第二一號農工銀行令ハ更ニ同

條例ヲ改正シテ從來ノ業務ヲ承繼セリ農工銀行ハ株式會社ニシテ主トシテ農工業者ノ資金融通ヲ爲シ東洋拓殖會社ノ事務ノ代理及總督ノ認可ヲ受ケ公共團體ノ爲メニ其ノ出納ノ取扱ヲ爲シ又ハ開墾排水灌漑及土地土質ノ改良、殖林事業等ノ爲メ公共團體若ハ二十名以上ノ農工業者ノ連帶責任ニ於テ無擔保貸附ヲ爲スコトヲ得ル等ハ一般銀行ト少シク趣ヲ異ニスル所ニシテ其ノ他普通銀行ノ業務ヲ兼營スルモノトス其資本金ハ十萬圓以上トシ各株式ノ金額ハ二十圓トシ又資本金四分ノ一以上ノ拂込アリタルトキハ拂込金額ノ五倍ヲ限リ記名又ハ無記名ノ農工債劵ヲ發行スルコトヲ得ルモノトセリ

農工銀行ハ朝鮮總督ノ監督ヲ受クルモノニシテ營業區域モ亦朝鮮總督ノ指定ヲ受クヘク一營業區域內ニ於テハ一行トシ現今本店ハ京城、平壤、大邱、全州、光州及元山ノ六箇所ニアリテ支店出張所ヲ樞要ノ地ニ設置セリ而シテ之レカ株主ハ政府若ハ公共團體ノ外ハ農工銀行ノ營業區域內ニ於テ主トシテ農工業ヲ營ミ一年以上引續住所ヲ有スル日本臣民又ハ日本ノ會社ニ限ルモノトス

第三　地方金融組合

金融組合ハ銀行ニアラスト雖モ地方金融機關トシテ重要ナルヲ以テ之ヲ略說ス地方金融組合ハ大正三年制令第二二號地方金融組合令ニ依リ朝鮮ニ特種ナル金融機關ニシテ一郡又ハ數郡ノ行政區劃ヲ一區域トシ其ノ區域內小農民間ノ金融ヲ緩和シ農業經濟ヲ發達セシムル目的ヲ以テ設立スル社團法人ニシテ之カ設立ハ定款ヲ作リ朝鮮總督ノ許可ヲ受クヘキモノニシテ組合員ハ必ス出資一口(十圓トス)以上ヲ有セサルヘカラス組合ノ業務ハ農事上必要ナル資金ノ貸附組合員ノ預金竝倉荷證劵ノ發行、生產物ノ委託販賣及共同購買ノ取扱又ハ總督ノ認可ヲ受ケ農工銀行ノ業務代理其ノ業務ノ媒介等ニシテ之カ濫觴ハ明治四十年韓國政府ニ於テ地方金融組合規則ニ制定シテ各地ヲ設置シ各組合ニ對シ基本金一萬圓ヲ下附シ理事ヲ置キテ業務ヲ取扱ヒタルニ創マル詳細ハ同令ニ依リ知ラルヘシ

第四　手形交換所

晩近朝鮮財界發展ノ結果商業取引漸次頻繁ヲ加ヘ手形殊ニ小切手授受ノ盛ナルニ伴ヒ銀行間ニ於テ手形交換及不渡手形ニ對スル制裁ノ必要ヲ認メ京城ニ於テハ明治四十三年以來手形交換所ヲ設ケ京城各銀行ヲ其ノ組合銀行トシ組合銀行

間ノ手形、小切手ノ交換ヲ開始ス次テ仁川、釜山ニ於テモ之レヲ設立スルニ至レリ

第三款　商業會議所

商業會議所ハ商工業ノ發達ヲ計ル爲メニ設ケラレタルモノニシテ意見ヲ官廳ニ述ヘ若ハ官廳ノ諮問ニ應シテ答ヲ爲ス又ハ官廳ノ命ニ依リ商工業ニ關スル特別ノ調査ヲ爲シ若ハ商工業ニ關スル紛議ノ仲裁ヲ爲スヲ得商業會議所ハ法人ニシテ其ノ設立ハ强制ニ依ルモノニアラスシ全ク區内ノ商工業者ノ自由ニ屬ス商業會議所ノ團體員タル資格ハ各其ノ定ムル所ニ依ルヘキモノナリ

第四款　會　社

朝鮮ニ於テハ會社ハ明治四十四年制令第六號會社令ニ依ラサレハ設立スルコトヲ得ス之レカ設立ニハ朝鮮總督ノ許可ヲ要シ個人ノ自由ニ委セス之レ投機者流ノ不確實ナル會社ノ爲メ一般産業發達ノ阻碍ヲ防クカ爲メナリ

第九節　工　業

明治四十三年勅令第三三五號ヲ以テ特許法、意匠法、實業新案法、商標法等ヲ朝鮮ニ

施行セラレ是等ニ關シテハ農商務大臣ノ命令ヲ以テ其ノ所管ニ屬スル特許局ヲシテ其ノ事務ヲ取扱ハシムルヲ以テ工業ニ關シテハ母國ト統一主義ノ法制ナルコトヲ述フルニ止ム

第十節　度量衡

度トハ長サヲ計リ量トハ容積ヲ計リ衡トハ重サヲ計ル標準トナルモノヲ謂フ度量衡ノ畫一ト正確ハ經濟上最モ重要ナル事項ニ屬シ商工業ノ基本ヲ爲スモノナレハ私人ノ合意ニ委スヘキ事ニアラス須ラク國法ノ規定ヲ要ス朝鮮ニ於テ從前人民ハ任意ニ度量衡器ヲ製作使用シ行政權ノ干涉殆ントナカリシノミナラス互ニ目分量ノ物々交換的取引ヲ爲シタルヲ以テ畫一セル器物ナク地方ニ依リ標準區々ニ亘リ長短大小輕重一定スル所ナク甚シキハ中心市場ヨリ小市場若ハ交通不便ノ地ニ至ルニ從ヒ漸次長サ重サヲ減スルノ慣行アリテ弊害百端商工業ノ不便少カラサルヲ以テ石製ノ母斗(標準量器)ヲ製シテ市場又ハ廟宇ニ備フルアリ又ハ石製ノ分銅ヲ製シテ標準ノ衡器トスルカ如キ人民協議シテ公秤公平ヲ製シ有

力者之レヲ保管スルカ如キ聊カ注意ヲ拂ヒタリト雖モ統一セルコトナキヲ以テ隆熙三年法律第二六號度量衡法ヲ發布シテ政府ハ極力之レカ普及ニ努メタリ改隷以來總督府ハ益々改善ニ意ヲ注キ昨今稍々整頓ノ跡ヲ見ルニ至レリ而シテ同法ハ度量衡ノ基本原器及名稱命位等ハ內地現行ノ制度ニ準シ其ノ製作修復販賣ニ嚴密ナル注意ヲ拂ヒ器物ハ總督府ニ於テ檢定スル制ヲ定メ舊來慣行上ノ器物ハ市場其ノ他商取引所ニハ一切使用ヲ禁止シ又製造ハ政府ノ獨占業トシ修理ハ政府又ハ政府ノ特許ヲ受ケタル者ニアラサレハ之レヲ爲スコトヲ得ス販賣モ亦政府又ハ政府ノ委托ヲ受ケタル者ナルコトヲ要ストナシ以テ本制度ノ基礎ヲ確立セリ

尙ホ度量衡法同施行規則及明治四十二年統監府令第二三號度量衡ニ關スル件、明治四十五年總督府告示第一四三號度量衡器ノ小賣價格等ニ付詳細ヲ知ラルヘシ

第九章　拓殖事業

凡ソ殖民地ノ經營ノ成效ハ先ツ第一ニ著實ナル母國民ノ多數ヲシテ移住セシム

ルニアリ朝鮮半島ハ風土氣候其ノ他ノ點ニ於テ農業ハ産業中最モ重要ナル位置ヲ占メ人民ハ自作自給ノ餘裕ヲ以テ海外ニ輸移出スル量夥シキカ故ニ我政府ハ夙ニ此ノ點ニ著眼シ明治四十一年法律第六八號ヲ以テ東洋拓殖會法ヲ發布シ大規模ノ拓殖事業ヲ經營スルニ至レリ而シテ他ニ團體又ハ個人ノ經營者モ尠ナカラスト雖モ本章ハ特ニ該會社ニ付述ヘントス

東洋拓殖會社ハ朝鮮ニ於ケル拓殖事業ヲ營ムヲ目的トシテ其ノ本店ヲ京城ニ置キ政府ノ監督ヲ受クル株式會社ニシテ之レカ資本金ハ一千萬圓(總株數二十萬株一株額面五十圓記名式トス)トスルモ政府ノ認可ヲ受ケテ増加スルコトヲ得ルナリ而シテ其ノ事業ハ農業經營ヲ主トスル外(一)內地農民ヲ朝鮮ニ移住セシムル爲メ之レカ募集及分配(二)拓殖ノ爲メ必要ナル土地ノ賣買及貸借(三)拓殖ニ必要ナル土地ノ經營及管理(四)拓殖ノ爲メ必要ナル建物ノ築造賣買及貸借(五)移住民及朝鮮農業者ニ對シ拓殖上必要ナル物品ノ供給竝其ノ生産又ハ獲得シタル物品ノ分配(七)必要拓殖上必要ナル資金ノ供給(八)附帶事業トシテ朝鮮ニ於テ水産事業其ノ他拓殖上ナル事業ヲ營ムモノトス

東洋拓殖會社ハ政府ノ認可ヲ受ケ償還期限三十年以內ニ於テ東洋拓殖債劵ヲ發行スルコトヲ得ルモノトス又政府ハ設立登記ノ日ヨリ起算シ八箇年間ヲ限リ每年金三十萬圓ツヽヲ補給シテ之レカ保護ヲナスト同時ニ又嚴重ナル監督ヲ加ヘアリテ其ノ株式ハ日本臣民ニ限リ所有スルコトヲ得トセリ其ノ他役員トシテ會社ニ總裁、副總裁、理事、監事等アリ總裁ハ內地人ニシテ政府之レヲ命シ副總裁ハ內地人朝鮮人各一人トス詳細ハ同會社法及同會社定款ニ就テ知ラルヘシ

第十章　土地ニ關スル行政

土地ニ關スル法規ハ何レモ直接間接ニ經濟上ノ目的ヲ以テ制定セラレサルハナシト雖モ本節ハ土地ノ利用、土地調查、土地測量標、土地收用、官立水面埋立ニ就テノミ說明セントス

第一節　國有未墾地利用

國有未墾地利用法（光武十一年法律第四號）ニ依レハ國有未墾地トハ民有ニアラサル原野、荒蕪

地·草生地、沼澤地及干潟ヲ云フトセリ而シテ是等國有未墾地ヲ利用セントスル者ハ所定ノ事項ヲ具シ朝鮮總督ニ出願シテ貸附ノ許可ヲ受ケサルヘカラス其ノ貸附期間ハ十年以内ニシテ若シ貸附ヲ受ケタル者豫定ノ事業ヲ成功シタルトキハ朝鮮總督ハ其ノ貸附ヲ受タル者ニ對シ其ノ土地ヲ拂下ケ又ハ附與スルコトヲ得ルモノトシ其ノ附與又ハ拂下スヘキハ左ノ場合ニ限ル

(1)附與ハ(一)開墾牧畜又ハ植樹ノ爲メ國有未墾地ノ貸附ヲ受ケタル者豫定ノ事業成功シタルトキ但シ特別ノ事由アルトキハ拂下クルモノトス(二)公共ノ利益トナルヘキ事業ノ爲メ貸附ヲ受ケタル者豫定ノ事業ニ成功シタルトキ(三)農民若ハ漁民ノ居住ノ爲メ貸附ヲ受ケタル者豫定ノ事業ニ成功シタルトキ

(2)拂下ハ前項以外ニ國有未墾地ノ貸附ヲ受ケタル者豫定ノ事業ニ成功シタルトキ

國有未墾地ノ貸下ヲ受ケタル者ハ一町歩ニ付普通年五十錢ノ貸附料ヲ納附セサルヘカラス但シ公益其ノ他ノ事由アルトキハ貸附料ヲ減免セラルルコトアルヘク又貸附ノ許可ヲ得タル者ト雖モ(一)詐僞又ハ錯誤ニ依リ許可ヲ與ヘラレタルト

キ(二)貸附ヲ受ケタルトキヨリ一年内ニ事業ニ著手セサルトキ(三)著手スルモ相當ノ事由ナクシテ豫定ノ進行ヲ爲サヽルトキ(四)公益ヲ害スルト認メ朝鮮總督ヨリ事業ノ改良又ハ停止ヲ命セラレ其ノ命令ニ從ハサルトキ(五)貸附許可ノ條件ニ違背シタルトキ(六)指定ノ期間ニ貸附料又ハ罰金ヲ納附セサルトキハ朝鮮總督ハ其ノ貸附ノ許可ヲ取消スコトヲ得ルモノトス而シテ貸附ノ面積ハ特別ノ事由ナキ限リ一出願ニ對シ百町歩以內トス其ノ三町歩ヲ超ヘサル國有未墾地利用ノ許可ハ地方長官ノ職權ニ委任セリ貸附ヲ受ケタル土地ト雖モ朝鮮總督ハ公用又ハ公共ノ利益ト爲ルヘキ事業ニ供スル爲メ必要アリト認ムルトキハ貸附地ノ一部又ハ全部ヲ返還セシムルコトヲ得ヘク此ノ場合ニ貸附ヲ受ケタル者カ直接ニ受クヘキ損害ヲ補償シ其ノ工作物ハ移轉料ヲ與ヘラルルカ又ハ買收セラルヽコトアリ而シテ本規則ハ從前內外國人ニ等シク均霑セシメタル關係上併合後ノ今日ト雖モ內外人ニ適用スヘキモノトス

許可ヲ得スシテ國有未墾地ヲ利用シタル者ハ五百圓以下ノ罰金ニ處セラル其ノ他詳細ノ規定ハ同法竝同法施行規則ニ就テ知ラルヘシ

第二節　土地調査

朝鮮ニ於ケル土地調査ノ事業ハ舊韓國時代ヨリ繼續施行シツツアリ之レカ目的ハ土地所有權ヲ確認シ權利ノ紛爭ヲ未然ニ防キ土地ノ所有主、地目、疆界及面積ヲ調査測量シテ地積ヲ明カニシ且ツ財政ノ基礎ヲ確實ニシ負擔ノ公正ヲ期センカ爲メ土地ノ品位等級ヲ調査スルニ在リ

大正元年制令第二號土地調査令ハ從前ノ規定ヲ改正シタルモノニシテ本事業ハ規模宏大測量モ亦精巧ヲ極メ明治四十三年開始以來滿七ケ年ヲ以テ半島全部ノ調査ヲ終了スヘキ豫定ナリ同令ニ依レハ土地ハ其ノ種類ニ從ヒ田、水田、池垈、林野雜種地、社寺地、墳墓地、公園地、鐵道用地、水道用地、道路、河川、溝渠、堤防、城堞、鐵道線路、水道線路等ノ地目ニ區分シ地盤ヲ測量シ坪又ハ歩ヲ以テ地積ノ單位トス一區域每ニ地番ヲ附スヘキモノトセリ又土地ノ所有者ハ指定セラレタル期間內ニ其ノ住所氏名又ハ名稱所有地ノ所在、地目、地積、結數等ヲ臨時土地調査局長ニ申告スヘキ義務アリ臨時土地調査局長ハ地方土地調査委員會ニ諮問シテ土地ノ所有者及其

ノ疆界ヲ查定スヘク查定ハ申告當日ノ現在ニ依リ之レヲ爲スヘク又查定シタルトキハ三十日間之レヲ公示スヘキモノトス若シ此ノ查定ニ對シ不服アル者ハ公示期間滿了後六十日內ニ高等土地調查委員會ニ申立テ其ノ裁決ヲ求ムルコトヲ得ルモノトス而シテ土地ノ所有者ノ權利ハ此等機關ノ查定ノ確定又ハ裁決ニ依リ確定スルモノニシテ朝鮮ニ於テ土地ノ所有權ノ證明ハ法律上爰ニ始メテ認メラレタルト同時ニ面積ニ付斗落又ハ日耕ノ舊制ニ依ル不確實ヲ改良シ土地ノ經濟的利用ヲ增大セシムルコトヲ得ルニ至ルナリ

臨時土地調查局ニ於テハ土地臺帳及圖面ヲ調製シ土地ノ調查及測量ニ付查定ヲ以テ確定シタル事項又ハ裁決ヲ經タル事項及質權、地上權ノ設定地價等ヲ之レニ登錄シテ是レヲ臺帳保管官廳ニ移付シ以テ權利關係ヲ明確ニスヘキモノトセリ

大正三年總督府令第四五號土地臺帳規則土地調查令施行規則ト共ニ參照スヘシ

土地ノ所有權ニ關シ一言スヘキハ大正三年制令第一七號永代借地權ニ關スル件ニ就テナリ永代借地權トハ外國人ニ對シ土地ノ使用權ヲ認メタルモノニシテ同令ニ依レハ永代借地權ニハ土地ノ所有權ニ關スル規定ヲ準用スヘキモノトシ又

永代借地權ハ條約ニ別段ノ規定ナキ限リハ民事令ニ依リ他ノ權利ノ目的ト爲スコトヲ得帝國ノ臣民又ハ法人ニシテ永代借地權ヲ取得シ又ハ永代借地權者カ帝國ノ臣民トナリタルトキハ永代借地權ハ所有權ト變スル規定アリ尙ホ同年總督府令第五四號永代借地權登記規則ニ依リ其ノ權利又ハ之レヲ目的トスル權利ノ登記ニ就テハ地方法院ニ備フル所ノ永代借地登記簿ニ登錄スヘク府又ハ郡島ニハ永代借地臺帳ヲ備ヘ永代借地ノ所在、等級、地番、地積、借地料、借地權者ノ國籍竝ニ住所氏名等ヲ登錄スヘキモノトセリ

第三節　土地測量標

大正四年總督府令第一八號土地測量標規則ハ大正元年土地調査令ニ基キ發布シタルモノニシテ同規則ニ依レハ測量標ト稱スルハ土地調査令ニ依リ測量施行ノ爲メ設置スル標石、覘標、標杭及標旗ヲ謂フモノトシ標石ハ永久其ノ他ハ測量實施期間中之レヲ保存スルモノトシ測量標設置ノ爲メ必要ナル土地ハ之レヲ使用スルコトヲ得ルノミナラス測量施行ノ爲メ障碍ト爲ル竹木ハ已ムヲ得サルモノニ

限リ之レヲ伐除シ又ハ樹上ニ覘標ヲ設置スルコトヲ得ヘク警察署長ハ標石又ハ覘標ノ亡失毀損其ノ他異狀アルコトヲ知リタルトキハ土地調査局ニ報告スヘキモノトス尚ホ測量標ヲ移轉除却毀損シタル者等ニ對シテハ罰則ノ規定アリ

第四節　土地收用

土地收用ハ公用徵收ノ一種ニシテ人民ノ所有權ニ對スル制限ナリ而シテ土地收用ハ所有權中特ニ土地ニ對シテ强制スル行政處分ナリ明治四十四年制令第三號土地收用令ハ即チ此ノ法則ヲ規定シタルモノニシテ同令ニ依レハ公共ノ利益ト爲ルヘキ事業ノ爲メ必要ナルトキハ本令ニ依リ其ノ事業ニ要スル土地ヲ收用又ハ使用スルコトヲ得ト之レ朝鮮ニ於ケル土地收用ノ定義ト云フヲ得ヘシ即チ土地收用ハ國家、起業者及利害關係人ノ三面的繫屬ニシテ收用ノ主體ハ國家ニ在リ而シテ起業者ニアラス國家ハ起業者ニ供スル爲メ人民ノ土地ヲ收用スルモノナリ而シテ起業者ハ一私人ノミナラス國家又ハ公共團體モ起業者タルコトヲ得ルナリ公共ノ利益トハ一般ノ利益即チ私益ノ反對ニシテ公共ノ便利又ハ利益ニ適合スルモノハ卽チ公共ノ利益トナルヘキ事業ナリ而シテ公益ノ観念ハ關係的ニシテ絶對的タルコトヲ要セス從テ公益ノ範圍ハ不確定ナルヲ通例トスルカ故ニ公益ヲ認定スヘキ機關ノ如何ニ依リテハ私人ニ關スル利害甚タ重大ナルヲ以テ土地收用令ハ一々事業ノ種類ヲ列擧シテ其ノ以外ノ目的ノ爲メニハ收用スルコトヲ得サラシム卽チ左ノ如シ

一、國防其ノ他軍事ニ關スル事業

二、官廳又ハ公署建設ニ關スル事業

三、敎育學藝又ハ慈善ニ關スル事業

四、鐵道、軌道、道路、橋梁、河川、堤防、砂防、運河、用惡水路、溜地、船渠、港灣、埠頭、水道、下水、電氣、瓦斯又ハ火葬場ニ關スル事業

五、衛生、測候、航路標識、防風、防火、水害豫防、其ノ他公用ノ目的ヲ以テ國又ハ公共團體ニ於テ施設スル事業

土地收用ハ土地ニ關スル所有權以外ノ權利例ヘハ水ノ使用ニ關スル權利工作物其ノ他土地ノ定著物モ本令ニ準シテ收用又ハ使用スルコトヲ得ルモノトス茲ニ

使用ト稱スルハ權利ノ制限ヲモ包含ス
土地收用又ハ使用及其ノ收用又ハ使用スルコトヲ得ル事業ハ朝鮮總督之レヲ認定シ例外トシテ天災地變ニ際シ急施ヲ要スル事業ノ爲メ土地ヲ使用スルノ必要アルトキハ府尹又ハ郡守島司ハ其ノ事業ノ認定ヲ爲シ六ケ月以內ノ期間使用セシムルコトヲ得ルモノトス起業者カ收用又ハ使用ノ認定ヲ受ケントスルトキハ地方長官ヲ經由シテ朝鮮總督ニ申請スヘク(起業者宮內省又ハ國ノ起業ニ係ルトキハ宮內大臣又ハ主務官廳ヨリ朝鮮總督ニ稟議スヘキモノトス)又土地收用又ハ使用ニ依リ關係人ノ直接ニ受クル損害ハ起業者之レヲ補償スヘク若シ補償金ニ關スル協議調ハサルトキ又ハ協議ヲ爲スコト能ハサルトキハ起業者ハ地方長官ノ裁決ヲ求ムルコトヲ得之レニ對シ不服ナルトキハ裁決書又ハ決定書ノ謄本交付セラレタルトキヨリ三十日以內ニ更ニ朝鮮總督ノ裁定ヲ求ムルコトヲ得ヘシ但シ裁定ヲ求メタル場合ト雖モ土地ノ收用又ハ使用ハ停止セサルモノトス
土地收用ノ效力トシテ土地收用ノ認定アリタルトキハ土地ノ所有權ハ認定ト同時ニ起業者之レヲ取得シ(所有權ハ登記セサレハ移轉ノ效力ヲ生セス)其ノ他ノ權

利ハ消滅ス又土地使用認定アリタルトキハ使用權ハ起業者之レヲ取得シ其ノ他ノ權利ハ使用ノ期間其ノ行使ヲ停止セラル而シテ收用又ハ使用ノ認定アリタルハ關係人ハ土地物件ヲ引渡シ又ハ物件ヲ移轉スルヲ要ス

起業者又ハ利害關係人ニシテ本令又ハ本令ニ基キテ發スル命令ノ規定ニ依ル義務ヲ履行セス或ハ履行スルモ一定ノ期間內ニ終了スル見込ナキトキハ地方長官ハ代執行ヲ爲シ代執行ヲ爲スコト能ハサルトキハ直接强制ヲ爲スコトヲ得

以上ノ法則ハ略內地ト同一ナレトモ土地收用令ハ朝鮮ノ現狀ヲ參酌シテ特別ニ立法シタルモノナレハ差異ノ點モ少ナカラス左ニ其ノ要點ヲ說明セン

一、起業者及土地ノ所有主間ノ協議不調ノ場合ニ於ケル裁決機關ハ地方長官ト爲シ內地ノ如ク土地收用審査會ヲ設ケサル所以ハ朝鮮ノ地方機關ハ內地ノ府縣ト其ノ組織ヲ異ニスルヲ以テナリ

二、地方長官ノ裁決ニ對シ不服アル者ハ更ニ總督ノ裁定ヲ求ムルコトヲ得セシメ內地ノ如ク行政裁判所又ハ普通裁判所ニ出訴スルコトヲ得ルノ規定ヲ設ケサリシハ朝鮮ニ於テハ未タ行政裁判所ノ設ケナキト人文ノ程度ヲ參酌シ

健訟ノ弊ヲ助長セシメサルノ意ニ出テタルナリ

三、土地收用使用ニ關シ面長ヲシテ關係人ニ代ラシムルノ規定ヲ設ケタルハ是レ亦人文ノ程度及慣習ヲ參酌シタルモノナルヘシ

其ノ他詳細ハ土地收用令及同施行規則ニ付知ルヘシ

第五節　官有水面埋立

大正三年總督府令第四八號官有水面埋立規則ニ依レハ公共ノ用ニ供スル官有水面ノ埋立ヲ爲サントスル者ハ一定ノ事項ヲ具シ朝鮮總督ノ許可ヲ受ケサルヘカラス之レニ違反シタル者ハ二百圓以下ノ罰金ニ處セラルル本規則ノ主旨ハ海河湖沼等官有水面ノ公共ノ用ニ供スル所ニシテ之レヲ私權ノ目的ニ供スヘキモノニアラス殊ニ海岸水陸ノ分界ノ狀況ヲ變更スルコトハ軍事上ニモ相關スル場合ナキニアラサルヲ以テ特ニ許可ヲ得タルモノニアラサレハ埋立ヲ爲スコトヲ得サルモノトセリ埋立工事竣功シタルトキハ道路、溝渠、物揚場其ノ他許可ノ際特ニ指定シタル部分ハ無償ニテ官ノ所有ト爲シ其ノ他ノ部分ハ許可ヲ受ケタル者ニ之

レヲ付與セラルルモノトス埋立許可ヲ受ケ期限內ニ着手セサルトキハ許可ハ其ノ效力ヲ失ヒ又朝鮮總督ハ規則所定ノ場合ニ該當スルトキハ許可ノ全部又ハ一部ヲ取消スルコトヲ得ルモノトス而シテ埋立ノ權利ハ當事者連署ノ上願出許可ヲ得タルトキハ之レヲ讓渡スコトヲ得ヘク埋立許可者死亡シタルトキハ届出ニ依リ相續人ニ於テ其ノ權利ヲ承繼スルモノトス

第十一章　土木行政

茲ニ土木行政ト云フモ土木事業ニ關スル一切ノ事項ヲ網羅スルニアラスシテ單ニ國家事業トシテ現ニ從事スル土木事業ノ二三ヲ說明セントスルニ過キス卽チ市區改正、家屋建築、道路、河川電氣ノ三節ニ分ケ現行法規ヲ述ヘントス

第一節　市區改正

舊來朝鮮ニ於ケル都市ノ建設ハ甚タ幼稚ナルモノニシテ美觀、衛生等ノ點ニ於テ缺クル所頗ル多ク僅カニ京城、釜山、大邱、平壤、仁川、開城、元山(二萬人以上)ハ都市ノ大

ナルモノニシテ馬山、木浦、海州、晉州、光州、全州、水原、咸興、統營（一萬人以上）之レニ次ク其ノ他ハ新義州、義州、鎭南浦、群山、公州、濟州、大田、鎭海、春川、城津、淸津（三千人以上）等ヲ除ケハ殆ント都市ト稱スヘカラサル一部落ニ過キサルモノナリ

現時ノ文明ハ商工業ノ發達シテ農業衰退シ都市ノ人口增加シテ田舍ノ人口減少スルハ其ノ特長ノ一ニシテ內地ニ於テモ其ノ趨勢アリ著名ナル都市ノ人口ハ日ニ月ニ駸々トシテ增加スル現象ハ實ニ驚クヘキモノアリ朝鮮ニ於テモ亦其ノ例ニ洩レス然レトモ人口ノ增加ハ一面商工業ノ發達ヲ意味スルカ故ニ經濟上ヨリ見レハ都市ノ人口膨脹ハ謳歌スヘキニ似タリト雖モ其ノ裏面ヨリ觀察スレハ都市生活ハ實ニ市民ヲシテ健康ヲ害セシメ生活難ニ迫リ淳朴ナル思想氣風ヲ消磨シ去ラシメ以テ或ル意味ニ於テハ國家衰微ノ弊ヲ生スル虞レナキニアラス故ニ若シ都市ノ狀態ヲ改良スルコトナク徒ラニ之レカ膨脹ニ放任シテ已マサルニ注意セサランカ其ノ繁盛ノ頂點ニ達シタルトキハ亦國民ノ衰弱ニ瀕シタルトキナリト肯定スルコトヲ得ヘシ是レ近時喧傳セラルル都市問題ノ起ル所以ニシテ都市ノ整理卽チ都市ノ整理トシテ考量スヘキハ衞生上ノ施設（水道、下水、汚物掃除公

園等)風教上ノ施政(公會堂圖書館教育機關教化的娯樂機關)美觀上ノ施設(市區ノ整理、道路ノ修築取擴、公園及植園等)ヲ重ナルモノトス而シテ茲ニ說カントスル市區改正ハ卽チ都市整理ノ一ナリ朝鮮ニ於テ市區改正ヲ促セルハ人口增加ニ對スル救濟方法ニ在ルハ言ヲ俟タサル所ナリト雖モ衞生上ノ改善カ其ノ大原因タラズンバアラサルナリ由來朝鮮ノ市區建設ノ方法ハ最モ不整ヲ極メ其ノ衞生上ニ害アルコト實ニ甚タシク特ニ惡疫流行シ延テ開發上ニ大影響ヲ來ス虞ナシトセス之レ實ニ市區改正ノ必要ヲ惹起シタル所以ナリトス

市區改正トシテ其ノ規模ノ宏大ニシテ統一的技術的ニ計畫セラルルハ京城市街ニシテ釜山、大邱平壤等之レニ亞ク何レモ實行中ニシテ其ノ方法ハ技術ニ關スルヲ以テ之ヲ省ク要スルニ朝鮮ノ市區改正ハ保健ヲ根本トシ交通或ハ防火若ハ美觀等ハ恐ラクハ第二位ニ置カレタルモノニアラサルナキヤ

市區改正ノ機關トシハ明治四十四年ヨリ總督府ニ京城市區改正委員ヲ設ケ大正元年總督府告示第七八號ヲ以テ京城市區改修豫定計畫線ヲ發布シ街衢ノ路線及幅員ヲ定メ又同年總督府訓令第九號ハ地方樞要市街地ニ於ケル市區改正又ハ擴

張ヲ爲サントスル場合ニハ豫メ計畫說明書及圖面ヲ添ヘテ總督ノ認可ヲ受クルモノトセラレアリテ之レカ監督ヲ忽諸ニセサルモノト云フヘシ

第二節　家屋建築

家屋ノ建築ニ關シテハ大正二年總督府令第一一號市街地家屋建築取締規則ヲ以テ規定セリ同規則ニ依ルトキハ市街地ニ於テ住家、工場、倉庫其ノ他各種ノ建物、井戶又ハ公共道路ニ沿ヒタル門戶牆壁等ノ工作物ヲ建設セントスルトキ及是等ノ增築、改築、大修繕又ハ模樣替工事ヲ爲サントスルトキハ一定ノ事項ヲ具シタル書面ヲ以テ願出警察署長又ハ其ノ職務ヲ行フ官廳ノ許可ヲ受クヘキモノトス且ツ其ノ工事ニ付警察署長ニ於テ特ニ檢査ヲ受クヘキコトヲ指定シタルトキハ工事竣功後檢査ヲ受クルニアラサレハ之レヲ使用スルコトヲ得サルモノトス而シテ建物又ハ工作物ノ構造設備ニ付テハ同規則第三條第一號乃至第十五號ノ規定スル所ニシテ頗ル詳細ナル指示ヲ爲セリ尙ホ警務部長カ特ニ指定シタル市街地ノ或ル地域內ニ於ケル建物又ハ工作物ノ構造設備ニ付テハ更ニ同規則第四條第一號乃至第六號ニ於テ重大ナル制限ヲ加ヘタリ又警察署長ハ特殊ノ構造設備又ハ附近ノ狀況其ノ他ノ事由ニ依リ之レカ建築設備ニ付キ所定ノ制限ニ依ラサルコトヲ許可スルコトヲ得ルモノトセラレアリ

警察署長ハ危害豫防若ハ衞生ノ爲メ必要ト認ムルトキハ建物又ハ工作物ノ工事ヲ停止シ若ハ許可ヲ取消シ又ハ使用ノ停止ヲ命スルコト警務部長ハ特別ノ構造設備ヲ命シ又ハ必要ナル命令ヲ爲スコトヲ得ルモノトナセリ

要スルニ本取締規則ハ建物工作物ヲ新ニ建設セントシ又ハ許可ヲ得テ建設シツツアルモノニ對スル取締ニシテ既ニ建築シアル建物工作物ニ付テノ取締ニアラサルコトハ特ニ注意スヘシ

本規則ノ所定ニ違反シタル者ハ百圓以下ノ罰金又ハ科料ノ制裁アリ

第三節　道　路

公衆ノ通行ヲ目的トスル道路ヲ公道ト云ヒ特ニ私法上ノ權利ヲ有スルモノニ限リテ通行スルヲ得ルモノヲ私道ト云フ從來朝鮮ニ於テハ道路制度ハ絕無ナリシ

ト云フモ憚ラサル所ナリ然ルニ交通ノ便否ハ地方開發上ハ勿論經濟狀態ニ多大ノ影響アルヲ以テ往年保護政治實施以來頻リニ道路ノ新設又ハ改修ヲ行ヒ明治四十四年ニハ總督府令第五一號ヲ以テ道路規則ヲ發布セリ同規則ニ依ルトキハ道路ヲ分テ一等乃至三等外ニ等外道路ノ四種トシ其ノ區分ニ該當スル條件ヲ夫々規定セリ一等道路二等道路ノ築造及維持修繕ハ朝鮮總督府ニ於テ施行並管理ス三等道路ノ築造及維持修繕ハ道廳ニ於テ慣行ニ依リ之レヲ施行シ其ノ管理モ道廳ニ於テ行フ等外道路ノ築造及維持修繕ハ慣行ニ依リ關係部落之レヲ行ヒ府廳又ハ郡島廳ニ於テ之レカ管理ヲ爲スヘキ規定ナリ而シテ三等道路ニハ國庫ヨリ等外道路ニハ地方費ヨリ其ノ費用ノ一部ヲ補助スルコトアルヘキモノトス其ノ路面ハ一等道路ニ在リテハ四間以上二等道路ニ在リテハ三間以上三等道路ニ在リテハ二間以上ノ有效幅員ヲ保ツヘキコトヲ明治四十四年總督府訓令第三七號道路修築標準ヲ以テ定ム且ツ路面ノ築造方法、勾配、屈曲、堀割、盛土、橋梁、暗渠、隧道及並木等ニ關シテモ指示スル所アリ其ノ他道路制度ニ關シテハ大正元年總督府訓令第二五號道路維持修繕規程及明治四十四年總督府告示第二三六號一等道路

二等道路表ハ其ノ開通スヘキ線路區間ヲ示シタリ

次ニ既設道路ノ取締ニ關シテハ大正二年總督府令第五三號道路取締規則アリ本規則ハ道路ヨリ生スル危險又ハ道路ニ對スル危險通行者ニ對スル危險ノ豫防道路ニ沿ヒタル住民カ地先道路ノ掃除其ノ他ノ義務及道路ノ美觀ヲ害スル行爲等ヲ豫防スル精神ニシテ主トシテ警察上ノ目的ノ爲メニ制定セルモノナリ故ニ道路ニ於テ又ハ道路ニ對シ規則所定ノ行爲ヲ爲サントスルトキハ一定ノ書類ヲ所轄警察署ヲ經由シテ當該道路管理廳ニ提出シ許可ヲ受クヘク又或事項ニ付テハ單ニ警察署ノ許可ヲ受クヘキモノトセリ而シテ本規則中內地ト異ナル主要點ハ通行ニ關シ內地ニ於テハ左側通行主義ナルニ反シ朝鮮ニ於テハ朝鮮人ノ慣習上右側通行ノ規定アルコトナリ

又鴨綠江橋梁ニ付テハ明治四十四年總督府令第一二八號鴨綠江橋梁步道取締規則アリテ國境橋梁ノ通行ニ關シテ特別ナル取締ヲ規定シアリ

尙ホ一言スヘキハ明治四十五年總督府令第四號警察犯處罰規則中道路取締ニ關スル規定ニシテ道路取締規則ノ事項ト撞着スル個所少ナカラス當該官廳ハ之レ

カ適用ニ當リ參照スヘキ必要アルモノトス

第四節　河川

朝鮮ニ於テ河川ト稱スルハ未タ其ノ定義ヲ示セルモノナシト雖モ法律上河川ト稱スルハ總テノ河川ハ悉ク之レヲ包含スルモノニアラス公共ノ利益ニ重大ナル關係アリテ朝鮮總督ノ指定シタルモノナラサルヘカラス

大正三年總督府令第四六號河川取締規則ニ依レハ總督ノ指定シタル河川ヲ利用シ又ハ之レニ施設ヲ爲サントスル者ハ書面ヲ以テ地方長官ノ許可ヲ受クヘキモノトシ利用施設ノ事項ヲ限定セリ而シテ之レカ利用者ニ對シテハ公益ノ爲ニスルモノヲ除クノ外料金ヲ徴收スルコトアリ又若シ利用ノ許可ヲ得タル者許可ノ條件ニ反シ又ハ許可官廳ニ於テ公益上必要ト認ムルトキハ許可ヲ取消スコトアリ其ノ他許可ヲ得スシテ河川ヲ使用シ又ハ河川ニ物件ヲ投棄放置シ河川ノ施設物ヲ毀損スル行爲アルモノハ百圓以下ノ罰金又ハ科料ニ處セラルヘキモノトス

港灣其ノ他公共ノ用ニ供スル水面竝其ノ敷地ノ取締使用ニ關シテハ河川取締規

則ニ準シ海面ニ關スル利用許可ハ朝鮮總督ニ願出ヘキ旨大正三年總督府令第四七號ノ規定アリ

第五節　電氣

近年電氣ノ學理大ニ發達シ其ノ應用ノ途亦大ニ擴張セルノ結果水力其ノ他ノ方法ニ依リ高壓ノ電氣ヲ供給シテ之レヲ利用シ若ハ利用セシメント企ツルモノ甚タ多シ朝鮮ニ於テモ已ニ各地ニ一私人ノ事業ニテ京城、釜山、鎭南浦、仁川、馬山、大田、大邱、平壤、元山、淸津、羅南、新義州、開城、水原、咸興、鎭海、群山、木浦、濟州等著名ノ都會ニ電氣ヲ供給シアルモノ少ナカラス因テ明治四十四年總督府令第二四號ヲ以テ電氣事業取締規則ヲ發布セリ此ノ規則ニ依ルニ電氣事業ト稱スルハ左ノ場合ヲ稱ス

(一)一般ノ需用ニ應シ電氣ヲ供給スルモノ

(二)一般運送ノ用ニ供スル鐵道ノ動力ニ電氣ヲ使用スルモノ

(三)以上ノ外電氣使用又ハ供給スルモノ但シ他ヨリ電氣ノ供給ヲ受クルモノニシテ其ノ使用上ノ責任ヲ供給者ニ於テ負擔スルモノヲ除ク

電氣事業ハ國家ノ獨占業ニアラス私人ニ於テモ總督ノ許可ヲ受ケテ經營スルニ支障ナキモノトス而シテ電氣ハ其ノ利用ノ甚タ大ナルニ伴ヒ危險ノ度亦大ナルモノニシテ人命財產ニ危害ヲ及ホシ其ノ結果電氣事業ノ發達ヲ阻害スルニ至ルカ故ニ府令ハ取締規則ヲ以テ詳細ニ之レカ施設構造ノ制限ヲ爲シ利用ノ途ヲ盡サシムルト同時ニ危險ノ豫防ヲ計レリ

電氣事業ニ關スル取締ノ內容ハ甚タ複雜ナレハ一々之レヲ擧クルノ遑ナキヲ以テ玆ニ之レヲ省ク

第十二章　遞信行政

遞信行政ノ大部分ハ營造物行政ナリ卽チ郵便、電信、電話、鐵道、船舶、燈臺、棧橋等ニ關スルコト是レナリ而シテ其ノ行政作用ニ至リテハ內地ト殆ント同一ナルヲ以テ玆ニハ其ノ梗概ヲ述フルニ過キス

第一節　郵便、電信、電話

第一　郵便、電信

郵便、電信ハ獨占官業ノ一種ニシテ私人ノ之レヲ營ムコトヲ許サス而シテ國家カ是等ノモノヲ獨占事業ト爲シタルノ理由ハ全ク公益上ノ理由ニ基クモノトス卽チ廣ク公衆ノ便益ヲ圖ル上ニ於テハ利益ヲ主トスル私人ノ事業トナスニ比スレハ獨占トナスヲ勝レリトセルカ爲メナリ郵便ニ付テハ絕對ニ何人ト雖モ信書ノ送達ヲ以テ營業ト爲スコトヲ得サレトモ電信ニ付テハ特ニ一定ノ場合ニ限リ其ノ私設ヲ許スコトナキニアラス又郵便、電信、電話ハ我國ノ制度ニ於テハ營造物行政ノ一種ナルヲ以テ其ノ料金ハ租稅ニアラスシテ營造物使用ノ報酬タル手數料ニ屬ス特ニ公法上ノ手數料ナリ(若シ官業トシテ經營スルトキハ私人ト國家トノ關係ハ私法上ノ關係ニシテ信書發信電信電話ノ利用ハ契約ナリ)卽チ料金不納ノ場合ニハ國稅徵收ノ例ニ依リ强制徵收スルヲ得ルモノトセルヨリ見ルモ其ノ公法的關係ナルコトヲ示スモノトス郵便、電信ノ行政ニ關シテハ述フヘキコト多シト雖モ注意スヘキ二三點ヲ擧クレハ左ノ如シ

明治三十三年法律第五四號郵便法同年法律第五五號郵便爲替法同年法律第五六

號鐵道郵便法同年法律第五九號電信法ハ何レモ明治四十三年勅令第四一二號ヲ以テ朝鮮ニ施行セラレタルヲ以テ郵便、電信ハ內地ト統一主義ヲ採ルト雖モ之レニ關スル事務ハ朝鮮總督之レヲ管理監督ス唯例外トシテ國際通信ニ關スル命令ハ遞信大臣ノ管掌ニ屬スルモノアリ又料金ハ內地ト同一ナルヲ原則トシ電報料及爲替料、小包料等ニ限リ朝鮮內地間其ノ他ニ付高率ノ料金ヲ科ス郵便爲替及貯金ニ付テハ明治四十四年總督府令第二七號郵便爲替規則同年總督府令第三一號郵便貯金規則明治四十二年統監府令第六九號郵便振替貯金規則等アリテ何レモ內地ト殆ント同一ナリ

尚ホ郵便ニ付テハ總督府令ニテ規定シタル郵便規則、通常郵便物市內特別取扱規則、速達郵便規則、約束郵便規則、第三種郵便物認可規則、郵便物包裝規則、年賀特別郵便規則、私製葉書制式規則、郵便切手類及收入印紙賣捌規則、郵便私書函使用規則等アリ就テ研究セラルヘシ

第二　電話

電話ニ付テハ內地ト全ク統一セス明治四十一年統監府令第三七號電話規則アリ

郎チ郵便局ハ電話交換事務ヲ兼掌ス而シテ電話規則ノ内容ハ内地ト大同小異ナリ又明治四十一年統監府令第三九號特設電話規則アリテ一邸内若ハ一構内又ハ鐵道業其ノ他電信、電話ノ専用ヲ必要トシテ施設スルモノ其ノ他特種ノモノニ適用セラル外ニ明治四十四年總督府令第一〇四號警備電話規則アリテ警備官憲間ニ専用スル爲メニ特設セラレタルモノトス

第三　軍事郵便

明治三十七年勅令第一九號軍事郵便ニ關スル件ハ當然朝鮮ニモ行ハルモノトス終リニ一言スヘキハ郵便、電信、電話ニ從事スル者ハ急速ニ其ノ職務ヲ遂行スル爲メニ私人ニ對シテ助力ヲ要求シ又ハ其ノ所有地ヲ自由ニ通行スル等種々ノ特權ヲ有スルト同時ニ信書ノ祕密ヲ守ルヘキ義務ヲ負ヒ此義務ニ違反シタル者ハ重刑ニ處セラル又運送業者ハ郵便物ノ遞送ヲ命セラレタルトキ之レヲ拒ムルコトヲ得ス郵便、電信ニ關スル人馬ハ通路若ハ橋梁ノ通行錢ヲ支拂フコトヲ要セス郵便料完納ノ郵便物ハ受取人之ヲ受取ルコトヲ拒ムヲ得サル等ハ注意スヘキ事項ナリトス

第二節　運輸

第一款　鐵道

鐵道モ郵便電信等ト同シク國家ノ營造物ニヨリテ營ムコトアリ又ハ官業トシテ營ムコトアリ或ハ全ク之レヲ私人ノ經營ニ一任スルコトアリ朝鮮ニ於テハ之レヲ國家ノ獨占事業トセス私設鐵道ノ規則モアリテ民業トスルヲ禁セスト雖モ輕便鐵道ノ外ハ私設鐵道ナク朝鮮總督府鐵道局ヲ設ケ之レヲ官業トシテ經營シツツアリ而シテ鐵道ハ營造物ナルヲ以テ營造物行政タルコト郵便ト同一ナリ。鐵道ニ關シテハ明治四十五年制令第二四號鐵道、輕便鐵道及軌道ノ營業ニ關スル件ニ依リ大體ニ於テ內地ニ於ケル明治三十三年法律第六五號鐵道營業法ニ依ルヘキコトヲ規定シ其ノ主務大臣ノ職務ハ朝鮮總督之レヲ行フモノトセリ又輕便鐵道ノ敷設ニ關シテハ明治四十五年制令第二五號朝鮮輕便鐵道令アリ而シテ制令ニ基キ總督ノ發シタル命令ハ同年總督府令第一一七號朝鮮輕便鐵道令施行規則同第一一八號鐵道運輸規程同第一一九號輕便鐵道及軌道ノ建設運輸其ノ他ノ業務ニ關スル件同第一二〇號專用ノ輕便鐵道及軌道ニ關スル件等アリ殊ニ朝鮮鐵道ハ歐洲大陸ニ連絡スル關係上之レニ關スル規定モ少ナカラスシテ鐵道行政ニ付テハ其ノ法規複雜ナルヲ免レス

鐵道ト區別スヘキ要アルハ軌道ナリトス軌道ト鐵道ト異ナルハ軌道ハ公共道路上ニ布設スルニアリ故ニ軌道ヲ布設スル爲ニ新ニ敷地ヲ設クレハ當然之レヲ道路敷地ニ編入スルモノトス軌道ノ性質斯ノ如キモノナルヲ以テ之レヲ管掌スルハ公共道路ヲ管掌スル官廳ニシテ鐵道ヲ管掌スルトハ同シカラス

第二款　船舶

第一　船籍

日本ノ船籍ヲ有スルモノニアラサレハ日本ノ國旗ヲ揭クルコトヲ得ス又日本ノ船舶ニアラサレハ不開港ニ寄港シ又ハ日本ノ各港間ニ於テ物品若ハ旅客ノ運送ヲ爲スコトヲ得ス而シテ日本船舶トシテ朝鮮ノ管海官廳ノ船籍ニ編入セラルヘキハ左ノ如シ

(1)官署又ハ公署ノ所有ニ屬スル船舶

(2)朝鮮ニ住所ヲ有スル日本臣民ノ所有ニ屬スル船舶

(3)朝鮮ニ本店ヲ有スル商事會社ニシテ、合名會社ニ在リテハ社員ノ全員、合資會社及株式合資會社ニ在リテハ無限責任社員ノ全員株式會社ニ在リテハ取締役ノ全員カ日本臣民ナル者ノ所有ニ屬スル船舶

(4)朝鮮ニ主タル事務所ヲ有スル法人ニシテ其ノ代表者ノ全員カ日本臣民ナルモノノ所有ニ屬スル船舶

以上ノ船舶ニシテ船籍ニ編入セントスルトキハ其ノ積量ノ測度ヲ申請シテ登錄ヲ經船籍證書ヲ受ケサルヘカラス又船籍ニ編入シタル船舶ニシテ總噸數二十噸以上又ハ積石數二百石以上ノ容積アルモノハ其ノ船籍港ヲ管轄スル地方廳ヲ經由シテ船舶國籍證書ヲ朝鮮總督ニ申請スヘキモノトス其ノ以下ノ船舶ニ在リテハ船鑑札ヲ受クヘキモノトス以上ノ外詳細ノ規定アリ大正三年制令第七號朝鮮船舶令同制令第一四號朝鮮船舶積量測量度令及是等各施行規則タル總督府令並制令ノ内容タル内地ニ於ケル船舶法、積量測度法總督府令タル朝鮮船舶積量測度規程、朝鮮船舶鑑札規則、朝鮮船舶登記規則等ヲ參照セラルヘシ

第二　船舶檢査及船舶信號竝國旗

朝鮮ニ船籍ヲ有スル船舶ハ大正二年制令第八號朝鮮船舶檢査令竝總督府令タル同令施行規則朝鮮船舶檢査規程朝鮮鋼船檢査規程朝鮮木船檢査規程朝鮮機關檢査規程朝鮮漁船檢査規程朝鮮造船規程ニ依リ船舶檢査ヲ受ケサルヘカラス又船舶普通信號ハ萬國船舶信號書ニ依ルヘキコトハ大正三年總督府令第八六號朝鮮ニ船籍港ヲ有スル日本船舶ノ信號ニ關スル件ノ規定アリテ我國籍證書ヲ有スル船舶ハ所定ノ國旗ヲ掲揚スヘキモノトス

尙ホ大正四年總督府令第二三號朝鮮船舶通報規則ハ特ニ指定シタル燈臺附近ヲ通過スル船舶カ爲ス通過報及信號報ニ付規定セリ

第三　船舶職員及職員ノ試驗竝懲戒

朝鮮ニ船籍ヲ有スル船舶職員ハ大正三年制令第九號船舶職員令ニ依リ海技免狀ヲ有スル者ニアラサレハ其ノ職務ヲ行フコトヲ得ス而シテ船舶職員ハ分テ船長一二等運轉士機關長及一等機關士ノ五ト爲シ其ノ海技免狀ハ十種ニ分ッテリ又朝鮮船舶職員試驗規則ハ大正三年總督府令第八〇號ヲ以テ規定シ朝鮮船舶ニ限

リ職員タル資格ヲ附與スル試驗ヲ行フ船舶職員ノ懲戒ハ大正三年制令第一一號船舶職員懲戒令ニ依リ懲戒委員會ノ評決ヲ以テ懲戒スルノ外懲戒スヘキ場合及懲戒ノ種類等內地ト同一ナリ

第四　海上衝突豫防

海上衝突豫防法ハ大正三年勅令第四九號ヲ以テ朝鮮ニ施行セラレタリ

第五　船燈信號旗及救命具取締

大正三年總督府令第八四號同第八五號ニテ規定セリ

第六　水難救護

水難救護法ハ大正三年制令第一二號ヲ以テ朝鮮ニ於テモ之レニ依據スヘキモノトセラレ遭難船舶ノ救護竝漂流物及沈澱品ノ拾得等ニ付テハ凡テ同法ニ依ルヘキモノニシテ唯同法中市町村長ノ義務ニ屬スルモノハ警察署長又ハ其ノ職務ヲ取扱フ憲兵官署ノ長之レヲ行ヒ面長ヲシテ補助セシムルモノトセリ

第七　朝鮮內地間往復船舶及朝鮮沿海通航船取締

明治四十三年勅令第三三二號及同勅令第四五〇號內地、臺灣及樺太ト朝鮮トノ間

ニ通航スル船舶ニ關スル規定アリ其ノ他大正三年總督府令第六三號漁業ニ從事スル船舶ニ關スル件及同年總督府令第六號鴨綠江及豆滿江沿岸ニ於ケル外國船舶ノ航行及運送ニ關スル規定アリ就テ見ラルヘシ

第八 釜山棧橋取締

明治四十五年總督府令第一一三號ニ依リ釜山稅關棧橋ハ海商ヲ爲ス汽船ノ使用ニ供スルモノニシテ營造物ノ一種ナルヲ以テ使用者ヨリハ使用料ヲ徵收ス

第九 開港取締

外國貿易船ノ自由ニ出入スルコトヲ得ル港ヲ開港ト云ヒ朝鮮ニ於テハ釜山、元山城津、淸津、木浦、群山、仁川、鎭南浦、新義州ノ九箇所アリ又特別非常ノ場合ノ外外國貿易船ノ出入ヲ許サヽル港ヲ不開港ト爲ス開港場及不開港場取締ハ朝鮮ニ於テハ所轄警察官署之ヲ行フモノトシ內地ノ如ク港務部ナル特別官廳ヲ設ケアラス

第十 戎克船取締

沿岸貿易又ハ漁業ニ從事スル戎克船ノ取締ニ就テハ大正二年總督府令第九二號ノ規定アリ

第十一　暴風雨標

暴風雨ノ位置及進行方向ヲ船舶ニ豫報周知セシメ航海ノ安全ヲ圖ル爲メ觀測所及附屬測候所其ノ他各要地ニ暴風警報信號所又ハ暴風雨標ヲ設置ス其ノ設置、廢止、變更ハ朝鮮總督之レヲ告示スルモノトス詳細ハ大正三年總督府令第一八一號氣象信號規程ヲ見ラルヘシ

第十二　航路標識

航海ノ安全ヲ保護スル爲メ朝鮮總督ハ必要ナル箇所ニ航路標識ヲ設置ス又例外トシテ一個人又ハ公共團體ノ費用ヲ以テ之レカ設置ヲ許可スルコトアリ航路標識ハ航海ノ爲メ必要缺クヘカラサルモノナレハ其ノ結果ノ妨害トナルヘキ行爲ハ嚴重ニ之レヲ取締ラサルヘカラス即チ明治四十三年總督府令第六二號航路標識規則ハ之レカ取締ヲモ規定セリ

第五編　涉外的行政

第一章　涉外行政ノ觀念

外務行政ハ元首ニ隷屬シテ外務大臣以下大使公使領事等ノ處理スヘキ行政事務ナリ朝鮮ニ於テハ外務行政ナルモノ存セサルコトハ總論已ニ詳述セリ卽チ朝鮮總督ハ外務行政ニ付何等ノ權限ヲ有スルモノニアラス故ニ本章ニ於テ涉外的行政トシテ述ヘントスル所ハ涉外的內務行政ニシテ朝鮮半島ニ於テ外國人ハ行政上如何ナル取扱ヲ受ケ又ハ外國ニ往來スル日本臣民ハ如何ナル制限ヲ受クルモノナルヤヲ論セントスルニ止マルモ之レヲ論スルニ先テ一般外務行政ノ觀念ヲ略述スルハ本篇ノ比較硏究上敢テ無用ニアラサルヘシ

凡ソ外務行政ノ範圍ニ屬スルモノハ外國ニアル國民ヲ保護扶助シ其ノ他外國ノ商工業ヲ調査報告シ且ツ本國ノ商工業ヲ保護奬勵スルニアリテ外務行政ト區別スヘキハ外交上ノ大權作用ナリ外國ニ對シ戰ヲ宣シ和ヲ講シ若ハ條約ヲ締結スルハ外國ニ對スル國務ノ一ニシテ天皇大權作用ナレハ行政官廳ノ權限ニ屬スル

外務行政ノ作用ニアラサルナリ故ニ外務大臣、大使、公使、領事等ノ行フ事務ト是等ノ官吏カ外交上ノ大權作用ノ補助官トシテ行フ事務トハ區別アルコトニ注意ヲ要ス而シテ外務行政ノ準則トナルヘキモノハ法律命令ノ外ニ尙ホ條約ノアルコトニ注意セサルヘカラス而カモ條約ハ條約トシテ直チニ國民ヲ拘束スルモノニアラス一旦我國ノ法律命令ノ內容トナリテ然ル後ニ國民ヲ拘束スルモノナリ外務行政ノ機關ハ外務大臣、大使、公使及領事官ヲ以テ主ナルモノトス就中最モ多ク外務行政ノ職務ヲ行フモノハ領事官ナリ依テ今領事官ノ職務權限ノ主ナルモノヲ擧クレハ(一)其ノ國ニ在留スル自國臣民ニ對シ警察權ヲ行フコト(二)在留自國民ノ戶籍事務ヲ取扱フコト(三)旅券ニ關スル事務ヲ取扱フコト(四)後見人及遺留財產管理ノ事務ヲ取扱フコト(五)船舶軍艦ニ關スル事務ヲ取扱フコト(六)商業若ハ交通等ニ關シ參考トナルヘキ事項ヲ本國ニ報告スルコト等ナリ

此ノ外、支那、暹羅ニ駐在スル日本領事ハ在留帝國臣民ニ對シ裁判權ヲ有ス此等ノ國ニ對シテハ我國ハ條約上治外法權ヲ有スルナリ

涉外的內務行政ハ專ラ國際法ニ準據シテ制定セラレタル國內法ニ依テ決セラル

ヘキモノナルモ彼ノ外國旅行券ノ如キハ單ニ內國人保護ノ爲メニ設ケラレタルモノニシテ國際法ノ毫モ干涉スル所ニアラス又外國人中支那人ハ歷史上慣習上ノ關係ヨリシテ特種ノ取扱ヲ受クル場合多シ

第二章　內國人ノ外國旅行

日本帝國臣民カ外國ニ旅行セントスルトキハ外國旅行券ヲ受ケサルヘカラス旅行券ノ下附ハ渡航ヲ制限スルモノニアラスシテ自國臣民ヲ保護セムカ爲メナリ卽チ之レニ依リテ其ノ國籍ヲ證明スルト同時ニ正當ナル人民タルコトヲ證明シ以テ滯在國官憲ノ保護ヲ求ムルニアリ旅券ノ所持ハ決シテ入國條件ニアラス故ニ旅券ヲ所持セサル者ヲ入國セシムルト否トハ一ニ旅行國ノ任意ナリトス明治四十三年統監府令第二七號外國旅行券規則ハ殆ント內地ニ於ケル外務省令ノ規定ト同一ニシテ朝鮮在住ノ日本臣民カ朝鮮ヨリ直接旅行セントスルトキハ同規則ニ準據シテ旅券ノ下附ヲ受ケサルヘカラス尙ホ之レニ關シテハ總論外務省令ノ項ニ於テ述ヘタル所アリ就テ見ラルヘシ

第三章　外國人ニ對スル特種行政

第一　外國人ニ對スル一般行政

明治四十三年八月日韓併合ニ當リ外務大臣ハ併合後一般外國人ニ對スル待遇方ニ付宣言スル所アリタルハ總論條約ノ節ニ於テ已ニ述ヘタル所ナリ即チ宣言中ニハ現行條約ハ適用シ得ル限リ朝鮮ニ適用セラレ現今條約ヲ有スル列國ノ臣民又ハ人民ハ事情ノ許ス限リ日本內地ニ於ケルト同一ノ權利及特典ヲ享有ストアルニ基キ當時統監府ハ其ノ訓令第一六號ヲ以テ併合後外國人ニ對シテハ其ノ司法タルト行政タルトヲ問ハス內地人ニ適用スヘキ法令ヲ適用スヘキ旨ヲ各官廳ニ訓示スル所アリ從テ一般的取扱ノ基礎確定セリト云フベシ然リト雖モ歐米人ハ常ニ法令ニ服從スル慣習アルト同時ニ不適法ナル行爲アランカ堂々旗鼓ヲ鳴ラシテ之レカ不當ヲ愬フル天性ヲ有スルヲ以テ朝鮮ノ安寧秩序ヲ攪亂スルナキ限リハ力メテ寬大ノ措置ニ出ツヘキハ執法者ノ裁量ニ俟タサルヘカラス

第二　外國人ノ宿泊及居住登錄

旅店主其ノ他營業ニ依リ外國人ヲ宿泊セシムルモノハ明治四十四年總督府令第七五號宿泊及居住規則ニ依リ一定ノ事項ヲ二十四時間內ニ所轄警察署ニ屆出ヘキ義務ヲ有ス又朝鮮ニ居住スル外國人ハ自己及其ノ隨伴セル家族從者ニ關シ規則所定ノ事項ヲ十日內ニ所轄府尹又ハ面長ニ屆出ツル義務ヲ有ス而シテ屆出ヲ受ケタル府尹若ハ面長ニ於テハ登錄簿ニ屆出事項ヲ登記スヘク之レカ登錄簿ノ閱覽又ハ謄本抄本ハ何人ト雖モ手數料ヲ支拂ヒテ之レヲ請求スルコトヲ得ルハ第四編中戶口行政ニ於テ述ヘタルモノト同シ

第三　外國人退去命令

朝鮮ノ治安ヲ害シ又ハ風俗ヲ紊ルヘキ行爲アル外國人ニ對シテ朝鮮外ニ驅逐スルコトニ付テハ曾テ之レヲ述ヘタル所アリ退去命令ハ驅逐ノ豫戒命令トモ云フヘキモノニシテ現今朝鮮ニ於テハ之レニ關スル法規ナシト雖モ朝鮮總督ハ必要ニ應シ何時ニテモ退去ヲ命スルコトヲ得ヘシ而シテ朝鮮總督ノ爲ス退去命令ハ朝鮮總督ノ管轄內ノ退去ヲ命スル處分ニシテ此ノ命令ヲ受ケタル者ト雖モ內地臺灣、樺太等ニ居住スルコトヲ妨ケサルモノナリトス退去命令ヲ受ケ任意ニ退去

セサルトキハ茲ニ實力ヲ行使シテ驅逐ヲ強制スルヲ得ルハ勿論ナリ

第四　居住ノ自由ヲ有セサル外國勞働者ノ居住

明治四十三年日韓併合ニ當リ統監府令第五三號ハ條約ニ依リ居住ノ自由ヲ有セサル外國人ニシテ勞働ニ從事スル者ハ特ニ地方長官ノ許可ヲ受クルニアラサレハ從前ノ居留地外ニ於テ居住シ又ハ其ノ業務ヲ行フコトヲ得サル旨ヲ規定シ更ニ同年總督府令第一七號ハ其ノ勞働ノ種類ヲ指定シテ農業漁業鑛業土木建築製造運搬挽車仲仕業其ノ他ノ雜役ニ從事スル者ヲ云ヒ又家事ニ關スル勞働ニ從事スル者ハ此ノ限リニアラストノ例外ヲ設ケタリ而シテ地方長官ハ一旦勞働ノ許可ヲ與フルモ公益上必要ト認ムルトキハ之レヲ取消スコトヲ得ルモノナリ

以上ハ外國人ニ對スル特種行政大要ナリトス尚ホ逃亡犯罪人引渡條例アルモ此ハ刑事ノ範圍ニ屬シ左記各法令ハ亦共ニ國際私法的規定ナリトス

(イ)外國人署名捺印及無資力證明ニ關スル件

(ロ)外國人遺產保存處分ニ關スル件

(ハ)法例

(ニ)永代借地權ニ關スル件

第四章　支那人ニ對スル特種行政

支那人カ我國法上如何ナル待遇ヲ受クルヤハ暫ク措テ論セスト雖モ朝鮮ニ於テ支那人カ特種ノ取扱ヲ受クルハ爭フヘカラサル所ナリ然ラハ朝鮮總督府ハ他外國人ニ比シ支那人ヲ劣等視スル結果冷遇ヲ爲スヤト云フニ余輩ハ全然之レヲ否認スルモノニシテ寧ロ機會均等主義ヲ以テ之レヲ迎ヘアリト雖モ特種取扱ハ政策上止ムヲ得サルモノアリト云フヘシ蓋シ

(イ)支那ハ朝鮮ニ對シ海陸何レノ方面ヨリモ入國容易ナル地理的關係上多數ノ支那人勞働者ハ半島ニ出稼ヲ試ムルナリ

(ロ)支那人ハ貯蓄力旺盛ニシテ貯蓄ノ爲メニハ如何ナル勞働モ甘諾スル人種ナリ

(ハ)支那人勞働者ハ生活程度低キ關係上勞銀安價ナルヲ以テ需用者多シ

(ニ)以上ノ原因トシテ支那人タル勞働者ノ需用ヲ多クシ朝鮮人タル勞働者ノ就

業ヲ阻滯ナラシムル虞アルハ勿論彼等ニ仕拂フ正貨ヲシテ外國ニ輸出セシムルモノナリ

斯ノ如キ理由ニ依リ支那人勞働者ニ對シテ他ノ外國人勞働者ト一般視スルトキハ自國窮民救濟上ノミナラス經濟上ニ影響スル所甚大ナルモノアリテ官業等ニハ努メテ之レヲ使用セサル方針ヲ採リ居レルカ如シト雖モ是等ノ關係ハ政策ニ屬シ本書ノ論究スヘキ範圍ニアラス

朝鮮行政法要論（各論）（終）

大正四年八月七日初版印刷
大正四年八月十日初版發行
大正四年八月二十五日再版發行

朝鮮行政法要論（各論）

定價金壹圓

著作權所有

著作者　永野清

著作者　田口春二郎
東京市神田區仲猿樂町一番地

發行者　波多野重太郎

印刷者　藤田知治
東京市麹町區飯田町四丁目八番地

發兌元　朝鮮京城本町二丁目
巖松堂京城店
（電話一二六六番）
（振替京城二四五四番）

印刷所　東京市麹町區有樂町二丁目一番地　報文社

朝鮮行政法要論　各論　　**日本立法資料全集　別巻 1206**

平成30年10月20日　　復刻版第１刷発行

著　者　永　野　　清
　　　　田　口　春　二　郎

発行者　今　井　　貴
　　　　渡　辺　左　近

発行所　信　山　社　出　版

〒113-0033　東京都文京区本郷６-２-９-102
モンテベルデ第２東大正門前
電　話　03（3818）1019
ＦＡＸ　03（3818）0344
郵便振替　00140-2-367777（信山社販売）

Printed in Japan.

制作／㈱信山社，印刷・製本／松澤印刷・日進堂

ISBN 978-4-7972-7322-9 C3332

別巻　巻数順一覧【950 ～ 981 巻】

巻数	書　名	編・著者	ISBN	本体価格
950	実地応用町村制質疑録	野田藤吉郎、國吉拓郎	ISBN978-4-7972-6656-6	22,000 円
951	市町村議員必携	川瀬周次、田中迪三	ISBN978-4-7972-6657-3	40,000 円
952	増補 町村制執務備考 全	増澤鐵、飯島篤雄	ISBN978-4-7972-6658-0	46,000 円
953	郡区町村編制法 府県会規則 地方税規則 三法綱論	小笠原美治	ISBN978-4-7972-6659-7	28,000 円
954	郡区町村編制 府県会規則 地方税規則 新法例纂 追加地方諸要則	柳澤武運三	ISBN978-4-7972-6660-3	21,000 円
955	地方革新講話	西内天行	ISBN978-4-7972-6921-5	40,000 円
956	市町村名辞典	杉野耕三郎	ISBN978-4-7972-6922-2	38,000 円
957	市町村吏員提要〔第三版〕	田邊好一	ISBN978-4-7972-6923-9	60,000 円
958	帝国市町村便覧	大西林五郎	ISBN978-4-7972-6924-6	57,000 円
959	最近検定 市町村名鑑 附 官国幣社 及 諸学校所在地一覧	藤澤衛彦、伊東順彦、増田穆、関惣右衛門	ISBN978-4-7972-6925-3	64,000 円
960	鼇頭対照 市町村制解釈 附 理由書 及 参考諸布達	伊藤寿	ISBN978-4-7972-6926-0	40,000 円
961	市町村制釈義 完　附 市町村制理由	水越成章	ISBN978-4-7972-6927-7	36,000 円
962	府県郡市町村 模範治績　附 耕地整理法 産業組合法 附属法令	荻野千之助	ISBN978-4-7972-6928-4	74,000 円
963	市町村大字読方名彙〔大正十四年度版〕	小川琢治	ISBN978-4-7972-6929-1	60,000 円
964	町村会議員選挙要覧	津田東璋	ISBN978-4-7972-6930-7	34,000 円
965	市制町村制 及 府県制　附 普通選挙法	法律研究会	ISBN978-4-7972-6931-4	30,000 円
966	市制町村制註釈 完　附 市制町村制理由〔明治21年初版〕	角田真平、山田正賢	ISBN978-4-7972-6932-1	46,000 円
967	市町村制詳解 全　附 市町村制理由	元田肇、加藤政之助、日鼻豊作	ISBN978-4-7972-6933-8	47,000 円
968	区町村会議要覧 全	阪田辨之助	ISBN978-4-7972-6934-5	28,000 円
969	実用 町村制市制事務提要	河邨貞山、島村文耕	ISBN978-4-7972-6935-2	46,000 円
970	新旧対照 市制町村制正文〔第三版〕	自治館編輯局	ISBN978-4-7972-6936-9	28,000 円
971	細密調査 市町村便覧(三府四十三県 北海道 樺太 台湾 朝鮮 関東州)　附 分類官公衙公私学校銀行所在地一覧表	白山榮一郎、森田公美	ISBN978-4-7972-6937-6	88,000 円
972	正文 市制町村制 並 附属法規	法曹閣	ISBN978-4-7972-6938-3	21,000 円
973	台湾朝鮮関東州 全国市町村便覧 各学校所在地〔第一分冊〕	長谷川好太郎	ISBN978-4-7972-6939-0	58,000 円
974	台湾朝鮮関東州 全国市町村便覧 各学校所在地〔第二分冊〕	長谷川好太郎	ISBN978-4-7972-6940-6	58,000 円
975	合巻 佛蘭西邑法・和蘭邑法・皇国郡区町村編成法	箕作麟祥、大井憲太郎、神田孝平	ISBN978-4-7972-6941-3	28,000 円
976	自治之模範	江木翼	ISBN978-4-7972-6942-0	60,000 円
977	地方制度実例総覧〔明治36年初版〕	金田謙	ISBN978-4-7972-6943-7	48,000 円
978	市町村民 自治読本	武藤榮治郎	ISBN978-4-7972-6944-4	22,000 円
979	町村制詳解　附 市制及町村制理由	相澤富蔵	ISBN978-4-7972-6945-1	28,000 円
980	改正 市町村制 並 附属法規	楠綾雄	ISBN978-4-7972-6946-8	28,000 円
981	改正 市制 及 町村制〔訂正10版〕	山野金蔵	ISBN978-4-7972-6947-5	28,000 円

巻数	書　名	編・著者	ISBN	本体価格
915	改正 新旧対照市町村一覧	鍾美堂	ISBN978-4-7972-6621-4	78,000 円
916	東京市会先例彙輯	後藤新平、桐島像一、八田五三	ISBN978-4-7972-6622-1	65,000 円
917	改正 地方制度解説〔第六版〕	狭間茂	ISBN978-4-7972-6623-8	67,000 円
918	改正 地方制度通義	荒川五郎	ISBN978-4-7972-6624-5	75,000 円
919	町村制市制全書 完	中嶋廣蔵	ISBN978-4-7972-6625-2	80,000 円
920	自治新制 市町村会法要談 全	田中重策	ISBN978-4-7972-6626-9	22,000 円
921	郡市町村吏員 収税実務要書	荻野千之助	ISBN978-4-7972-6627-6	21,000 円
922	町村至宝	桂虎次郎	ISBN978-4-7972-6628-3	36,000 円
923	地方制度通 全	上山満之進	ISBN978-4-7972-6629-0	60,000 円
924	帝国議会府県会郡会市町村会議員必携 附関係法規 第1分冊	太田峯三郎、林田亀太郎、小原新三	ISBN978-4-7972-6630-6	46,000 円
925	帝国議会府県会郡会市町村会議員必携 附関係法規 第2分冊	太田峯三郎、林田亀太郎、小原新三	ISBN978-4-7972-6631-3	62,000 円
926	市町村是	野田千太郎	ISBN978-4-7972-6632-0	21,000 円
927	市町村執務要覧 全 第1分冊	大成館編輯局	ISBN978-4-7972-6633-7	60,000 円
928	市町村執務要覧 全 第2分冊	大成館編輯局	ISBN978-4-7972-6634-4	58,000 円
929	府県会規則大全　附 裁定録	朝倉達三、若林友之	ISBN978-4-7972-6635-1	28,000 円
930	地方自治の手引	前田宇治郎	ISBN978-4-7972-6636-8	28,000 円
931	改正 市制町村制と衆議院議員選挙法	服部喜太郎	ISBN978-4-7972-6637-5	28,000 円
932	市町村国税事務取扱手続	広島財務研究会	ISBN978-4-7972-6638-2	34,000 円
933	地方自治制要義 全	末松偕一郎	ISBN978-4-7972-6639-9	57,000 円
934	市町村特別税之栞	三邊長治、水谷平吉	ISBN978-4-7972-6640-5	24,000 円
935	英国地方制度 及 税法	良保両氏、水野遵	ISBN978-4-7972-6641-2	34,000 円
936	英国地方制度 及 税法	髙橋達	ISBN978-4-7972-6642-9	20,000 円
937	日本法典全書 第一編 府県制郡制註釈	上條慎蔵、坪谷善四郎	ISBN978-4-7972-6643-6	58,000 円
938	判例挿入 自治法規全集 全	池田繁太郎	ISBN978-4-7972-6644-3	82,000 円
939	比較研究 自治之精髄	水野錬太郎	ISBN978-4-7972-6645-0	22,000 円
940	傍訓註釈 市制町村制 並ニ 理由書〔第三版〕	筒井時治	ISBN978-4-7972-6646-7	46,000 円
941	以呂波引町村便覧	田山宗尭	ISBN978-4-7972-6647-4	37,000 円
942	町村制執務要録 全	鷹巣清二郎	ISBN978-4-7972-6648-1	46,000 円
943	地方自治 及 振興策	床次竹二郎	ISBN978-4-7972-6649-8	30,000 円
944	地方自治講話	田中四郎左衛門	ISBN978-4-7972-6650-4	36,000 円
945	地方施設改良 訓諭演説集〔第六版〕	鹽川玉江	ISBN978-4-7972-6651-1	40,000 円
946	帝国地方自治団体発達史〔第三版〕	佐藤亀齢	ISBN978-4-7972-6652-8	48,000 円
947	農村自治	小橋一太	ISBN978-4-7972-6653-5	34,000 円
948	国税 地方税 市町村税 滞納処分法問答	竹尾高堅	ISBN978-4-7972-6654-2	28,000 円
949	市町村役場実用 完	福井淳	ISBN978-4-7972-6655-9	40,000 円

別巻　巻数順一覧【878 ～ 914 巻】

巻数	書　名	編・著者	ISBN	本体価格
878	明治史第六編 政黨史	博文館編輯局	ISBN978-4-7972-7180-5	42,000 円
879	日本政黨發達史 全〔第一分冊〕	上野熊藏	ISBN978-4-7972-7181-2	50,000 円
880	日本政黨發達史 全〔第二分冊〕	上野熊藏	ISBN978-4-7972-7182-9	50,000 円
881	政党論	梶原保人	ISBN978-4-7972-7184-3	30,000 円
882	獨逸新民法商法正文	古川五郎、山口弘一	ISBN978-4-7972-7185-0	90,000 円
883	日本民法鼇頭對比獨逸民法	荒波正隆	ISBN978-4-7972-7186-7	40,000 円
884	泰西立憲國政治攬要	荒井泰治	ISBN978-4-7972-7187-4	30,000 円
885	改正衆議院議員選擧法釋義 全	福岡伯、横田左仲	ISBN978-4-7972-7188-1	42,000 円
886	改正衆議院議員選擧法釋義 附 改正貴族院令,治安維持法	犀川長作、犀川久平	ISBN978-4-7972-7189-8	33,000 円
887	公民必携 選擧法規ト判決例	大浦兼武、平沼騏一郎、木下友三郎、清水澄、三浦數平	ISBN978-4-7972-7190-4	96,000 円
888	衆議院議員選擧法輯覽	司法省刑事局	ISBN978-4-7972-7191-1	53,000 円
889	行政司法選擧判例總覽―行政救濟と其手續―	澤田竹治郎・川崎秀男	ISBN978-4-7972-7192-8	72,000 円
890	日本親族相續法義解 全	髙橋捨六・堀田馬三	ISBN978-4-7972-7193-5	45,000 円
891	普通選擧文書集成	山中秀男・岩本溫良	ISBN978-4-7972-7194-2	85,000 円
892	普選の勝者 代議士月旦	大石末吉	ISBN978-4-7972-7195-9	60,000 円
893	刑法註釋 卷一～卷四(上卷)	村田保	ISBN978-4-7972-7196-6	58,000 円
894	刑法註釋 卷五～卷八(下卷)	村田保	ISBN978-4-7972-7197-3	50,000 円
895	治罪法註釋 卷一～卷四(上卷)	村田保	ISBN978-4-7972-7198-0	50,000 円
896	治罪法註釋 卷五～卷八(下卷)	村田保	ISBN978-4-7972-7198-0	50,000 円
897	議會選擧法	カール・ブラウニアス、國政研究科會	ISBN978-4-7972-7201-7	42,000 円
901	鼇頭註釈 町村制 附 理由 全	八乙女盛次、片野続	ISBN978-4-7972-6607-8	28,000 円
902	改正 市制町村制 附 改正要義	田山宗堯	ISBN978-4-7972-6608-5	28,000 円
903	増補訂正 町村制詳解〔第十五版〕	長峰安三郎、三浦通太、野田千太郎	ISBN978-4-7972-6609-2	52,000 円
904	市制町村制 並 理由書 附 直接間接税類別及実施手続	高崎修助	ISBN978-4-7972-6610-8	20,000 円
905	町村制要義	河野正義	ISBN978-4-7972-6611-5	28,000 円
906	改正 市制町村制義解〔帝國地方行政学会〕	川村芳次	ISBN978-4-7972-6612-2	60,000 円
907	市制町村制 及 関係法令〔第三版〕	野田千太郎	ISBN978-4-7972-6613-9	35,000 円
908	市町村新旧対照一覧	中村芳松	ISBN978-4-7972-6614-6	38,000 円
909	改正 府県郡制問答講義	木内英雄	ISBN978-4-7972-6615-3	28,000 円
910	地方自治提要 全 附 諸届願書式 日用規則抄録	木村時義、吉武則久	ISBN978-4-7972-6616-0	56,000 円
911	訂正増補 市町村制問答詳解 附 理由及追輯	福井淳	ISBN978-4-7972-6617-7	70,000 円
912	改正 府県制郡制註釈〔第三版〕	福井淳	ISBN978-4-7972-6618-4	34,000 円
913	地方制度実例総覧〔第七版〕	自治館編輯局	ISBN978-4-7972-6619-1	78,000 円
914	英国地方政治論	ジョージ・チャールズ・ブロドリック、久米金彌	ISBN978-4-7972-6620-7	30,000 円

別巻　巻数順一覧【843～877巻】

巻数	書　名	編・著者	ISBN	本体価格
843	法律汎論	熊谷直太	ISBN978-4-7972-7141-6	40,000円
844	英國國會選擧訴願判決例 全	オマリー、ハードカッスル、サンタース	ISBN978-4-7972-7142-3	80,000円
845	衆議院議員選擧法改正理由書 完	内務省	ISBN978-4-7972-7143-0	40,000円
846	戇齋法律論文集	森作太郎	ISBN978-4-7972-7144-7	45,000円
847	雨山遺稟	渡邉輝之助	ISBN978-4-7972-7145-4	70,000円
848	法曹紙屑籠	鷺城逸史	ISBN978-4-7972-7146-1	54,000円
849	法例彙纂 民法之部 第一篇	史官	ISBN978-4-7972-7147-8	66,000円
850	法例彙纂 民法之部 第二篇〔第一分冊〕	史官	ISBN978-4-7972-7148-5	55,000円
851	法例彙纂 民法之部 第二篇〔第二分冊〕	史官	ISBN978-4-7972-7149-2	75,000円
852	法例彙纂 商法之部〔第一分冊〕	史官	ISBN978-4-7972-7150-8	70,000円
853	法例彙纂 商法之部〔第二分冊〕	史官	ISBN978-4-7972-7151-5	75,000円
854	法例彙纂 訴訟法之部〔第一分冊〕	史官	ISBN978-4-7972-7152-2	60,000円
855	法例彙纂 訴訟法之部〔第二分冊〕	史官	ISBN978-4-7972-7153-9	48,000円
856	法例彙纂 懲罰則之部	史官	ISBN978-4-7972-7154-6	58,000円
857	法例彙纂 第二版 民法之部〔第一分冊〕	史官	ISBN978-4-7972-7155-3	70,000円
858	法例彙纂 第二版 民法之部〔第二分冊〕	史官	ISBN978-4-7972-7156-0	70,000円
859	法例彙纂 第二版 商法之部・訴訟法之部〔第一分冊〕	太政官記録掛	ISBN978-4-7972-7157-7	72,000円
860	法例彙纂 第二版 商法之部・訴訟法之部〔第二分冊〕	太政官記録掛	ISBN978-4-7972-7158-4	40,000円
861	法令彙纂 第三版 民法之部〔第一分冊〕	太政官記録掛	ISBN978-4-7972-7159-1	54,000円
862	法令彙纂 第三版 民法之部〔第二分冊〕	太政官記録掛	ISBN978-4-7972-7160-7	54,000円
863	現行法律規則全書（上）	小笠原美治、井田鐘次郎	ISBN978-4-7972-7162-1	50,000円
864	現行法律規則全書（下）	小笠原美治、井田鐘次郎	ISBN978-4-7972-7163-8	53,000円
865	國民法制通論 上巻・下巻	仁保龜松	ISBN978-4-7972-7165-2	56,000円
866	刑法註釋	磯部四郎、小笠原美治	ISBN978-4-7972-7166-9	85,000円
867	治罪法註釋	磯部四郎、小笠原美治	ISBN978-4-7972-7167-6	70,000円
868	政法哲學 前編	ハーバート・スペンサー、濱野定四郎、渡邊治	ISBN978-4-7972-7168-3	45,000円
869	政法哲學 後編	ハーバート・スペンサー、濱野定四郎、渡邊治	ISBN978-4-7972-7169-0	45,000円
870	佛國商法復説 第壹篇自第壹巻至第七巻	リウヒエール、商法編纂局	ISBN978-4-7972-7171-3	75,000円
871	佛國商法復説 第壹篇第八巻	リウヒエール、商法編纂局	ISBN978-4-7972-7172-0	45,000円
872	佛國商法復説 自第二篇至第四篇	リウヒエール、商法編纂局	ISBN978-4-7972-7173-7	70,000円
873	佛國商法復説 書式之部	リウヒエール、商法編纂局	ISBN978-4-7972-7174-4	40,000円
874	代言試驗問題擬判録 全 附録明治法律學校民刑問題及答案	熊野敏三、宮城浩蔵 河野和三郎、岡義男	ISBN978-4-7972-7176-8	35,000円
875	各國官吏試驗法類集 上・下	内閣	ISBN978-4-7972-7177-5	54,000円
876	商業規篇	矢野亨	ISBN978-4-7972-7178-2	53,000円
877	民法実用法典 全	福田一覺	ISBN978-4-7972-7179-9	45,000円

別巻　巻数順一覧【810～842巻】

巻数	書　名	編・著者	ISBN	本体価格
810	訓點法國律例 民律 上卷	鄭永寧	ISBN978-4-7972-7105-8	50,000円
811	訓點法國律例 民律 中卷	鄭永寧	ISBN978-4-7972-7106-5	50,000円
812	訓點法國律例 民律 下卷	鄭永寧	ISBN978-4-7972-7107-2	60,000円
813	訓點法國律例 民律指掌	鄭永寧	ISBN978-4-7972-7108-9	58,000円
814	訓點法國律例 貿易定律・園林則律	鄭永寧	ISBN978-4-7972-7109-6	60,000円
815	民事訴訟法 完	本多康直	ISBN978-4-7972-7111-9	65,000円
816	物權法(第一部)完	西川一男	ISBN978-4-7972-7112-6	45,000円
817	物權法(第二部)完	馬場愿治	ISBN978-4-7972-7113-3	35,000円
818	商法五十課 全	アーサー・B・クラーク、本多孫四郎	ISBN978-4-7972-7115-7	38,000円
819	英米商法律原論 契約之部及流通券之部	岡山兼吉、淺井勝	ISBN978-4-7972-7116-4	38,000円
820	英國組合法 完	サー・フレデリック・ポロック、榊原幾久若	ISBN978-4-7972-7117-1	30,000円
821	自治論 一名人民ノ自由 卷之上・卷之下	リーバー、林董	ISBN978-4-7972-7118-8	55,000円
822	自治論纂 全一册	獨逸學協會	ISBN978-4-7972-7119-5	50,000円
823	憲法彙纂	古屋宗作、鹿島秀麿	ISBN978-4-7972-7120-1	35,000円
824	國會汎論	ブルンチュリー、石津可輔、讃井逸三	ISBN978-4-7972-7121-8	30,000円
825	威氏法學通論	エスクバック、渡邊輝之助、神山亨太郎	ISBN978-4-7972-7122-5	35,000円
826	萬國憲法 全	高田早苗、坪谷善四郎	ISBN978-4-7972-7123-2	50,000円
827	綱目代議政體	J・S・ミル、上田充	ISBN978-4-7972-7124-9	40,000円
828	法學通論	山田喜之助	ISBN978-4-7972-7125-6	30,000円
829	法學通論 完	島田俊雄、溝上與三郎	ISBN978-4-7972-7126-3	35,000円
830	自由之權利 一名自由之理 全	J・S・ミル、高橋正次郎	ISBN978-4-7972-7127-0	38,000円
831	歐洲代議政體起原史 第一册・第二册／代議政體原論 完	ギゾー、漆間眞學、藤田四郎、アンドリー、山口松五郎	ISBN978-4-7972-7128-7	100,000円
832	代議政體 全	J・S・ミル、前橋孝義	ISBN978-4-7972-7129-4	55,000円
833	民約論	J・J・ルソー、田中弘義、服部德	ISBN978-4-7972-7130-0	40,000円
834	歐米政黨沿革史總論	藤田四郎	ISBN978-4-7972-7131-7	30,000円
835	内外政黨事情・日本政黨事情 完	中村義三、大久保常吉	ISBN978-4-7972-7132-4	35,000円
836	議會及政黨論	菊池學而	ISBN978-4-7972-7133-1	35,000円
837	各國之政黨 全〔第1分冊〕	外務省政務局	ISBN978-4-7972-7134-8	70,000円
838	各國之政黨 全〔第2分冊〕	外務省政務局	ISBN978-4-7972-7135-5	60,000円
839	大日本政黨史 全	若林淸、尾崎行雄、箕浦勝人、加藤恒忠	ISBN978-4-7972-7137-9	63,000円
840	民約論	ルソー、藤田浪人	ISBN978-4-7972-7138-6	30,000円
841	人權宣告辯妄・政治眞論一名主權辯妄	ベンサム、草野宣隆、藤田四郎	ISBN978-4-7972-7139-3	40,000円
842	法制講義 全	赤司鷹一郎	ISBN978-4-7972-7140-9	30,000円